高等学校新文科教材·通识教育系列

大学生数字素养

Digital Literacy for College Students

数字教材版

主　编◎张　橦　武文颖
副主编◎王　浩　于　硕

中国人民大学出版社
·北京·

本书特色与章节安排

本书特色

作为“新文科”新形态的教材，本书旨在帮助大学生全面提升数字素养。教材基于大学生学习生活中的十大需求，即资源检索需求、信息甄别需求、存储管理需求、表达交流需求、注意力管理需求、时间管理需求、安全与责任需求、数字化科研学习需求、前沿技术认知需求、人工智能应用需求，整合媒介素养、信息素养、算法素养、数据素养的核心内容，通过场景引入、案例思考、进阶阅读、扩展资源、思考与讨论等板块，集中介绍数字信息资源高效获取、数字信息真伪辨识、数字安全与风险防范、算法素养与伦理规范、社交媒体表达与创造、注意力管理与时间管理、智能技术知识与应用等内容。本书针对大学生学习生活中的数字化薄弱环节，精准助力大学生提升数字素养与技能，培养大学生的终身学习能力和创造力。

（一）丰富的数字资源集成

本书不仅仅是一本理论指导书，更是一本实用的数字资源手册。本书精心挑选并整合了各类数字资源，包括但不限于以下资源：（1）网站——推荐一系列高质量的在线学习平台，如中国大学 MOOC、学堂在线等，以及专业领域的信息检索网站，如中国知网、JSTOR 等。（2）应用程序（App）——介绍多款有助于提升学习效率和工作效率的应用程序，例如在线协作工具（如金山文档）、阅读和文献管理工具（如 Mendeley）。（3）在线课程——列出多个平台上的精选课程，涵盖信息素养、数据分析、网络安全等多个领域，以满足不同专业学生的需求。

（二）针对大学新生的十大场景与核心需求

初入大学校园的青年人，通常具有数字技能基础薄弱、信息获取能力与信息分辨力不足、注意力与自制力水平偏低、网络安全与数字道德意识淡薄等数字化社会适应力不足的问题，而这些问题若没有被及时有效地解决，不但会对大学生学业发展与身心健康产生不良影响，甚至很可能使其沦为数字诈骗的受害者、网络游戏的沉溺者、网络暴力的施暴者、时间管理的失败者，产生更大范围的社会风险。

作为应对人工智能时代挑战的大学生数字素养通识读本，本书紧密围绕当代大学生在学习、生活中的实际需求痛点，创造性提出十大场景，即资源检索场景、信息甄别场景、存储管理场景、表达交流场景、注意力管理场景、时间管理场景、安全与责任场景、数字化科研学习场景、前沿技术认知场景、人工智能应用场景，将数字素养相关知识点融入其中，具有跨学科、多视角、代入感、趣味性、新颖性和易读性等特点。

（三）新形态教学法

本书采用了新形态教学法，以激发学生的学习兴趣，提高其学习效率。具体包括：

章节结构：利用思维导图梳理知识点，帮助学生构建知识结构。

场景引入：以一个贴近学生生活的场景开始，帮助学生快速进入学习状态。

案例思考：通过分析真实案例，让学生了解数字素养在实际学习与生活中的应用。

思考与讨论：设置思考题和讨论题，鼓励学生进行深入思考和交流。

实操模拟：提供实践任务和项目，让学生将所学知识应用到解决实际问题的过程中。

（四）互动性和个性化学习

本书设计了多个互动环节，鼓励学生参与在线讨论和小组合作。同时，本书支持个性化学习路径，学生可以根据自己的兴趣和需求选择不同的学习资源和活动。

本书辅有大量生动案例、可视化数据、阅读思考题、讨论作业、PPT 资源，全方位帮助学生提升数字素养，支持自学，培养学生的终身学习能力，以适应智能时代发展需求。此外，本书还提供在线支持服务，解答学生在学习过程中遇到的问题。本书旨在为大学生提供一个全面、实用、互动性强的数字素养学习平台，帮助他们在智能时代茁壮成长。

章节安排

本书的章节安排旨在逐步引导大学生深入理解和掌握数字素养的各个方面，主体部分分为技能篇、意识篇、责任篇、专业发展篇和知识篇（见图0-1）。第一章“导论”部分介绍了数字素养的内涵及其对终身学习的重要性。技能篇从第二章的“数字侦探”开始，帮助学生学习如何像侦探一样掌握信息资源获取的艺术和高级搜索技巧，培养他们快速准确地检索所需信息的能力。第三章“真伪辨识师”将教授学生如何甄别数字信息资源的真伪，并有效应用这些信息。第四章“数字收藏家”则专注于信息的存储与管理，揭示高效存储策略的秘密。第五章“数字故事讲述者”将指导学生如何运用数字工具和平台来创作、编辑和分享故事，培养他们的网络参与积极性。

意识篇从第六章“聚焦大师”开始，关注数字时代的注意力管理和心理健康，帮助学生在信息爆炸的环境中保持专注和心理平衡。第七章“时间的艺术家”将深入探讨数字时代的时间管理技巧，提升学生的时间利用效率。

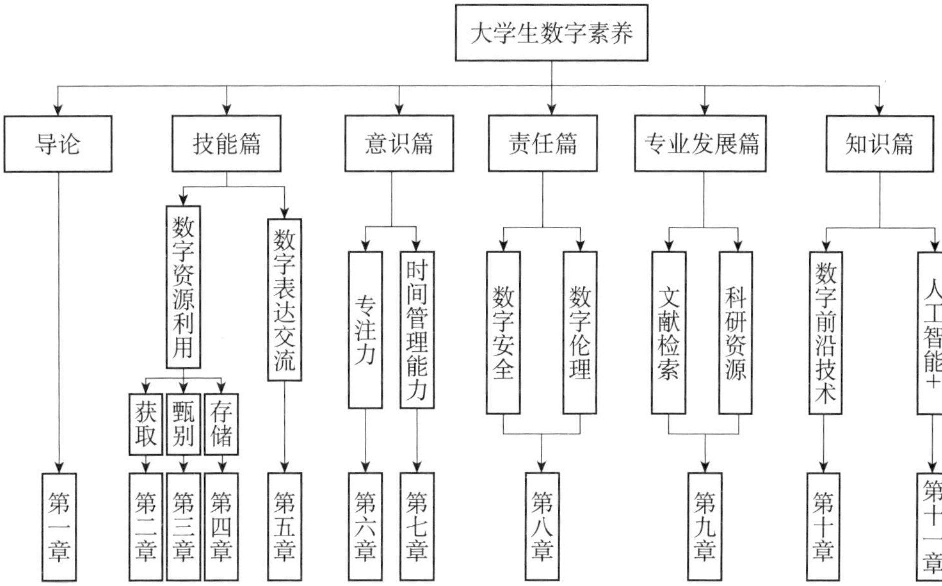

图0-1　本书框架

责任篇即第八章“数字守护者”，着重于数字安全保护与伦理规范，为学生提供必要的安全知识和道德指导。

专业发展篇即第九章“科研魔法师”，这一章将帮助学生提高文献检索与利用的能力，并教授学生使用数字化学习工具，激发学生的创新思维。

知识篇从第十章“未来探险家”开始，带领学生踏上数字技术前沿的旅程，培养他们的创新思维和探索精神。第十一章“科技变革先锋”则聚焦于数字科创航道与数字教育风潮，鼓励学生成为科技变革的积极参与者和推动者。

整体上，这些章节不仅涵盖了从基础到高级的数字技能，还关注了数字素养在个人发展、社会参与和职业规划中的应用，形成了一个全面、系统的数字素养教育框架。通过这些章节的学习，学生将能够在智能时代中游刃有余，成为真正的数字时代的主人。

目　录

责 任 篇

第一章 导 论

随着数字技术的迅猛发展及其与人类社会的深度融合，我们正在加速迈向以数字化和智能化为核心特征的新时代。数字时代不仅彻底改变了人们的工作、生活及交流方式，还推动了数字产业的增长，激发了科技创新的活力，为人们的日常生活带来便利。然而，这也伴随着网络暴力、网络诈骗、网络谣言等多重挑战，不仅威胁到大学生的身心健康，还可能加剧社会矛盾和分裂，对社会的稳定与和谐构成威胁。因此，提升和加强数字素养显得尤为关键。为有效应对数字时代的挑战，帮助大学生更加积极有效地适应数字社会发展，数字素养教育迫在眉睫。

2021 年 3 月，《中华人民共和国国民经济和社会发展第十四个五年规划和 2035 年远景目标纲要》提出了“加快数字化发展，建设数字中国”的目标，要持续从数字经济、数字社会、数字政府、数字生态等方面推进数字中国建设。2021 年 10 月，习近平总书记在主持中共中央政治局第三十四次集体学习时提出，要提高全民的数字素养和技能，以巩固我国数字经济发展的社会基础。[1]2022 年 6 月，在全球发展高层对话会上，习近平总书记再次强调数字素养的战略重要性，并指出中国将采取务实措施，持续支持联合国 2030 年可持续发展议程。其中，“提高全民数字素养和技能”[2]不仅是重要措施之一，也是中国在全球合作和发展中的一个关键领域。数字素养是每个社会成员在这个时代必须具备的能力和素质，其培养和提升对个人、社会乃至国家和民族的发展具有深远的意义。对于中国的大学生来说，作为推动中国现代化和实现中华民族伟大复兴的主力军，他

---

① 习近平在中共中央政治局第三十四次集体学习时强调：把握数字经济发展趋势和规律 推动我国数字经济健康发展．人民日报，2021-10-20（1）．

② 习近平．构建高质量伙伴关系 共创全球发展新时代：在全球发展高层对话会上的讲话．人民日报，2022-06-25（2）．

们的数字素养培养和提升具有战略性意义，是国家发展的重要任务之一。这不仅关系到他们的个人成长，也关系到国家的未来和民族的复兴。

本章将带你走进数字素养的世界，探讨它为何如此重要，以及它在智能时代所面临的新挑战和新机遇。我们将从数字素养的基本定义入手，逐步深入到大学生在这一领域的现实需求，并介绍如何通过本教材系统地提升你的数字素养。现在，让我们开始这段旅程，一起探索智能时代的数字素养，为未来的学习和工作打下坚实的基础。

第一节 数字素养：概念与特征

一、概念演变：从信息素养与媒介素养到数字素养

信息素养（Information Literacy）、媒介素养（Media Literacy）是与数字素养（Digital Literacy）密切相关的概念，为更好地理解三者之间的关联与区别，现从时间维度介绍这三个概念的演变进程（见图 1-1）。

（一）第一阶段：信息素养和媒介素养的提出与初步发展（1974—1989 年）

1974 年，美国信息产业协会主席保罗·泽考斯基（Paul Zurkowski）最先提出“信息素养”概念，并将其定义为“利用大量的信息工具及主要信息源使问题得到解答的技术和技能”[①]。随后，信息素养研究和教学实践在全球陆续出现，由欧洲和北美地区逐渐扩散到亚太地区、拉丁美洲和非洲地区。

1989 年，联合国教科文组织在《世界交流报告》中介绍了自 20 世纪 60 年代以来亚太地区、欧洲、拉丁美洲和北美其他地区的媒介素养教育经验。[②] 同一年，美国图书馆协会在报告中对具有信息素养的人做出了具体描述：“要想成为具有信息素养的人，应该能认识到何时需要信息，并拥有确定、评价和有效利用所需信息的能力……从根本意义上说，具有信息素养的人是那些知道如何进行学

① ZURKOWSKI P. The information services environment relationships and priorities. Washington，DC：National Commission on Libraries and Information Science，1974.

② UNESCO.World communication report. Paris： UNESCO Publishing, 1989.

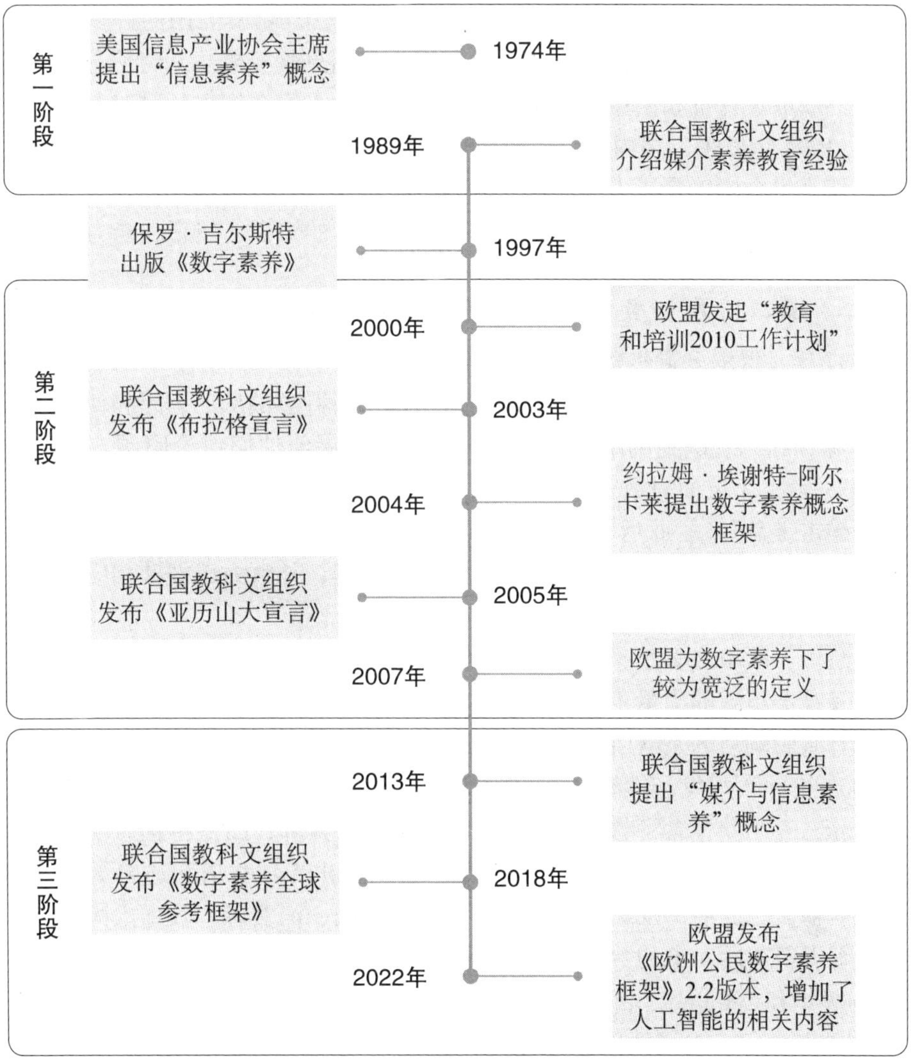

图 1-1 概念演变进程

习的人。他们知道如何进行学习，是因为他们知道知识是如何组织的，如何寻找信息，如何利用信息。他们能为终身学习做好准备，因为他们总能寻找到做决策所需的信息。”① 20 世纪 80 年代，国内一般用“情报”来表示目前我们所用的“信息”概念。当时，国内并未引入信息素养概念，而是以“情报能力”来指称“信息能力”或“信息素养”。1992 年 10 月，国家科委决定将“科技情报”一词改为“科技信息”，国内随即出现了以“信息”替代“情报”的热潮，“信息能

① American Library Association.Presidential committee on information literacy： final report.（2006-06-24）[2024-05-05]. https：//www.ala.org/acrl/publications/whitepapers/presidential.

力”“信息素质”“信息素养”等概念开始取代“情报能力”。国内许多研究者基于美国信息产业协会主席保罗·泽考斯基提出的信息素养概念，将信息素养定义为“人们获取、评价和使用信息资源的能力”或“人们在解决问题时利用信息的技能”。1994 年以来，国内学者针对与信息素养概念相近的媒介素养展开了大量讨论，认为媒介素养是指人们获取、分析、评价和传播各种媒介信息的能力，以及使用各种媒介信息服务于个人的工作和生活所需的知识、技巧和能力。

（二）第二阶段：数字素养的提出与初步探索（1997—2012 年）

1997 年，保罗·吉尔斯特（Paul Gilster）出版《数字素养》一书[①]，“数字素养”概念开始为人们所熟知并被频繁使用。吉尔斯特尝试从“访问和使用网络计算机资源”到“意识到网络上他人的存在，并拓展与他们讨论问题、彼此帮助的能力”等 11 个层面对数字素养下定义。他强调数字素养重要的是“掌握思想，而不是敲击键盘”[②]。此后，国际社会开始重视“数字素养”，将其视为个人在数字媒介社会中生活、学习和工作所必备的综合素养，并致力于推动相应的“数字素养教育”。

此阶段，欧美许多国家政府联合公共图书馆、高校研究机构、计算机互联网企业以及社会组织的力量不断推动数字素养概念的建构与普及。其中，在全球范围内最具有影响力的是欧盟和联合国教科文组织所倡导的数字素养框架。

2000 年，欧盟发起“教育和培训 2010 工作计划”，提出了 8 项面向全民的核心素养，其中就包含了数字素养。而后围绕数字素养，欧盟特别启动了“欧洲数字议程”和“数字素养项目”，针对数字素养提出专项举措和适合全体公民的数字素养框架。此后，欧盟相继推出面向普通公民、消费者、教育机构、公民组织和教育者等不同对象的数字素养概念框架。[③]

2003 年和 2005 年，联合国教科文组织分别召开两次专题性的世界大会，发布《布拉格宣言》[④]和《亚历山大宣言》[⑤]，将信息素养界定为一种能力，即信息素养是人们在信息社会和信息时代生存的前提条件，是终身学习的重要因素，能够帮助个体和组织实现其生存和发展的各类目标。它能够通过确定、查找、评估、

---

① GILSTER P. Digital literacy. New York： Wiley, 1997.

② 林可，史晓艺．联合国和欧盟都关注的“网络素养”，究竟包含哪些内容？．（2020-12-29）[2024-05-05].https：//mp.weixin.qq.com/s/-e37T9aU-lAyTh2kAOkP5A.

③ 兰国帅，郭倩，张怡，等．欧盟教育者数字素养框架：要点解读与启示．现代远程教育研究，2020，32（6）.

④ UNESCO.The Prague declaration：towards an information literate society.（2018-12-03）[2024-05-05].https：//webarchive.unesco.org/20181203051621/.

⑤ UNESCO.Beacons of the information society：the Alexandria proclamation on information literacy and lifelong learning.（2017-05-10）[2024-05-05].https：//webarchive.unesco.org/20170510191558/.

组织以及有效地生产、使用和交流信息来解决问题。①

2004年，以色列学者约拉姆·埃谢特-阿尔卡莱（Yoram Eshet-Alkalai）提出了一个侧重6种思维技能的数字素养概念框架②，涉及6个层面：第1层是“图片-视觉素养”，意指理解视觉图片信息的能力；第2层是“再创造素养”，意指整合已有的各种媒体文本（文字、图像、音频等）进行内容创新和意义再造的能力；第3层是“分支素养”，意指运用非线性的信息搜索策略从碎片化信息中建构知识的能力；第4层是“信息素养”，重点强调辨别信息适用性的批判性思考能力；第5层是“社会-情感素养”，强调借助数字平台进行社会交往和情感沟通的能力；第6层是“实时思考技能”，意指在高科技机器、多媒体游戏和在线教育等复杂环境中迅速处理大量高刺激信息的能力。这个数字素养模型旨在帮助人们与现代数字环境更好地互动。2006年，国内学者王晓辉首次提出数字素养概念，参考国外对“数字素养”的定义指出了数字素养的重要性，并参考国外数字素养实践为我国提出了对应建议。

2007年，欧盟将数字素养定义为“在工作、就业、学习、休闲以及社会参与中，自信、批判和创新性使用信息技术的能力”，为数字素养下了一个较为宽泛的定义。2011年，欧盟发布《映射数字能力：迈向一种概念性理解》，详细阐释了“数字能力”概念，并为想要发展数字能力的人提供了相关建议。

（三）第三阶段：吸收精华，数字素养融合发展（2013年至今）

2013年，联合国教科文组织发布《全球媒介与信息素养评估框架：国家状况与能力》③，将媒介素养、信息素养、ICT技能（Information and Communication Technology Skill）等合并为“媒介与信息素养”（Media and Information Literacy，MIL）。“媒介与信息素养”是一个融合性的概念，它是包含“媒介素养”“信息素养”“数字素养”以及与此相关的其他素养在内的集合。④“媒介与信息素养”被定义为“一组赋权公民的能力”，即“以批判的、伦理的和有效的方式”去“接近、检索、评估、理解、利用和创造信息与各种形式媒介内容”的能力，使人能够参与或从事个人的、职业的和社会的活动。

2013年，欧盟发布了《欧洲公民数字素养框架》1.0版本，从个体在数字环

① 李维明.从“信息素养”到“数字素养”：课程核心素养如何理解.中国信息技术教育，2023（20）.

② ESHET-ALKALAI Y. Digital literacy：a conceptual framework for survival skills in the digital era. Journal of educational multimedia and hypermedia，2004（1）.

③ UNESCO.Global media and information literacy assessment framework： country readiness and competencies.（2013）[2024-05-06]. https：//unesdoc.unesco.org/ark：/48223/pf0000224655.

④ 潘涌，陈苏仙.基于MIL评估框架的“跨媒介阅读素养”及其建构.河北师范大学学报（教育科学版），2021，23（5）.

境中所需掌握的核心能力和技能的维度将数字素养划分为5个素养域——信息域、交流域、内容创建域、安全意识域、问题解决域。2017年，欧盟更新《欧洲公民数字素养框架》2.1版本，指出数字素养包括信息与媒介素养、交流与协作素养、数字内容创作、数据安全、选择合适的数字化工具解决问题的能力5个维度[①]，关乎普通公民如何更好地应用数字技术促进自身发展、参与社会事务、承担社会责任。2015年以来，伴随着《地平线报告》《国际图联数字素养宣言》等报告的发布，我国对数字素养的关注度与日俱增。与此同时，我国关于数字素养主题的学术研究进入了快速发展阶段，涌现出诸多研究，涉及数字素养与图书馆、数字素养教育、数字素养内涵、数字素养评价等多个方面，主要研究方向包括数字素养的重要性、数字素养体系建设、数字素养教育模式以及数字包容实践等。

2018年，联合国教科文组织统计研究所开展数字素养全球框架的研究项目，发布《数字素养全球参考框架》，并将数字素养定义为"通过数字技术安全、合理地获取、管理、理解、整合、交流、评价和创造信息，以促进就业、体面工作和创业的能力"。为监测数字素养教育目标的实现情况，联合国教科文组织分析总结欧盟和世界各国现有的数字素养框架，最终形成了包括7个素养领域和26个具体指标的《数字素养全球框架》(见表1-1)。[②]

表1-1 《数字素养全球框架》

素养领域	具体指标
1. 硬件使用和软件操作	1.1 数字设备的硬件使用
	1.2 数字设备的软件操作
2. 信息和数据素养	2.1 浏览、搜索与过滤数据、信息和数字内容
	2.2 评价数据、信息和数字内容
	2.3 管理数据、信息和数字内容
3. 沟通与协作	3.1 通过数字技术互动
	3.2 通过数字技术分享
	3.3 通过数字技术和公民身份参与社会事务、服务
	3.4 通过数字技术合作
	3.5 网络礼仪
	3.6 管理数字身份

① European Commission.Dig Comp 2.1： the digital competence framework for citizens with eight proficiency levels and examples of use.（2017-05-03）[2024-05-06].https：//publications.jrc.ec.europa.eu/repository/handle/JRC106281.

② UIS. A global framework of reference on digital literacy skills for indicator 4.4.2.（2018-06）[2024-05-06]. http：//uis.unesco.org/sites/default/ files/documents/ip51-global-framework reference-digital-literacy-skills-2018-en. pdf.

续表

素养领域	具体指标
4. 创造数字内容	4.1 开发数字内容
	4.2 整合并重新阐述数字内容
	4.3 版权和许可证
	4.4 编程
5. 数字安全素养	5.1 保护数字设备
	5.2 保护个人数据和隐私
	5.3 保护健康和福利
	5.4 保护环境
6. 问题解决素养	6.1 解决技术问题
	6.2 发现需求并采取技术回应
	6.3 创造性地使用数字技术
	6.4 理解数字素养鸿沟
	6.5 计算思维
7. 与职业相关的素养	7.1 操作某一特定领域的专业数字技术
	7.2 解释与应用某一特定领域的数据、信息和数字内容

2020 年，欧盟通过《数字教育行动计划（2021—2027）》，提出了欧洲高质量、包容性和无障碍数字教育的共同愿景，呼吁在欧洲层面加强数字教育合作，支持成员国的教育和培训系统适应数字时代。[①]

2021 年，为庆祝以“媒体与信息素养促进公共利益”为主题的 2021 年全球媒体与信息素养周，联合国教科文组织推出专为中国儿童、家长及教师全新开发的媒体与信息素养绘本和动画视频资源。

2022年，欧盟发布《欧洲公民数字素养框架》2.2版本[②]，增加了人工智能的相关内容，包括在实际应用中认识和理解人工智能技术的能力、利用人工智能技术熟练完成任务的能力、选择和批判性地评估人工智能提供的数据和信息的能力、关于人工智能的伦理道德意识等关键素养。

在“数字素养”概念进入人们的视野之前，已经有层出不穷的“新素养”的概念，诸如信息素养、视觉素养、技术素养、计算机素养、媒介素养等。它们虽然各有侧重，但都不足以适应瞬息万变的互联网和数字时代的素养需求。此阶段，数字素养吸收其他素养之精华，走上了融合发展之路。

---

① European Commission.Digital education action plan（2021-2027）.（2020-09-30）[2024-05-05]. https：//education.ec.europa.eu/focus-topics/digital-education/action-plan?spm=5176.28103460.0.0.297c3da2Eaz0Az.

② UIS.A global framework of reference on digital literacy skills for indicator 4.4.2.（2018-06）[2024-05-06]. http：//uis.unesco.org/sites/default/files/documents/ip51-global-framework-reference-digital-literacy-skills-2018-en.pdf.

数字素养是一个综合性概念，涉及人们在数字社会中应具备的一系列素质与能力。2021 年 11 月，国家互联网信息办公室发布《提升全民数字素养与技能行动纲要》，指出“数字素养与技能是数字社会公民学习工作生活应具备的数字获取、制作、使用、评价、交互、分享、创新、安全保障、伦理道德等一系列素质与能力的集合”[①]。

综合来看，数字素养是一个与信息素养、媒介素养、ICT 技能等相互交叉、融合的综合性概念，通常指公民能够合理运用数字工具和技术以获取、评估、整合、创造、分享内容和资源，遵守数字伦理道德规范，解决学习、工作、生活中实际问题的知识和能力。动态性、灵活性、包容性是数字素养的显著特征，它所包含的技术、能力、知识以及程序随着社会的进步和技术的发展而不断变化。

二、政策发展：数字素养相关政策呈井喷式增长

随着信息技术的快速发展和普及，中国社会和经济正经历着深刻的数字化转型。这一转型要求公民具备更高的数字素养，以更好地适应数字化社会并参与到数字化社会中。2021 年，我国对数字素养的重视程度显著提升，通过制定和实施相关政策，努力推动全民数字素养的提升，以适应和引领数字时代的发展潮流。如图 1-2 所示，近年来，数字素养相关政策呈井喷式增长。

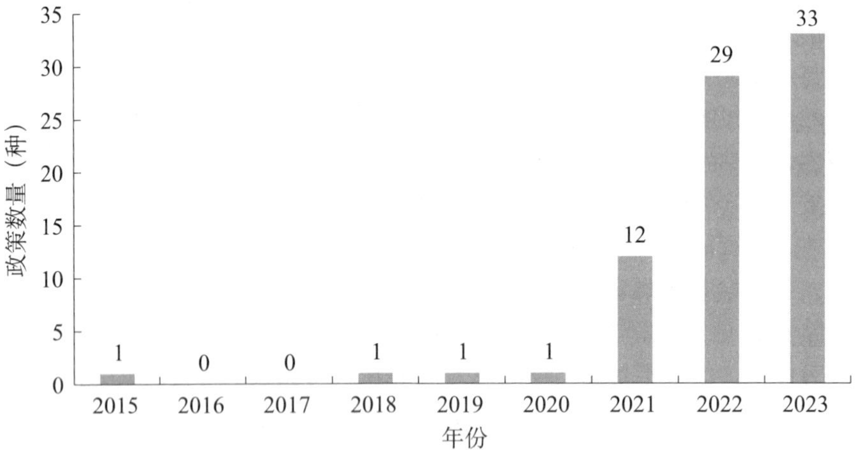

图 1-2　数字素养相关政策的数量增长情况

当前，数字素养已经上升为国家层面的重点素养。适应数字时代的发展需求，促进人的全面发展，实现从网络大国向网络强国的转变，弥合数字鸿沟，推

① 中华人民共和国国家互联网信息办公室．提升全民数字素养与技能行动纲要．(2021-11-05)[2021-12-08].http：//www.cac.gov.cn/2021-11/05/c_1637708867754305.htm.

动共同富裕必须对全民数字素养加以重视。《中华人民共和国国民经济和社会发展第十四个五年规划和 2035 年远景目标纲要》指出，应加强全民数字技能教育和培训，普及提升公民数字素养。新一代数字技术的广泛应用，改变了传统的生产生活方式，改变了人们的行为方式、社会交往方式、社会组织方式和社会运行方式，深刻影响着人们的思想观念和思维方式。因此，做好数字素养教育与普及有助于提升人们的数字化生活能力，是建设数字中国、智慧社会的当务之急。

2021 年 10 月，中共中央总书记习近平同志在第十九届中央政治局第三十四次集体学习时指出："要提高全民全社会数字素养和技能，夯实我国数字经济发展社会基础。"[①] 提升全民数字素养与技能，是顺应数字时代要求、提升国民素质、促进人的全面发展的战略任务，也是弥合数字鸿沟、促进共同富裕的关键举措，具有重要意义。

2021 年 11 月 5 日，国家互联网信息办公室发布了《提升全民数字素养与技能行动纲要》[②]。这是我国首项关于全民数字素养的专门国策，体现了全民数字素养教育受到党和政府前所未有的重视。文件提出："数字素养与技能是数字社会公民学习工作生活应具备的数字获取、制作、使用、评价、交互、分享、创新、安全保障、伦理道德等一系列素质与能力的集合。"这是我国首次对数字素养的内涵进行权威界定。

《提升全民数字素养与技能行动纲要》

2022 年 3 月，中央网信办、教育部、工业和信息化部、人力资源社会保障部联合印发《2022 年提升全民数字素养与技能工作要点》，提出"基础教育精品课程"资源数量、重点网站和移动应用程序适老化及无障碍改造数量等主要指标，并且明确了年度工作目标：到 2022 年底，提升全民数字素养与技能工作取得积极进展，系统推进工作格局基本建立。数字资源供给更加丰富，全民终身数字学习体系初步构建，劳动者数字工作能力加快提升，人民群众数字生活水平不断提高等。[③] 这份文件虽然并未单独列出大学生群体，但强调了"提升劳动者数字工作能力""促进全民终身数字学习"，间接涉及大学生群体，高等教育机构也需响应国家政策，提升在校学生的数字技能。

中央网信办等四部门印发《2022 年提升全民数字素养与技能工作要点》

---

① 习近平在中共中央政治局第三十四次集体学习时强调：把握数字经济发展趋势和规律 推动我国数字经济健康发展 . 人民日报，2021-10-20（1）.

② 中华人民共和国国家互联网信息办公室 . 提升全民数字素养与技能行动纲要 .（2021-11-05）[2021-12-08].http：//www.cac.gov.cn/2021-11/05/c_1637708867754305.htm.

③ 中华人民共和国中央人民政府 . 四部门联合印发《2022 年提升全民数字素养与技能工作要点》.（2022-03-02）[2024-05-06]. https：//www.gov.cn/xinwen/2022-03/02/content_5676432.htm.

2023 年 4—5 月，中央网信办、中央党校（国家行政学院）、教育部、科技部等 15 个部门联合举办“2023 年全民数字素养与技能提升月”活动，开展了“数字素养与技能专家巡讲活动”“提升全民数字素养与技能主题论坛”“数字教育培训资源优化共享活动”“数字素养校园行”“数字科技成果路演活动”“数字经济与实体经济融合发展行动”等 16 项活动。[①] 提升月期间，全国共策划开展各类主题活动 6.4 万场，参与人次超过 5 200 万，开放各类数字教学资源 25 万余个，宣传报道稿件近 5.8 万篇，网上点击量近 6.3 亿次。

2024 年 2 月，为了推动全民数字素养与技能的提升，国家设定了具体的工作目标和方向。中央网信办、教育部、工业和信息化部、人力资源社会保障部联合印发《2024 年提升全民数字素养与技能工作要点》，为当前和今后一个时期的全民数字素养与技能提升工作提供了明确的指导方向，强调了数字素养在公民素质中的核心地位。文件明确提出了年度工作目标：到 2024 年底，我国全民数字素养与技能发展水平迈上新台阶，数字素养与技能培育体系更加健全，数字无障碍环境建设全面推进，群体间数字鸿沟进一步缩小，智慧便捷的数字生活更有质量，网络空间更加规范有序。[②]

中央网信办等四部门印发《2024 年提升全民数字素养与技能工作要点》

数字素养与教育息息相关，教育部等部门已出台多项规定，推动数字素养发展。其中，培育高水平复合型数字人才被多次提及，包括全面提升师生数字素养与技能、提高领导干部和公务员数字化履职能力、培育高水平数字工匠、培育乡村数字人才、壮大行业数字人才队伍等。这些规定均强调了提升全民数字素养与技能的重要性、优质数字资源的供给和开放，以及学校、企业等各方在数字素养教育中的合作与共建。2022 年，《义务教育信息科技课程标准》修订完成并颁布，第一次确立了义务教育信息科技课程要培养的核心素养，主要包括信息意识、计算思维、数字化学习与创新和信息社会责任。这四个方面互相支持，互相渗透，共同促进学生数字素养与技能的提升。由此，我国在国家层面首次正式确立了信息科技课程的国家统一标准，标志着培养全体中小学生的数字素养，培育学生面向数字时代的关键能力、必备品格与价值观念进入了新阶段。

教育部通过发布行业标准、实施名师名校长培养计划、开展暑期教师研修等方式，提升教师数字素养，推动教育信息化进程。2023 年 2 月，教育部举办吹风会，介绍一年来推进教育数字化进展和世界数字教育大会筹备情况。教育部基础

① 京报网．一图速览｜2023 年全民数字素养与技能提升月．（2023-04-26）[2024-05-05]. https：//finance.sina.cn/2023-04-26/detail-imyrswtv3547528.d.html.

② 中华人民共和国国家互联网信息办公室．中央网信办等四部门印发《2024 年提升全民数字素养与技能工作要点》．（2024-02-21）[2024-05-05].https：//www.cac.gov.cn/2024-02/21/c_1710183257270007.htm.

教育司副司长朱东斌介绍，一年来，基础教育领域按照“应用为王、服务至上、简洁高效、安全运行”的工作要求和思路，一体化推进基础教育数字化建设与应用，数字化基础条件明显改善、优质数字教育资源不断丰富、教学融合应用更加广泛深入、师生数字素养技能大幅提升。目前，全国中小学（含教学点）互联网接入率达到 100%，99.9% 的学校出口带宽达到 100M 以上，超过四分之三的学校实现无线网络覆盖，99.5% 的学校拥有多媒体教室。2022 年 3 月，教育部将原国家中小学网络云平台改版升级为国家中小学智慧教育平台。[①] 这些举措旨在推动全民数字素养的提升，以适应数字时代的发展需求，促进数字经济的健康发展。

另外，数字素养在塑造良好网络环境和社会秩序中扮演着重要角色，其重要性不仅体现在网络文明和道德规范的倡导上，更体现在数字政府建设、政务大数据体系、政务服务平台以及数字经济发展规划等多个方面。多个政府部门针对不同群体提出了具体的数字素养提升措施，旨在通过数字化服务延伸、数字化能力建设以及数字惠民服务等方式，全面提升全民数字素养水平。国家发展和改革委员会等部门从平台经济规范健康持续发展角度，提出促进数字技术和数字素养提升的要求。中央网信办等部门则通过表扬先进单位，激励更多单位参与到全民数字素养与技能提升工作中。

数字素养提升已经成为国家发展的重要战略方向之一，对于推动数字化社会的建设和发展具有至关重要的作用。中央及各部门都在积极推进相关政策的制定和实施，以期为提升全民数字素养与技能提供有力的政策保障，提升全民数字素养水平，推动数字化社会的建设和发展。

第二节 当代大学生数字素养

今天，人们越来越多地独自面对各种电子屏幕和数字界面，每个人的注意力和行为数据也成为数字技术持续获取的目标。这一趋势不仅产生了隐私泄露、信息茧房、大数据杀熟、算法歧视与陷阱等问题，还造成了注意力缺失、游戏与短视频成瘾等心理与行为失调。对于生活在数字时代的个体而言，数字素养意味着

---

① 中华人民共和国教育部 . 教育部：全国中小学互联网接入率 100% 师生数字素养技能大幅提升 .（2023-02-09）[2024-05-06]. http：//www.moe.gov.cn/jyb_xwfb/xw_zt/moe_357/2023/2023_zt01/mtbd/202302/t20230213_1044229.html.

如何更好地面对生存方式和生活方式的数字化。因此，我们需要了解数字素养是什么，以及数字素养为什么如此重要。

一、大学生数字素养的内涵

本书以 2018 年联合国教科文组织发布的《数字素养全球框架》为蓝本，以欧盟 2022 年更新的《欧洲公民数字素养框架》2.2 版本为基准，将智能时代的大学生数字素养定义为：大学生拥有数字意识，掌握基本的数字知识和技能，在此基础上能够利用数字技术和资源获取知识，开展学习、科研和社交等活动，创造并分享个人成果，解决学习、工作和生活中的实际问题，同时，能够自信地、批判性地、安全地接触新兴技术（如人工智能技术），对这些工具、技术有基本的了解和正确的价值态度。具体而言，大学生数字素养包括五个维度——数字意识、数字技能、数字知识、数字社会责任、专业发展，如图 1-3 所示。

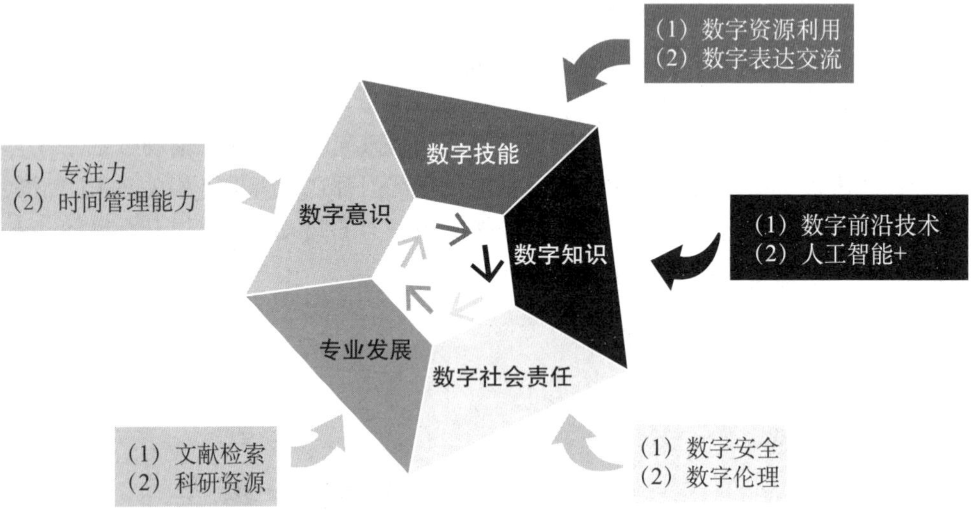

图 1-3　大学生数字素养维度

（一）数字意识

数字意识是大学生对数字技术和数字化世界的认知、理解和态度，以及一些与个体学习和发展密切相关的能力，包括专注力和时间管理能力。在数字时代，数字意识是大学生适应未来社会的基础。

专注力意味着大学生能够在数字环境中保持高度的集中和专注，避免被无关信息干扰，专注于完成学习任务或工作目标。专注力要求大学生具备良好的自我控制能力，能够合理安排时间和资源，抵制各种诱惑和干扰，专注于自己当前的任务，这有助于提升学习与工作的效率和质量。

时间管理能力要求大学生能够制订合理的学习和工作计划，合理安排时间和资源，确保各项任务能够按时完成。它还鼓励大学生学会优先处理重要和紧急的任务，避免拖延和浪费时间。通过有效的时间管理，大学生可以更加高效地完成学习和工作任务，提升个人的生产力和效率。

专注力和时间管理能力是相互关联、相互促进的。它们共同构成了大学生在数字时代成功学习和发展的重要基础。通过培养这些能力，大学生可以更好地适应快速变化的数字环境，不断提升自己的数字素养和综合能力。

（二）数字技能

数字技能是大学生在使用信息技术时所需具备的具体能力，其中数字资源利用和数字表达交流是两个重要的组成部分。

数字资源利用指的是在数字环境中，个人或组织有效地搜索、筛选、评估、使用、保存和管理各种数字资源的能力。这包括使用搜索引擎、数据库、社交媒体等渠道，查找和获取所需的信息和知识。在这个过程中，个人需要准确找到所需信息，辨别信息的真伪、价值和相关性，并学会合理地保存和管理这些信息。

数字表达交流是指个人或组织在数字环境中，有效地创建、传播和分享信息的能力。这包括使用各种数字媒体工具和技术，如文字处理、图像处理、视频编辑等，来制作和发布内容。在这个过程中，个人需要选择合适的媒介形式、运用适当的传播策略，以有效地传达信息和表达观点。

数字资源利用和数字表达交流是相辅相成的。通过提高数字资源利用能力，个人可以更好地获取和使用数字资源，提升学习和工作的效率。同时，通过提升数字表达交流能力，个人可以更加自信和有效地表达自己的观点和创意，促进交流和合作。数字技能涵盖了从数字资源获取到数字媒体表达等多个方面，通过不断学习和实践，个人可以不断提升自己的数字技能，更好地适应数字时代的发展需求。

（三）数字知识

数字知识涵盖了数字前沿技术和人工智能＋等多个方面。数字前沿技术是指在高技术领域中具有前瞻性、先导性和探索性的重大技术，是未来技术更新换代和新兴产业发展的重要基础。这些技术包括但不限于虚拟现实（VR）、智能信息处理技术、网格技术与云计算等。这些技术的发展和应用，对于推动数字经济的增长、促进产业结构的优化升级具有重要意义。人工智能致力于让机器模拟人类智能，通过学习和逻辑推理来模拟人类的决策和思考过程并自主地执行任务。在产业融合发展中，人工智能＋成为一个重要的趋势。通过将人工智能技术与各个行业领域深度融合，可以创造出更多的商业机会和发展空间，推动产业结构的优化升级和经济的可持续发展。例如，在医疗领域，人工智能可以帮助医生进行疾病诊断和制定治疗方案；在金融领域，人工智能可以进行风险控制和投资决策等。了解和掌握这些数字知识和技术，对于适应数字时代的发展需求、推动产业结构的优化升级和经济的可持续发展具有重要意义。

（四）数字社会责任

数字社会责任意味着大学生要形成正确的价值观、道德观、法治观，遵循数字伦理规范。数字社会责任包括数字安全、数字伦理等方面。数字安全主要涉及保护个人信息、设备和网络活动免受未经授权的访问、使用、破坏、修改或泄露。数字时代，大学生们的学习、生活和社交活动都离不开网络。因此，保护数字安全是维护个人权益和安全的基本要求。大学生需要学会使用强密码、定期更新软件和操作系统、谨慎处理垃圾邮件和钓鱼邮件等安全措施，以防范网络攻击和数据泄露。数字伦理是大学生在数字世界中必须遵守的行为规范。在数字技术的开发、利用和管理等方面，大学生需要遵循以人为本的原则，尊重他人隐私、保护知识产权、避免传播虚假信息等。这些道德规范不仅有助于维护数字世界的秩序和生态，还有助于培养大学生的道德责任感和公民意识。为了保障网络空间的安全和稳定，我国制定了一系列网络法律法规，如《中华人民共和国网络安全法》《中华人民共和国个人信息保护法》等。这些法律法规旨在规范网络行为、保护网络安全、维护网络空间秩序和公共利益。大学生需要了解并遵守《中华人民共和国网络安全法》《中华人民共和国个人信息保护法》等相关法律法规，明确自己在网络空间中的权利和义务，防范网络犯罪和侵权行为。

（五）专业发展

专业发展包括文献检索和科研资源的使用等能力。文献检索能力的培养对于大学生的学术研究具有基础性意义。在知识爆炸的时代，文献检索能力可以帮助大学生快速、准确地找到所需的研究资料，避免在海量信息中迷失方向。这种能力不仅提升了学术研究的效率，也为大学生在专业领域内的深入探索提供了有力支持。除了文献资源之外，网络中还拥有很多优质的科研资源，如数据库、实验室设备以及学术交流平台等，可为大学生提供丰富的实践机会和广阔的学术视野。合理使用这些资源，大学生可以在实践中深化理论知识，培养创新精神和实践能力，为未来的职业发展奠定坚实的基础。

二、大学生数字素养的重要性

随着人工智能技术的飞速发展，通用大模型逐渐进入大众视野。2022 年 11

月至今，已有ChatGPT、百度文心、Copilot等多项大模型发布。ChatGPT（Chat Generative Pre-trained Transformer，聊天生成预训练转换器）作为先进的自然语言处理技术的代表，已经在教育、写作、编程等多个领域展现出了巨大的潜力。ChatGPT技术的核心在于通过深度学习模型预训练，使机器能够理解、生成接近人类水平的文本。ChatGPT凭借强大的语言生成能力、对话沟通能力、任务执行能力、快速迭代能力等对大学生的创新能力、逻辑思维能力、数字素养能力等方面产生了巨大影响。同时，在教育领域中，它不仅能够提供个性化学习建议，还能辅助教学内容的创建，为教师和学生之间的互动提供新的可能性。在ChatGPT等人工智能技术的支持下，高等教育机构有机会通过更加个性化和高效的方式，提高教育质量，培养学生的数字素养。教育者和决策者需要重新思考教育内容和方法，学生也需要主动适应这一变化，提升自身的数字素养。

数字技术的发展改变了知识属性及其特征，也对个体认知、接受与内化知识的能力提出了更高的要求，个体需要具备更高的数字素养及终身学习的能力。终身学习是指社会每个成员为适应社会发展和实现个体发展而进行的贯穿一生的、持续的学习。个人要不断适应现代社会发展，就需要不断地学习。它是“活到老，学到老”或者“学无止境”的生动体现，具有终身性、全民性、广泛性等特点。在快速变化的世界中，终身学习使人们能够不断探索未知，从容应对各种挑战，保持积极向上的心态，不断超越自我，实现自我价值。

终身学习是一种积极向上的生活态度和学习方式，它使人们能够不断适应变化的世界，实现个人和社会的共同进步。对于个人而言，终身学习能够不断提升自己的知识和技能，增强竞争力，实现个人成长和进步。通过设定明确的学习目标、制订学习计划和时间表以及掌握高效的学习方法，人们可以更好地实践终身学习，不断提升自己的综合素质和能力水平。对于社会而言，社会成员保持终身学习能够促进社会进步和创新，推动社会和谐发展。习近平总书记在党的二十大报告中指出：“推进教育数字化，建设全民终身学习的学习型社会、学习型大国。”[①]构建全民终身学习体系，需要从培养数字素养着手，以教育数字化推进全民终身学习体系构建。

在数字时代，终身学习能力和数字素养紧密相连，互为促进。终身学习强调个体在一生中持续不断地学习，以适应社会发展和满足个人成长的需要。而数字素养则是现代人必备的一项基本能力，它涉及个体在数字环境中获取信息、评估信息、利用信息以及参与数字社会交往的能力。2006年以来，欧盟致力于探索公民应具备的数字素养与能力，并发布《终身学习的关键能力：欧洲参考框架》，

① 习近平．高举中国特色社会主义伟大旗帜 为全面建设社会主义现代化国家而团结奋斗：在中国共产党第二十次全国代表大会上的报告．北京：人民出版社，2022：34.

指出数字素养是公民应该具备的终身学习的八项关键能力之一。数字素养与终身学习是数字化社会的灯塔，照亮了通向发展、繁荣的道路。2021 年 11 月，《提升全民数字素养与技能行动纲要》明确指出，要培养具有数字意识、计算思维、终身学习能力和社会责任感的数字公民。数字技能侧重于对专业能力的培养，数字素养的提升有助于终身学习的持续，在数字化全面融入生活的方方面面的现实条件下，数字素养与终身学习能力成为密不可分、相辅相成的重要能力。

终身学习离不开数字素养的支撑。数字技术的广泛应用为学习提供了更为便捷、高效的途径；通过网络，人们可以随时随地获取各种学习资源，进行在线学习、交流与分享。数字素养的提升还有助于人们更好地理解和应用所学知识，提高学习效果；数字素养可以提高我们的主观能动性，培养我们的批判性思维，以便获取更多有价值、有意义的知识。在数字化社会，数字素养作为一种基于信息解决问题的综合能力，不仅影响大学生终身学习能力的培养，还关系到学习型社会的构建。个人需要掌握获取和筛选知识的能力，提升解决问题的效率和质量，强化信息意识和探究精神，不断提升自己的终身学习能力。

终身学习也为数字素养的提升提供了广阔的空间。终身学习能力的培养是大学教育的重要目标，意味着大学生在经过培养后，能够自主跟进技术发展，不断学习、充实自己。随着社会的不断进步和技术的不断更新，数字素养的内涵也在不断丰富和拓展。终身学习时代的知识鸿沟问题更多体现在技术基础设施与数字生存能力的个体差异化上。个体需要通过持续的学习，不断掌握新的数字技能，以适应数字时代的发展需求。终身学习的理念则鼓励人们不断追求新知，不断提升自己的数字素养水平。因此，我们需要主动提升数字素养，利用数字思维、数字路径分析和解决问题，自觉分析与评估这些数字化工具，不断提升自身终身学习的能力。

终身学习是对社会全体成员的必然要求，数字素养则是实现终身学习的关键能力，两者紧密相连，互为促进。[①] 我们应该树立终身学习的理念，积极提升自己的数字素养和终身学习能力，以更好地适应和引领数字时代的发展潮流。同时，政府和社会也应该为个体提供必要的支持和保障，营造良好的学习氛围和数字环境，推动终身学习意识和数字素养的普及和提升。

三、大学生培养数字素养的紧迫性

作为未来社会的建设者和领导者，大学生的数字素养不仅关系到个人的发展，也影响到社会的进步和创新能力。缺乏数字技能的大学生可能难以适应数字

① 龚曦 . 网络文明建设视域下大学生数字素养培育的实践进路与价值旨归 . 黑龙江教育，2024（9）.

时代，从而在未来发展中遇到障碍。目前，大学生基本上具备了通过操作手机、电脑等电子设备获取信息的能力，但存在着信息获取渠道不足、知识储备的深度和广度不够等问题；同时，不少大学生沉迷于虚拟世界中，难以回到现实生活，网络成瘾和注意力分散导致他们的学业受到影响，甚至出现了挂科和退学的情况；此外，部分大学生风险防范意识淡薄，易卷入信息泄露、网络诈骗、非法信息传播、互联网争端等事件中。

大学生缺乏数字素养，可能会面临以下挑战和困境：

如果数字意识淡薄，终身学习能力、专注力、时间管理能力较弱，大学生可能会缺乏持续学习新技术的动力和意识，无法及时跟进快速发展的数字技术，从而影响到个人在职业领域内的适应力和竞争力。同时，缺乏专注力和时间管理能力的大学生可能难以在数字环境中保持高效的学习和工作状态，导致效率低下和成果不佳。

如果数字技能匮乏，就无法准确输入信息和精确表达信息。在数字时代，信息获取和表达交流是基本的工作和生活需求。如果大学生缺乏数字技能，如信息搜索、数据处理、数字媒体制作等技能，他们可能无法有效地从数字环境中获取所需的信息，也无法通过数字媒介准确地表达自己的思想和观点。这将严重影响他们在日常生活、知识学习和学术研究中的表现。

如果数字知识缺乏，大学生可能会缺乏对数字前沿技术和人工智能等领域的了解，无法把握数字时代的最新动态和发展趋势。这将限制他们的视野和思维方式，使他们难以在数字时代中创新和发展。数字知识的缺乏还可能导致他们在解决数字时代特有的问题时缺乏必要的计算思维、理论基础和实践经验。

如果数字社会责任意识淡薄，大学生可能会忽视自己在数字世界中的行为对他人和社会的影响，不能保护自己和他人。他们可能会无意中泄露个人信息、侵犯他人隐私、传播虚假信息等，从而引发一系列道德和法律问题。此外，缺乏数字社会责任意识的大学生还可能成为网络犯罪的受害者或参与者，给个人和社会带来损失。

如果专业发展能力较低，大学生在学术研究和职业发展中可能会受到限制。他们可能无法有效地利用数字资源来提升自己的专业水平，也无法通过数字媒介来展示自己的研究成果和创新能力，这将影响其未来发展。同时，专业发展能力的不足还可能使他们在面对数字时代的挑战时缺乏必要的应对能力和策略。

改变的关键，就在于培养大学生自身的数字素养，使其能够在数字生活实践中反思数字技术对人的认知与行为产生的影响，学会自我调适、适度节制，让自己掌握获取信息和遨游数字世界的主动权，而不是被碎片化的信息淹没，甚至沉溺于数字娱乐不能自拔。要让数字娱乐和虚拟生活成为现实生活的补充，进而借助虚拟生活提升现实生活的质量，让数字技术服务于现实所需。

以上种种问题，究其原因，是在义务教育及高中阶段，我国的数字素养培育工作还存在着诸多不足之处，急需引起重视。一是在现有的政策文件中尚未形成统一的数字素养定义，相关政策发布滞后；二是由于升学压力、家校环境中软硬件受限等，数字素养培育尚未引起足够重视；三是尚未建立起家、校、社会等多方合力培养学生数字素养的局面。因此，高等教育阶段的数字素养培养已迫在眉睫，面临着更巨大的挑战和更高的要求。

技能篇

第二章

数字侦探——掌握信息资源获取的艺术与高级搜索技巧

章节结构

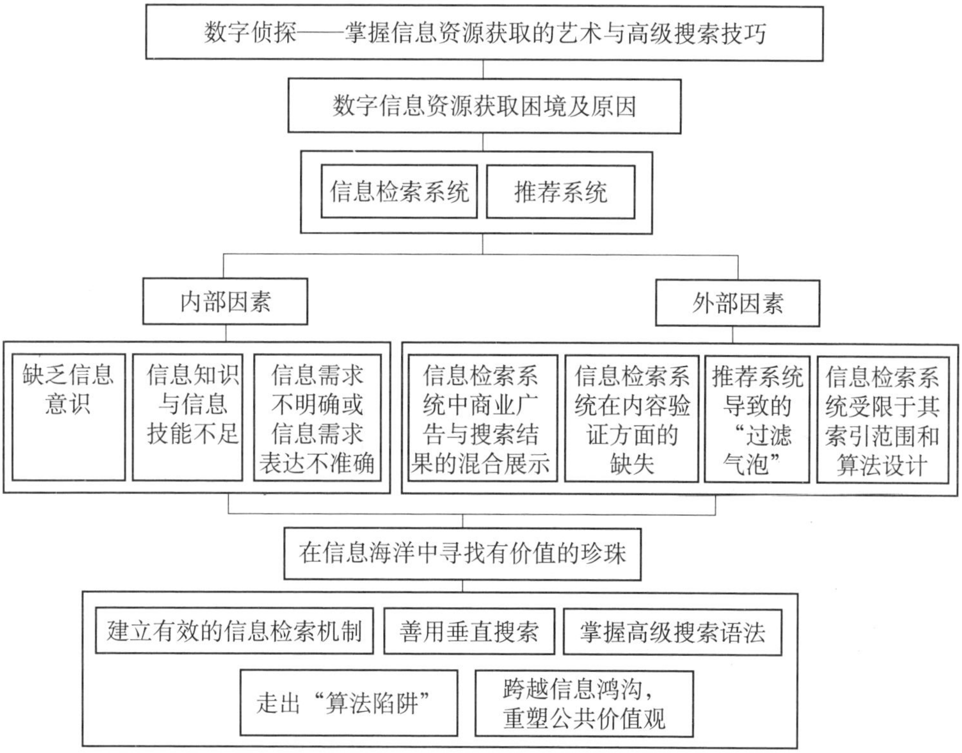

关键词

信息过载　信息检索　信息茧房　检索工具　检索语言

主题思想

在当今信息过载的时代，我们被淹没在海量的数据之中，每时每刻都在面对来自各个方向的信息洪流。然而，令人担忧的是，这种信息的泛滥并没有给我们带来预期中的便利，相反，我们往往在信息的汪洋中感到迷失和无助。

针对信息过载问题，我们有两种主要解决办法，分别是使用信息检索系统和利用推荐系统。使用信息检索系统方便我们“主动”搜索信息，而利用推荐系统则能让我们“被动”获取信息。

然而，我们在运用这两种方法时均会面临挑战与困境。在信息检索系统中，当我们缺乏信息意识、信息需求不明确以及信息素养不足时，往往难以获得满意的搜索结果。而推荐系统则可能使我们陷入信息茧房，导致我们被推荐算法束缚，无法接触到更广泛的信息资源。这些现象和问题严重影响了我们搜索信息的效率，增加了准确获取信息的难度。

因此，我们需要建立更加有效的信息检索机制，拓展信息源，并掌握高级搜索语法，以便更好地处理和利用信息。只有主动打破算法的限制，跨越信息的壁垒，我们才能在这个快节奏、信息密集的时代中更加游刃有余。

场景引入

暑假就要到了，胡图图同学想要寻找一个与自己人工智能专业相符的实习机会。首次涉足实习领域的她，选择借助网络搜索引擎这一便捷的工具，开始自己的实习探寻之旅。

她满怀憧憬地敲击着键盘，在搜索框中输入了“人工智能专业实习”这一关键词，期待着能从中发现宝藏般的实习机会。然而，当她点击搜索按钮时，屏幕上瞬间显示的搜索结果有成千上万条。她注意到，排在检索结果靠前位置的往往是各种招聘网站、人工智能网站的广告。这些广告以醒目的标题和图片吸引着人们的注意，比如“最新实习机会，立即申请！”或“热门行业实习，一键投递简历！”。这些广告链接占据了搜索结果页面的顶部位置，有时甚至占据了整个页面，真正的实习机会少之又少。胡图图不得不花费额外的时间和精力去分辨和筛选真正有价值的实习机会。

胡图图耐心地翻阅着页面，试图从中筛选出有价值的实习信息。然而，她很快发现，这些信息中掺杂着大量的虚假内容和无效内容。有些链接指向的页面充斥着广告，明显是为了骗取点击量；而有些页面显示的则是早已过期或者已经不再提供实习机会的职位，这让她感到一阵失望。

她不甘心就这样放弃，于是决定改变策略。她尝试使用更加具体的关键词进行搜索，限定时间范围，并仔细筛选搜索结果。她努力从官方网站或知名的招聘平台获取信息，希望能够找到更加可靠的实习机会。

经过一番努力，胡图图终于找到了一些看似合适的实习机会。然而，当她进一步了解时，却发现自己似乎陷入了一个无形的圈子。搜索引擎似乎根据她的搜索历史和点击行为，为她量身定制了一个信息泡沫。她所看到的实习信息越来越符合她的个人喜好，但是局限于某个特定领域或地区的公司。胡图图意识到，这种个性化推荐看似贴心，却让她错过了很多其他领域或其他地区的优秀实习机会。

她开始感到困惑和迷茫，不知道自己该如何在信息的海洋中筛选出真正有价值的信息。她开始怀疑：自己是否应该继续依赖搜索引擎来寻找实习机会？在这个充满矛盾和挑战的时刻，胡图图意识到，她需要更加谨慎地面对网络信息，学会独立思考和筛选，才能找到真正适合自己的实习机会。

第一节 数字信息资源获取困境及原因

胡图图的经历，实际上是我们在数字时代所面临的信息资源获取困境的一个缩影。

在这个信息过载的社会里，我们面临着一个普遍的问题：虽然我们有丰富的信息资源可以利用，却难以找到真正对自己有用的信息。这种信息过滤的困难不仅降低了我们获取信息的效率，还使我们的认知和决策受到了挑战。为了解决这一问题，人们开始探索各种途径，其中包括信息检索系统和推荐系统。通俗来讲，用户可以通过前者“主动”获取信息，借助后者“被动”获取信息。

进阶阅读

信息过载

信息过载也称信息超载，指的是信息超过了个人或系统所能接受、处理或有效利用的范围，并导致故障的状况。

信息过载的一个重要弊端就是大量的不良（负向）信息或冗余信息进入（很多时候是以强行植入的方式）系统的存储空间或人们的精神空间，而现有的全球信息网络体系尚缺乏成熟的、全面的信息筛选与净化机制。这一缺失剥夺了公众自主筛选信息的权利，进而造成人们的信息选择困境和文化接受疲惫，甚至受到负向文化信息价值的左右而影响价值观。这非但不利于用户探索真理、做出科学选择，反而容易使用户因受过量信息影响而做出错误决策。

从深层次探究，信息过载问题的根源可以归纳为三大主因：首先，科技进步推动信息传播广泛化，导致信息资源极度膨胀；其次，技术的飞速跃进与社会信息监管措施的滞后性之间不匹配，引发了信息渠道的堵塞；最后，公众整体信息素养不足，阻碍了有效信息的利用，进一步加剧了信息利用的过载状态。这些因素交织在一起，共同促成了当前信息过载的复杂局面。

信息检索系统是指根据一定的需要进行信息传递而建立的一种有序化的信息集合体。具体来讲，它是一种用于从信息资源中检索出符合用户需求信息的软件系统。它通过对用户输入的内容进行处理，从一个或多个信息源（元搜索引擎）中检索出相关的信息，并将其呈现给用户。学术文献数据库（如中国知网、Web of Science 等）、搜索引擎（如百度、谷歌等）都是典型的信息检索系统。

推荐系统最初是由卡内基梅隆大学的罗伯特·阿姆斯特朗（Robert Armstrong）等人在美国人工智能促进会会议上提出的。它是一种通过分析用户的偏好、行为和历史数据，向用户推荐其可能感兴趣的信息的软件系统，旨在帮助用户在海量信息中快速找到个性化的、符合其兴趣和需求的内容，实现从"人"找"信息"到"信息"找"人"的转变。推荐系统主要应用在娱乐（书、电影、音乐等）领域、内容（报纸、文章、学习等）领域、电子商务（网购等）领域、服务（旅游、求职、婚介、法律咨询等）领域。根据詹姆斯·戴维森（James Davidson）等人在 2010 年国际计算机学会关于推荐系统的会议上发表的文章《YouTube 视频推荐系统》(The YouTube video recommendation system)，YouTube 平台有 60% 的点击量来自网站推荐。而卡洛斯·A. 戈麦斯－乌里韦（Carlos A. Gomez-Uribe）与尼尔·亨特（Neil Hunt）在《美国计算机学会管理信息系统汇刊》(*ACM Transactions on Management Information Systems*）上发表的文章《奈飞推荐系统：算法、商业价值与创新》(The Netflix recommender system：Algorithms，business value，and innovation）显示，美国奈飞（Netflix）公司 80% 的用户通过推荐功能观看视频。另外，根据格季米纳斯·阿多马维丘斯（Gediminas Adomavicius）和亚历山大·图日林（Alexander Tuzhilin）在《IEEE 知识与数据工程汇刊》(*IEEE Transactions on Knowledge and Data Engineering*）上发表的文章《迈向下一代推荐系统：对最新技术和可能扩展的调查》（Toward the next generation of recommender systems: A survey of the state-of-the-art and possible extensions）中的统计，亚马逊公司的推荐系统为其提供了约 35% 的销售额。

进 阶 阅 读

信息检索系统的组成和工作原理

信息检索系统包括信息存储和信息获取两个部分（见图 2-1），分别对应信息的输入和输出。

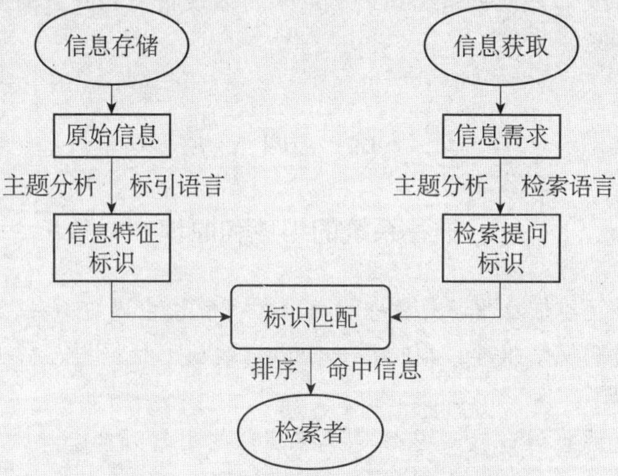

图 2-1 信息检索系统的组成和工作原理

信息检索系统中的信息存储部分主要是把大量的信息整理好放在一个地方，方便后面的查找。它的原理就像是图书馆一样，图书管理员把书整齐地摆放在书架上，并且给每本书贴上标签，告诉我们这本书是关于什么内容的。首先，我们要把所有的信息（比如文章、网页、视频等）整理成计算机能够理解的格式，就像把书整理成一种标准的书籍格式一样。然后，我们要给这些信息贴上标签，告诉计算机这些信息是什么类型的，比如是关于科技的、健康的、娱乐的等。这个过程就是信息的组织管理与标引。为了让计算机更快速地找到我们需要的信息，我们需要选择一些确切的标识来描述这些信息。这些标识通常是一些关键词或关键短语，它们要能够准确地反映文献内容的关键点。如果一篇文章是关于健康饮食的，我们就可以选择一些关键词，比如“健康”“饮食”“营养”等作为这篇文章的标识。当我们需要查找某个主题的信息时，计算机就可以根据这些标识来进行检索，找到与我们的需求相关的信息，并把它们呈现给我们。

信息获取环节中，信息检索系统如同一位经验丰富的图书管理员，协助我们在浩瀚的知识海洋中精准锁定自己感兴趣的内容。当我们发起查询时，系统会接收并解读我们的查询诉求。此诉求可能是单一关键词、短语的表述，亦可能是结构更为复杂的查询句式。随后，系统会将我们的查询与库存信息进行对照。这一对照工序往往依托于预建的索引架构，如倒排索引等工具。系统借助索引来迅捷地探查，锁定与我们的查询条件相吻合的信息条目。紧接着，系统会依据查询诉求与信息的契合度，对搜寻结果进行筛选及有序排列，确保高度相关的资讯优先展示，同时剔除无关或关联度偏低的内容。最终，系统将以列表或其他直观形式展示匹配成功的各类信息，供我们审阅与挑选。我们可依据系统反馈的结果，继续精细化我们的查询条件，直到锁定目标信息。

进阶阅读

推荐系统的组成和原理

推荐系统主要依靠推荐算法来运作，推荐算法主要有两种。

- 基于关联规则推荐：根据用户的历史数据，挖掘用户需求，预测用户感兴趣的内容。
- 协同过滤推荐：核心思想是兴趣相似的用户可能会喜欢相同的内容，为一位用户找到感兴趣的内容的好方法是首先找到与此用户有相似兴趣的其他用户，然后将这些用户感兴趣的内容推荐给此用户。

推荐系统是一个拟合用户对内容满意度的函数，本质上要解决用户、环境和信息的匹配问题。根据今日头条算法架构师曹欢欢在2018年首次公开的算法原理，今日头条推荐系统包括三个维度的变量：内容维度、用户维度、环境维度。

内容维度，也称内容分析，即根据内容本身的特点，对互联网的海量内容（如文本、图片、视频等）进行特征提取并标记。例如对文本内容进行分析时，按照标题、作者、主题词、发表时间等维度，文本会被分类并被贴上标签，比如推荐系统会将标签中含有“美妆”的文章推送至客户端，阅读该带有“美妆”标签文章的用户也会被贴上“对美妆感兴趣”的标签，这个过程也实现了对用户的标签化。在经过推荐系统前期冷启动阶段，解决数据稀疏问题之后，推荐系统可以直接通过信息内容的标签进行内容推送。对信息内容进行分析，可以提高信息传播的有效性，用户将接收到与自己的需求更相关的信息。

用户维度，包括用户的兴趣特征、身份特征和行为特征等。
环境维度，包括用户所在地理位置、时间、天气、网络状况等。

那么，为何“场景引入”中胡图图同学在获取信息资源时会感到吃力？究其原因，主要有内外两方面的因素。

从内部因素来说，与自身信息素养水平不足有关。

第一，缺乏信息意识。信息意识是人对信息的敏感程度，是人们对自然界和各种社会现象、行为、观点等，从信息角度的理解、感受和评价。信息意识是我们利用信息系统获取所需信息的内在动因，具体表现为对信息的敏感程度、选择能力和消化吸收能力。具体来讲，胡图图在开始搜索实习信息时充满了憧憬和期待，希望能够从搜索结果中找到理想的实习机会。然而，当面对海量的信息和混杂其中的虚假内容时，她感到失望和无所适从。这表明她对信息搜索过程中可能遇到的挑战和困难预期不足，对信息的真实性和可信度缺乏足够的警惕性。同时，胡图图发现搜索引擎根据她的搜索历史和点击行为为她量身定制了一个信息泡沫，推荐的实习信息越来越符合她的个人喜好，却局限于某个特定领域或地区的公司。这表明她可能对个性化推荐机制的运作原理和局限性缺乏了解，过于依赖推荐系统，而忽视了其他可能存在的优秀实习机会。

第二，信息知识与信息技能不足。信息知识与信息技能，包括对信息系统的基本操作能力，对信息的采集、传输、加工处理和应用的能力，以及对信息系统与信息进行评价的能力。从获取信息的角度看，这些能力具体表征为针对各类信息平台数据库的检索技巧。具体来讲，胡图图发现搜索结果中充斥着大量的虚假信息和无效信息，使得她难以从中筛选出有价值的实习机会。这表明她缺乏对信息进行筛选和评估的能力，无法有效地辨别出真实可靠的信息。同时，胡图图在搜索实习信息时主要依赖网络搜索引擎，并未充分利用其他信息来源，如招聘求职类垂直网站等。这可能反映出她对多样化的信息获取渠道和资源利用策略的了解不足。

第三，信息需求不明确或信息需求表达不准确。信息需求，是指信息意识对某种信息的反应，是我们为解决各种问题而产生的对信息的强烈需求和匮乏感，是激励人们开展信息活动的动力。有些信息需求是直接的、明确的，特别是事实型或数据型信息需求。但如果信息需求比较模糊，就需要阅读大量文献，多浏览相关主题背景资料，学习相关知识，如此，信息需求才会逐渐清晰。我们在明确信息需求的过程中常遇到困难和挫折，陷入“过滤气泡”，此时应及时与同学、老师、专家、同行等进行交流，交流的过程也有助于最终明确信息需求。在“场景引入”中，胡图图一开始使用了较为笼统的搜索关键词：“人工智能专业实习”。由于关键词的模糊性，搜索引擎可能会返回大量与人工智能相关的实习信息，但并不一定符合胡图图的具体需求。因此，她的信息需求表达不明确，导致了搜索结果的泛化和不准确。同时，胡图图在搜索结果中发现了大量的非相关信息或无效信息，但她并没有进一步明确自己真正需要的实习条件或要求，而是试图从已有的信息中筛选出符合自己需求的内容。这表明她对自己的信息需求缺乏明确的认识和表达。

从外部因素来说，与信息检索系统和推荐系统的局限性有关。

第一，信息检索系统中商业广告与搜索结果的混合展示，让胡图图同学感到“无所适从”。在商业搜索引擎的运营模式中，这种现象尤为常见。尽管广告内容通常会进行明确标注，但其存在仍可能影响用户对搜索结果的认知。更为严重的是，商业利益的介入可能扭曲搜索结果的排名和展示，使某些内容因商业合作关系而得到优先展示，而非基于内容的客观质量或相关性而得到展示。这种做法削弱了搜索结果的公正性和客观性，导致我们难以获取最准确、最有价值的信息。

第二，信息检索系统在内容验证方面的缺失，使胡图图容易接触到过时、虚假的信息。信息检索系统在展示结果时，往往不会对检出内容的真实性、准确性或质量进行主动验证。这意味着错误的、虚假的或低质量的内容可能被无差别地索引和展示。因此，我们在利用信息检索系统时，要具备批判性思维能力，对信息的真实性和可靠性进行独立判断。

案 例 思 考

魏则西事件

魏则西是陕西咸阳人，生前为西安电子科技大学计算机系学生。2014年，正在读大二的魏则西被发现患有晚期滑膜肉瘤。在采取各种化疗、放疗的方法后，魏则西通过百度推荐的武警北京总队第二医院肿瘤生物中心尝试所谓的“生物免疫疗法”，在付出大量医药费（超过20万元）和时间后，仍然没有效果，2016年4月12日，魏则西因病身亡。

事件导火索为魏则西去世前在知乎网上对“你认为人性最大的‘恶’是什么？”这一问题做出的回答，他在回答中直指武警北京总队第二医院及相关医生存在前后言语不一的欺诈行为，不把患者的生命放在心上。该院一医生宣称的与斯坦福大学合作研发的、“有效率达到百分之八九十”的“生物免疫疗法”，在美国尚处于研究阶段，且2015年后已不再进行临床实验。而百度也通过医疗信息竞价排名而从中获利。

解读：此次事件中，百度未进行有效的真实性核查，以竞价的方式对广告进行排名。而在信息过载的世界里，排名靠前意味着获得更多的曝光和点击，进而转化为利益。魏则西就是因为百度搜索引擎竞价排名提供的虚假信息，一步一步掉入“陷阱”，失去其他可能有效治疗的机会，最终失去了宝贵的生命。

思考问题：

● 内容审核机制的局限性：当前信息检索系统（如搜索引擎）的内容审核机制存在哪些主要局限性？如何设计更为有效的自动与人工结合的审核流程，以提高信息的真实性和可靠性？

● 算法偏见与信息公正性：信息检索系统的算法设计如何影响内容的排序与展示？如何消除潜在的算法偏见，确保各类信息（特别是医疗健康这类关乎生命安全的信息）获得公平的展示机会？

● 虚假信息识别技术的发展：在技术层面，如何利用人工智能、大数据分析等技术更精准地识别并过滤虚假医疗信息？这些技术的实施面临哪些挑战和伦理边界？

● 第三方验证与在线信息信誉评价体系：构建一个怎样的第三方验证机制，可以让信息检索系统在呈现医疗广告或其他重要信息前，对其进行有效验证？如何建立一套公信力强的在线信息信誉评价体系？

● 用户反馈机制与动态调整：如何建立一个高效的用户反馈机制，使得信息检索系统能够及时收到关于错误或误导性信息的报告，并据此动态调整搜索结果排序？

● 搜索引擎的角色与社会责任：搜索引擎作为获取信息的重要入口，应当承担怎样的社会责任？如何确保其商业模式（如竞价排名）不会损害用户利益，特别是在敏感领域如医疗健康方面？

第三，推荐系统导致的“过滤气泡”，使胡图图陷入“无形的圈子”中。推荐系统通过追踪我们的搜索历史和在线行为为我们推送个性化内容，旨在提供更相关的信息。然而，这番旨在提升关联度的人性化之举可能导致“过滤气泡”（Filter Bubble）效应，这一现象指的是用户在网络上接触到的信息范围受到限制，主要集中于其先前的搜索历史和行为偏好方面，进而减少了接触新信息和不同观点的机会。

进 阶 阅 读

“过滤气泡”的三大特点

● 密闭性：用户被孤立和隔绝在“过滤气泡”里。这是一个非常孤独甚至有一点封闭的状态，人们会沉浸在自己偏好的信息世界里。

● 隐秘性：当沉浸在“过滤气泡”中时，大部分人是意识不到它的存在的，也意识不到这些表面事物的背后是如何运作的。这里面很多算法逻辑都是隐藏起来的，而且这种隐藏可能会带有设计者的偏颇，但用户并不知情。

● 强迫性：随着“过滤气泡”越来越多地参与到我们的日常生活当中，我们不得不使用它。使不使用、接不接受这种服务，决策权永远都掌握在背后的程序、平台手中。用户没有选择权，也无处躲藏。

第四，信息检索系统受限于其索引范围和算法设计。信息检索系统的索引范围决定了它能够检索到的信息资源的数量和质量。然而，由于互联网上的信息量巨大且不断增长，任何信息检索系统都无法覆盖所有的信息资源。某些优质的信息资源可能因为未被收录而无法被用户发现，从而降低了用户的信息获取效率。信息检索系统的搜索结果往往受到算法设计的影响。算法可能会根据一系列因素（如关键词匹配度等）来确定搜索结果的排名顺序。如果某些优质的信息资源不符合信息检索系统的算法设计要求，可能会被排在搜索结果的后面，用户就难以发现和获取这些信息。同时，有些人还刻意利用搜索引擎的规则，使网站在用户搜索相关关键词时出现在搜索结果的较前位置，从而增加网站的曝光度和流量，这种方法也叫搜索引擎优化（SEO）。最后，信息检索系统在收录和排名搜索结果时，通常会考虑信息的质量和可信度。然而，由于信息的质量和可信度等因素往往难以量化和评估，因而信息检索系统可能会出现一些误判，使得一些优质的信息资源被排在搜索结果的后面，或者在搜索结果中被淹没在大量低质信息之中，使用户难以发现和获取。

进 阶 阅 读

搜索引擎优化

搜索引擎优化（Search Engine Optimization，SEO）是一种通过对网站内容、结构和外部链接等方面进行优化，以提高网站在搜索引擎自然排名中的位置的技术和策略。搜索引擎优化旨在使网站在用户搜索相关关键词时出现在搜索结果的较前位置，从而增加网站的曝光度和流量。搜索引擎优化的主要行为包括但不限于以下几个方面。

● 关键词优化：通过研究用户搜索习惯和行为，选择和优化网站内容中的关键词，使其与用户搜索的关键词相匹配，从而提高网站在相关搜索结果中的排名。这包括在网站标题、描述、正文等位置合理使用关键词，以及创建相关的页面和内容。

● 内容优化：创建高质量、原创和有价值的内容，吸引用户访问和分享，增加网站的权威性和可信度。优质的内容不仅可以吸引用户，还可以获得其他网站的外部链接，提高网站在搜索引擎中的权重和排名。

● 网站结构优化：优化网站的结构和布局，使其易于被搜索引擎抓取和索引。这包括使用清晰的 URL 结构与合理的网站内链和外链结构，减少页面加载时间等，以提升网站的用户体验和搜索引擎抓取效率。

● 外部链接优化：获得来自其他网站的高质量外部链接，提高网站在搜索引擎中的权重和排名。这可以通过发布优质内容、参与社交媒体、建立合作关系等方式来实现，从而增加网站的外部链接数量和质量。

● 技术优化：对网站的技术方面进行优化，提高网站的性能和可访问性，包括优化网站的代码、图像、页面加载速度等，以及确保网站在不同设备和浏览器上的兼容性。

第二节 在信息海洋中寻找有价值的珍珠

一、建立有效的信息检索机制

无论是在学术研究、工作决策还是在日常生活中，掌握有效的信息检索技巧对我们来说都至关重要。通过提高我们的检索技巧，我们不仅能节省搜索信息的时间，还能提高对信息的处理能力，使我们能够在这个快节奏、信息密集的时代更加得心应手。

建立有效的信息检索机制是在当前信息过载的环境中保持信息消费质量和效率的关键策略。要掌握信息检索的技巧，就有必要了解信息检索的大致流程。

信息检索的流程是一个综合性的过程，涉及分析信息需求、选择检索工具、确定检索词和检索点、构造检索式、分析评价检索结果以及输出和管理检索结果等过程（见图 2-2）。

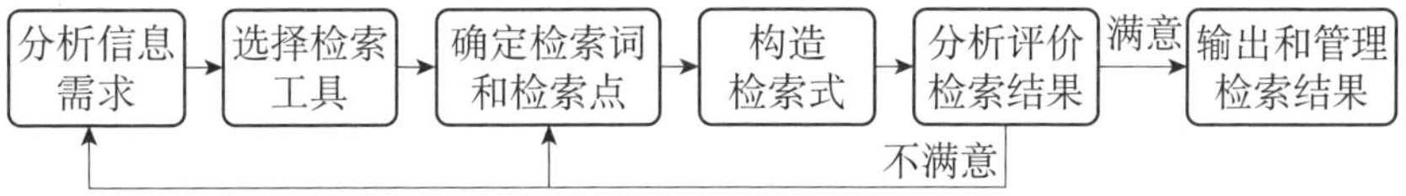

图 2-2 信息检索的大致流程

下面我们以一位正面临“人工智能实习”信息搜索任务的同学韩智博为例，详细解析她如何使用百度搜索引擎进行这个主题的信息检索。

第一步，韩智博进行详尽的信息需求分析。她清晰地认识到自己的检索目的和需求，即寻找与“人工智能实习”相关的详细信息。在需求识别阶段，她明确了所需解决的问题，即寻找实习机会以及了解实习的具体要求。接着，她通过细化需求，将这一宽泛的需求拆分为更具体的子问题，如实习地点、实习期限、实习待遇等，以便更精确地锁定所需信息。最后，在需求表达阶段，她打算使用准确、具体的语言描述自己的信息需求，为后续的检索查询打下坚实的基础。

第二步，韩智博开始选择合适的检索工具。她深知选择合适的检索工具对于信息检索的重要性。根据她的信息需求，她仔细评估了多个数据库和信息资源的覆盖范围、内容深度与广度以及更新频率等因素。最终，她选择了百度搜索引擎作为主要的检索工具，并辅以一些专业网站和论坛进行多源检索，以确保检索结果的全面性和准确性。

第三步，韩智博开始确定检索词与检索点。她首先确立了与信息需求密切相关的主题、概念和关键词，如“人工智能”“实习”“招聘要求”等。然后，她挑选了一些能够准确描述这些概念的词语，包括同义词、近义词和专业术语等。在挑选检索词时，她还特别注意了词语的准确性和针对性。接着，在选择检索点时，韩智博经过深思熟虑，决定将关键词的搜索范围扩展至“网页的任何地方”，这样可以确保不遗漏任何可能包含关键词的内容。最后，为了进一步增强检索的广泛性和准确性，她选择将检索范围限定在“网页”或百度旗下的求职就业平台“百度百聘”内。这样的策略旨在最大化检索结果的全面性，确保能够从各个角度和层面捕捉到相关信息。

第四步，韩智博开始构造检索式。她根据选定的检索词和百度搜索引擎的搜索语法，通过布尔逻辑运算符合理地组合了这些检索词，精心构造了一个检索式。在构造检索式的过程中，她还利用了一些高级搜索运算符，如短语搜索、站点限定（Site）、网页地址限定（Inurl）、网页标题限定（Intitle）、文件类型限定（Filetype）等，以进一步精确检索结果。构造完检索式后，她还进行了预测试，以评估检索式的有效性和准确性，并在必要时进行了调整。

进 阶 阅 读

搜索引擎中的高级搜索指令

搜索引擎中的高级搜索指令是一种增强搜索功能的技术手段，允许用户对搜索请求进行更精细化的控制，以便更快、更准确地找到所需信息。以下是一些常见的高级搜索指令及其应用实例，特别针对大学生在求职就业、学习、娱乐等方面的实际需求。

- Site：限定搜索范围，只显示指定网站或域名内的结果。

例子1：查找北京大学发布的招聘信息，可输入指令“招聘 site：pku.edu.cn”，结果将只显示北京大学官方网站上的招聘信息。

例子2：查找清华大学图书馆的电子书，可输入指令“site：lib.tsinghua.edu.cn 电子书”，结果将只显示清华大学图书馆网站内的相关资源。

- Inurl：搜索URL（网页地址）中包含特定关键词的网页。

例子：查找Coursera平台上有关Python编程的课程，可输入指令“inurl：coursera.org Python 课程”，结果将显示URL中包含“coursera.org”且内容涉及Python编程课程的网页。

- Intitle：搜索网页标题中包含特定词汇的页面。

例子：查找标题中含有iPhone 15的手机测评，输入指令“测评 intitle：iPhone 15”将大大提高检索结果的相关性。

- Filetype：限定搜索结果的文件类型，如PDF、PPT、DOC等。

例子：查找关于高等数学课程的课件，可输入指令“filetype：ppt 高等数学”，结果将只显示文件类型为PPT的高等数学相关内容。

第五步，在检索过程中，韩智博不断分析评价检索结果并根据中间结果调整检索策略。她仔细分析了检索结果的相关性和质量，并根据反馈调整了检索词、检索式或检索工具。通过不断地调整策略和迭代检索，她逐渐提高了检索结果的相关性和全面性。

第六步，韩智博对最终的检索结果进行了输出和整理。她对检索到的信息进行了数量、质量、相关性等方面的评估，并对这些信息进行了分类和整理。她还使用了一些文件管理工具来管理和引用这些资料，以便后续研究或实际应用。通过这样的结果管理，她能够更高效地利用这些检索到的信息，这也为她的实习申请和职业规划提供了有力的支持。

二、善用垂直搜索

在信息海量的数字时代，有效获取和过滤信息成了一项关键技能。垂直搜索引擎在这方面发挥着不可替代的作用，它通过专注于特定主题或行业，为我们提供了一种更加精准和深入的搜索体验。例如，当我们在“当当网”寻找一本特定的书时，只需输入书名、作者或ISBN码，就能迅速从海量图书中锁定目标，这就是垂直搜索引擎在图书零售领域的应用。同样，当我们在“智联招聘”寻找实习机会时，只需设定期望的工作地点、职位类别、薪资范围等条件，即可筛选出符合要求的实习岗位，体现了垂直搜索引擎在人力资源市场的高效运作。又如在“中国铁路 12306”网站上购买火车票，输入出发地、目的地、日期等信息，系统即能精准呈现所有符合条件的车次及余票情况，大大节省了用户在庞杂的交通信息中盲目搜寻的时间。

正如搜索领域的那句名言所揭示的：“使用者往往难以明确表达自己的信息需求，直到他们看到了自己想要的东西。”“碰运气”是人们的搜索行为最显著的特征，垂直搜索引擎恰恰能够帮助我们提升这种“运气”，因为它将搜索的范围聚焦在了更加具体的领域。无论是购票搜索、地图搜索还是图片搜索，几乎每个行业的信息都可以通过垂直搜索引擎进一步优化和深入挖掘。

垂直搜索引擎之所以高效，是因为它对海量的非结构化数据进行了一系列深度加工处理，包括去重、分类、分词和索引等，最终以结构化的形式呈现给我们。以“当当网”为例，其后台系统会对每一本入库图书进行详细的元数据标记，如作者、出版社、出版年份、ISBN 码、主题分类等，再通过高效的索引机制，确保用户在输入搜索词后，能在瞬间得到高度相关的结果。这种加工过程不仅提高了信息的可检索性和可理解性，还使我们能够在专业领域内快速找到所需要的精确信息。

为了充分利用垂直搜索引擎，我们应当深入了解和掌握与自己查询内容相关的各个垂直搜索引擎。以“智联招聘”为例，用户不仅要熟悉基本的职位搜索操作，还应了解如何使用高级搜索功能（如按工作经验、学历、公司规模等条件筛选），以及如何使用订阅职位提醒、查看企业评价等附加功能，以提升求职效率。同时，掌握这些垂直搜索引擎的独特搜索语法是提高检索效率的关键。每一种垂直搜索引擎都可能有其特定的操作规则和搜索提示，如特定的关键词格式和高级搜索指令，以及对搜索结果进行筛选和排序的方法。我们需要投入时间和精力去学习和适应这些规则，以便能够更加自如地从中提取出最有价值的信息。

此外，我们还应该保持对新兴垂直搜索引擎的关注，因为随着技术的进步和行业需求的细化，新的垂直搜索引擎不断涌现，它们可能带来更为新颖和高效的搜索体验。比如近年来兴起的专业知识问答平台、科研文献数据库、跨境电商平台等，都提供了独特的垂直搜索功能，满足用户在特定领域的深度信息需求。通过不断扩展自己的搜索工具箱，我们可以确保在信息检索的征途上始终领先一步，无论是面对学术挑战还是市场竞争，都能够游刃有余。

善用垂直搜索引擎不仅能够提高我们在专业领域的信息获取效率，还能够在日常生活中为我们提供极大的便利。通过不断学习和实践，我们可以更加熟练地运用这些工具，从而在这个信息爆炸的时代保持个人的领先优势。

三、掌握高级搜索语法

在有效获取信息资源的过程中，掌握高级搜索语法是一项至关重要的技能。对于搜索引擎，高级搜索运算符如 Inurl、Site、Filetype 等，能够帮助我们更精确地定位和提取信息。

使用 Inurl 运算符可以查找网页地址中包含特定关键词的网页，这在查找特定类型的网站或资源时尤为有用。

使用 Site 运算符则可以在特定网站或域名内进行搜索，这有助于在特定领域或组织发布的信息中进行深入挖掘。

使用 Filetype 运算符可以根据文件类型进行筛选，比如只搜索 PDF 或 PPT 格式的文档，这对于查找特定格式的资料极为方便。

通过运用这些高级运算符，我们能够更加高效地从海量的网络信息中筛选出最相关的资源。

在学术数据库中，高级搜索语法的应用则更加注重布尔逻辑运算法、截词符和字段检索等技巧。布尔逻辑运算法，如使用运算符 AND、OR 和 NOT，使我们能够构建复杂的搜索查询，精确地组合关键词，找到同时满足多个条件的文献。例如，通过使用 AND 运算符，我们可以确保搜索结果中包含所有感兴趣的主题词。而截词符（如星号“*”）则允许我们在关键词的词根基础上进行搜索，从而找到所有相关词汇的变体。字段检索则是指在特定的字段（如作者、标题、摘要等）内进行搜索，这在学术研究中尤为重要，因为它可以帮助我们快速查找到特定作者的研究作品或特定主题的文献。掌握这些技巧，我们就能在学术数据库中进行高效的信息检索，为我们的研究工作提供坚实的文献支撑。

进 阶 阅 读

学术数据库中的高级搜索指令

检索式是搜索过程中用来表达搜索提问的一种逻辑运算式，又称检索表达式或检索提问式，它是由检索词和各种组配算符构成的，是搜索策略的具体体现。其中，组配算符包括如下几种：

1. 布尔逻辑运算符 —— 说明检索词之间的关系

在使用学术数据库进行文献检索时，布尔逻辑运算符是构建复杂检索策略、精确表达检索需求的关键工具。它们允许用户将多个检索词或短语按照特定的逻辑关系组合起来，以缩小或扩大检索范围，确保检索结果与研究主题的高度相关性。

● 逻辑“与”通常用 AND 表示。用于连接两个或多个检索词，表示检索结果必须同时包含这些词。使用逻辑“与”可以缩小检索范围，提高检索结果的专指性。

● 逻辑“或”通常用 OR 表示。用于连接同义词、近义词或者相关概念，表示检索结果中只要包含这些词中的任何一个即可。逻辑“或”有助于扩大检索范围，确保不会遗漏可能的重要文献。

● 逻辑“非”通常用 NOT、AND NOT 或 - 表示。用于排除与检索主题无关或不需要的文献。逻辑“非”可以帮助用户去除干扰信息，进一步聚焦到感兴趣的特定内容。

2. 截词符、通配符——描述检索词的拼写变化

在使用学术数据库进行文献检索时，尤其是在英文检索环境中，截词符和通配符是非常实用的检索工具，它们可以帮助用户扩大或缩小检索范围，捕捉到包含特定词根、词缀或变体形式的文献，从而提高检索的准确性和全面性。

● 截词符通常用“*”表示。截词符用于表示词根或词干，允许检索含有特定词根的所有相关形式，无论该词根后面跟着什么词缀或结尾。这有助于查找拼写或形式变化的词汇，如英语中的复数形式、不同动词时态、名词的单复数、形容词的比较级和最高级等。如 comput* 可检索 computable, computation, compute, computer, computers, computing 等。要检索关于“细胞疗法”的文献，考虑到可能会出现“cellular therapy”“cell-based therapy”等多种表述形式，可以使用后截词 cell* therapy。

● 通配符通常用“?”表示。通配符用于替代一个未知字符，主要用于查找含有特定模式或部分已知字符的词汇，尤其是在拼写不确定或需要查找同音异义词时。例如，检索 organi?ation 可得到包含 organization, organisation 两种拼写方式的文献。

3. 位置算符——限定检索词之间的位置关系

在使用学术数据库进行文献检索时，位置算符是一种强大的工具，它允许用户指定检索词在文献中的相对位置关系，以提高检索的精确度和针对性。位置算符常用于检索具有特定结构或上下文关系的词语组合，特别是检索术语固定搭配、特定短语、引文格式、专利技术特征等方面。

例如，在学术数据库 Web of Science 中，NEAR/n 表示检索式中两个检索词之间的单词数应不超过所指定的数量 n，但不考虑两个检索词的顺序。例如，检索 information NEAR/5 education 可查找同时包含 information 和 education 且这两个单词间的单词数不超过 5 个的记录。

又如，在学术数据库 Scopus 中，PRE/n 表示检索式中第一个搜索词必须

在第二个搜索词之前，并且两个搜索词之间的单词数应不超过指定的数量 n。例如，检索 economy PRE/3 recovery 可以找到 economy 在 recovery 之前并且两者之间的单词数不超过 3 个的记录。

4. 字段算符 —— 限定检索词出现的位置

字段算符又称限定算符，可指定检索词在记录中某一字段中出现，可以提高检索的效率，也被称为检索入口算符。

通常来讲，学术数据库中可供检索的字段分为主题字段和非主题字段。主题字段有标题（Title）、摘要（Abstract）等，非主题字段有作者（Author）、文献类型（Document）等。

5. 其他算符

精确匹配算符和优先运算符是帮助用户实现精确检索和控制检索策略执行顺序的有效工具。

- 精确匹配算符又称短语检索，通常用引号或 {} 表示，表示必须以完整、精确的形式出现。例如，精确检索机构名“大连理工大学”，只能检索出“大连理工大学”，而模糊检索可检索出“大连理工大学”“大连理工大学图书馆”“大连理工大学化工学院”等。
- 优先运算符通常用“( )”表示，用于指示数据库优先处理某些检索词或短语的逻辑运算，在含有多个运算的检索式中，可以用“( )”将需要优先运算的部分标记出来。如检索（behaviour OR behavior）AND human 将显示包含 human behaviour 或 human behavior 的结果。一般来讲，在学术数据库中，逻辑运算符的优先级为（ ）>NOT>AND>OR。

无论是在搜索引擎中还是在学术数据库中，掌握高级搜索语法都能显著提高我们获取信息资源的效率和准确性。这要求我们不仅要理解各种搜索运算符和逻辑运算法的用途，还要在实际搜索中不断实践和调整，以期实现最佳的搜索效果。通过这样的学习和实践，我们能够更加自信地驾驭海量信息，获取到最有价值的信息资源。

四、走出“算法陷阱”

“百度一下”如今已成为一个动词，这个词体现了人们对搜索引擎的深度依赖。我们习惯于借助搜索引擎快速获取信息、解决疑问，却很少反思为何呈现的是这些事实而非其他。搜索引擎虽极大提升了信息获取效率，但其结果受商业逻辑（如广告、付费推广）、算法偏好（如点击率、用户兴趣）及信息源筛选标准等影响，呈现出的“事实”并非完全客观中立。此外，搜索引擎作为信息中介，其内在机制、规则与权力结构无形中塑造了我们所见的“事实”景观，可能会强化某些观点，弱化其他声音，形成信息过滤效应。

在这个数字时代，我们经常会遇到“过滤气泡”现象，这是一种信息过滤机制，它通过个性化算法将我们置于一个信息同质化的环境，即我们所说的“信息茧房”中。在这样的茧房中，我们往往只能接触到符合自己兴趣或立场的信息，这不仅限制了我们对多元视角的接触和理解，也加剧了信息壁垒的建立，从而限制了我们的视野和思维。

“回声室效应”是“过滤气泡”现象的另一面，它描述了一个环境，在其中我们只与思想相近的人交流，讨论争议性问题时，我们的观点在未经挑战的情况下被不断强化，使得团体内部的意见趋于极端。这种现象不仅妨碍了我们对知识的全面探索，也可能削弱了我们处理复杂社会问题的能力。

进 阶 阅 读

表 2-1 展示了过滤气泡、信息茧房、回声室效应这三个概念的特点及异同。

表 2-1 过滤气泡、信息茧房、回声室效应的特点及异同

	过滤气泡	信息茧房	回声室效应
概念	过滤气泡是基于大数据和算法推荐技术的一种现象。这些技术会根据个体的使用习惯、兴趣等信息，为其呈现个性化的信息内容，从而形成一个“气泡”，将个体与不符合其兴趣的信息隔离开来	信息茧房描述的是个体在信息接收过程中，由于自身兴趣、习惯等因素，倾向于选择性地关注某些信息领域，而忽视其他领域，从而使自己的信息世界变得狭窄和封闭，如同被蚕茧包裹一般	回声室效应强调的是在封闭或同质化的群体中，信息的传播和反馈会不断重复和强化，使得群体成员更容易接受和相信相同或相似的观点，而忽视或排斥不同的声音
特点	技术性强，由算法和平台主导，旨在提升用户体验，但也可能加剧信息茧房和回声室效应	主观性强，由个体的信息选择行为主导，容易导致认知的局限和偏见	客观性较强，与群体的互动和信息传播方式有关，容易导致群体极化和思维固化
相同点	三者都反映了互联网时代信息传播的局限性和个体认知的偏见，都可能导致个体或群体在信息接收上的狭窄化和同质化		
不同点	侧重于技术和平台对信息呈现的干预	主要强调个体主观选择的影响	更多地关注群体互动和信息传播方式

此外，“过滤气泡”现象往往使我们接收到的信息更能吸引我们的注意力，而不是提供客观的事实。在信息泛滥的当下，抓住我们的注意力、提升平台的访问量和活跃度已成为各大平台的“生存法则”。我们的注意力成了众多平台激烈争夺的稀缺资源。平台为了吸引我们的点击和延长我们的使用时长，往往利用推荐算法的特性，这在无意中助长了“标题党”现象、情感操纵和对偏见的迎合等低质量内容的产生，使平台在无形中成为低质量内容制造者捕获我们注意力的帮凶。这种以吸引注意力为目的的信息推荐机制导致内容生产者越来越偏向于制作充满情感和娱乐性的内容，而非提供真实可靠的信息。这不仅对内容创作者产生了负面影响，也削弱了我们获取客观和可靠信息的能力。

最后，值得我们关注的是，这种“过滤气泡”和“信息茧房”现象是建立在对我们个人信息的收集和使用之上的。很多时候，这种信息收集并没有得到我们的直接同意，这就触碰到了我们个人隐私的边界。在互联网对我们进行的无所不在的监视之下，我们的每一条信息都有可能被纳入大数据的分析之中，这对我们的隐私是一种巨大的威胁。因此，我们在享受互联网带来的便利的同时，也不得不面对因“过滤气泡”而加剧的个人隐私泄露问题。

因此，作为身处信息洪流中的大学生，我们必须清醒地认识到“过滤气泡”和“信息茧房”的潜在威胁。为了提升我们的思维深度和广度，我们必须勇敢跳出舒适区，积极寻求并接触各种不同的信息和观点，从而锤炼出批判性思维能力。同时，我们也要对个人隐私保护保持高度警觉。那么，具体应该怎么做呢？以下是一些切实可行的建议。

（一）主动拓展信息源渠道

我们应该积极拓宽视野，不拘泥于某一固定的信息源。通过关注各类社交媒体平台、浏览多样化的新闻网站，以及参与专业论坛等方式，我们可以接触到来自不同领域、不同观点的内容。这样，我们的信息来源就会更加多元化，建立起一个丰富多彩的信息生态系统。这不仅能让我们获取更全面的知识，还有助于培养我们的多元思维和开放心态。

（二）增添信息内容的多样性

我们应当有意识地扩展信息涉猎的广度，尝试探索多样化的题材和内容领域。例如，我们可以订阅涵盖多个领域的期刊，加入兴趣广泛的学习小组或社团，定期参加跨学科的研讨会和讲座等。这样，我们的信息摄入将更加丰富多彩，打破信息茧房的束缚，促进个人成长。

（三）主动构建多元化信息环境

我们生活在一个由推荐算法主导的数字世界，这些算法会根据我们的在线行为和喜好来定制内容推荐。然而，我们并非完全受制于这些算法。通过改变在线行为模式，我们可以影响并引导推荐算法，使其为我们展示更加多元化的信息。例如，我们可以主动搜索和浏览与我们现有偏好不同的内容领域，让推荐系统逐渐适应我们的新需求。同时，定期清理或调整搜索历史和偏好设置也是一个好办法，这样可以减少推荐系统对我们过去行为的依赖，让我们的信息环境更加开放和多元。

小 测 试

请评价自己陷入信息茧房的程度。在表 2-2 中，从“非常不同意”到“非常同意”分别计为 1～5 分。总分相加分数越高，则代表陷入信息茧房程度越高。

表 2-2　陷入信息茧房程度评估

维度	题项	非常不同意	较不同意	不确定	比较同意	非常同意
信息内容	1. 在使用算法推荐类 App 时，我只喜欢阅读自己感兴趣的内容	1	2	3	4	5
	2. 我在不同的 App 阅读的内容都是同一类主题的	1	2	3	4	5
信息渠道	3. 在通过一个算法推荐类 App 阅读完某个内容后，我不会再利用其他 App 去搜索并阅读其他的相关内容	1	2	3	4	5
态度稳定性	4. 在使用算法推荐类 App 时，我只能接受和我相同的观点	1	2	3	4	5
	5. 在使用算法推荐类 App 时，网友的评论和分享会改变我对一件事情的看法	1	2	3	4	5
信息干预	6. 在使用算法推荐类 App 时，阅读到低质量的内容，我不会点击投诉或举报	1	2	3	4	5
	7. 在使用算法推荐类 App 的过程中，如果看到我不感兴趣的内容我会主动屏蔽或拉黑	1	2	3	4	5
	8. 在评价算法推荐类 App 里信息的真实性时，我不会找更多相关信息帮助判断，如关注作者身份、消息来源、发布机构等	1	2	3	4	5
	9. 即使使用算法推荐类 App 给我带来身体或心理的不适，我也不会放弃使用算法推荐类 App	1	2	3	4	5

续表

维度	题项	非常不同意	较不同意	不确定	比较同意	非常同意
社交网络	10. 在使用算法推荐类 App 的过程中，我喜欢和朋友分享我认为有趣的内容	1	2	3	4	5
	11. 在使用算法推荐类 App 的过程中，对于朋友分享给我的信息，我的认同感更强	1	2	3	4	5
	12. 我使用某个算法推荐类 App 是因为我朋友的推荐	1	2	3	4	5
	13. 我会在社交媒体（如微信）上与朋友或家人讨论在算法推荐类 App 上看到的内容	1	2	3	4	5
算法素养	14. 我在做这个问卷前没有听过算法这个词	1	2	3	4	5
	15. 我不理解算法的含义	1	2	3	4	5
	16. 在使用算法推荐类 App 的过程中，我经常会收到一些推送信息，这些信息和我的浏览经历有关	1	2	3	4	5
	17. 算法让我感到被监视	1	2	3	4	5

五、跨越信息鸿沟，重塑公共价值观

在当前数字时代，推荐系统已经成为信息传播的重要工具。通过分析我们的行为和偏好，推荐系统能够推送我们可能感兴趣的内容。然而，随着推荐算法的不断优化和用户画像的日益精细化，我们可能会面临一个新的挑战：信息鸿沟的加剧。信息鸿沟指的是信息富有者和信息贫困者在信息获取能力上的差距。在推荐算法的长期作用下，这种差距可能会进一步扩大。对于那些被算法认为具有高价值的用户，他们将更容易接触到丰富多样的信息资源，从而拓展他们的知识和视野。相反，那些被算法边缘化的用户可能会陷入信息贫困境地，他们的世界观和认知能力可能会受到限制。此外，算法歧视也是一个不容忽视的问题。由于推荐系统的设计和运作往往基于数据和算法，这可能导致某些群体或个体在信息获取上受到不公平对待。这种歧视可能源于算法设计者的无意偏见，或是由于数据集中本身存在的不平等现象。

社会的正常运行依赖于其成员对共同价值观的遵循与维护。这些价值观如同社会的黏合剂，将个体紧密联结在一起，形成稳固的社会结构。然而，随着个性化推荐算法的广泛应用，信息传播呈现出去中心化趋势，个体接触到的信息越来越受到个人喜好和历史行为的影响。这种现象在一定程度上促进了思想观念的多样化，但同时也导致了所谓的“巴尔干化”，即思想、观点和意识形态的碎片化、分裂化和极化。在这种背景下，公共信息的广泛传播和共享变得更加困难，因为每个人都沉浸在自己定制的信息泡沫中。传统的集中式信息传播路径逐渐减少，人们越来越少地通过共同的媒体和平台获取信息，这使得形成共享的公共价值观的过程变得缓慢甚至受阻。这种情况对社会的长期健康发展构成了挑战。公共价值观的形成和维护需要个体之间的交流和互动，需要共同的经验和认知基础。如果缺乏这些基础，社会成员之间可能会出现理解和沟通的障碍，进而影响社会的凝聚力和向心力。

作为新时代的数字原住民，面对推荐系统引发的信息鸿沟、算法歧视及公共价值观构建难题，我们应担起责任，从三个方面采取行动：一是深入理解并主动追求算法公正，在学习与实践中注重消除推荐系统偏见，提升行业与社会对公正性的认识；二是积极参与公众监督与政策倡导，识别并反对信息获取不公，支持强化监管，推动公平性标准与法规的建立；三是践行多元化信息消费，打破“信息茧房”，养成跨领域、跨平台、跨观点阅读的习惯，主动寻求并关注与自己的立场、兴趣不尽相同的信息源，避免过度依赖个性化推荐。积极参与公共讨论，提升批判性思考与信息素养，共建开放包容、利于公共价值观传播的网络环境。简而言之，我们不仅是清醒用户，更是推动推荐系统公平、开放变革的积极参与者。

推荐算法在为我们带来便利的同时，也可能带来一系列社会问题。我们需要认识到这些问题的存在，并采取积极的措施来减轻它们的影响，以确保信息的公平传播和社会的和谐发展。

进阶阅读

Web 2.0 时代的信息分发模式

在 Web 2.0 时代，信息分发的多样化和个性化成为显著特点，主要体现在以下四种方式中：编辑分发、社交分发、个性化分发和加权分发。这些分发方式各有特色，它们在信息传递的过程中扮演着不同的角色。其中，编辑分发和加权分发存在分发主体，而社交分发和个性化分发则呈现去主体态势。

● 人工编辑的媒体分发，即编辑分发，作为传统媒体的核心竞争力，依赖于专业编辑团队的筛选和加工。在这种方式下，读者接触到的信息是经过精心策划和编辑的，旨在提供高质量、有深度的内容。编辑分发的优势在于能够保证内容的专业性和权威性，但同时也可能因为编辑的主观判断而限制了信息的多样性。

● 依托社交传播的关系型分发，即社交分发，是建立在社交网络基础上的信息传播方式。在这种方式下，用户通过朋友圈、社交群组等渠道分享和获取信息。这种分发方式强调了社交关系的价值，信息的传播依赖于用户之间的信任和互动。社交分发的优势在于能够促进信息的快速传播和高度参与，但也可能受到社交圈子限制，影响信息的广泛性和多样性。

● 基于智能算法对信息和用户进行匹配的算法型分发，即个性化分发，是基于用户的历史行为和偏好来定制信息流的方式。通过分析用户的浏览记录、搜索习惯和兴趣标签，推荐系统能够推送更加贴合用户个人喜好的内容。个性化分发的优势在于能够提高用户的阅读满意度和平台的黏性，但也可能造成信息泡沫和观点的极化。

● 加权分发是一种动态的信息推荐机制，它根据用户的互动行为（如点赞、评论、分享等）来调整信息的可见度和传播范围。这种方式使得高质量的内容能够获得更多的曝光机会，从而激励用户参与和进行内容创作。加权分发的优势在于能够促进优质内容的传播，但也可能加剧热门内容的集中，导致优质冷门内容被进一步边缘化。

本章扩展资源

（1）西南交通大学，“信息检索”课程，见 https：//www.icourse163.org/course/SWJTU-1460715163?from=searchPage&outVendor=zw_mooc_pcssjg_。

（2）武汉大学，“信息素养与实践——给你一双学术慧眼”课程，见 https://www.icourse163.org/course/WHU-1003640003。

（3）四川师范大学，“信息素养：效率提升与终身学习的新引擎”课程，见 https：//www.icourse163.org/course/SICNU-1002031014?from=searchPage&outVendor=zw_mooc_pcssjg_。

本章思考与讨论

（一）个人思考题

（1）网络信息激增的同时，也提高了人们获取知识的便利性和速度。探讨这种环境如何助力于你的个人学习和成长。请举例说明网络信息帮助你解决了哪些具体的学习问题或生活问题。

（2）网络技术的发展既使获取信息更为便捷，也可能引发信息过载和误导。说一说你认为网络技术应如何进一步发展，以减少信息泛滥带来的负面影响，同时增强其正面价值。

（二）小组讨论题

（1）搜索引擎优化（SEO）在大连理工大学相关网页中的应用。

题目背景：

当前，在众多搜索引擎中，政府机构、事业单位及各级学校官方网站的搜索排名往往不够理想，其中也包括大连理工大学的网页。在这样的背景下，结合本章所学的搜索引擎优化（SEO）理论与实践，探讨如何有效提升大连理工大学官方网站及相关网页在搜索引擎中的排名，使之更易于被目标用户群体发现。

讨论任务：

- 关键词策略：分析大连理工大学的核心竞争力和特色，确定一组能够精准反映其教育质量、科研成就、校园生活等多方面优势的关键词。讨论如何在网页内容中自然融入这些关键词，同时避免关键词堆砌。
- 内容优化：讨论如何提升网页内容的质量与原创性，包括但不限于科研成果、师资介绍、课程内容、校园活动新闻等，确保内容定期更新，符合搜索引擎对高质量内容的偏好。
- 技术优化：分析大连理工大学官方网站的结构与代码，讨论如何改进网页加载速度，优化 URL 结构，使用合适的标题（H1—H6 标签）、元标签（如标题、描述、关键词标签）和图像标签，以及实现移动友好设计，以提升搜索引擎爬虫的抓取效率和用户体验。
- 外部链接策略：探索建立和维护高质量外部链接的方法，包括与学术机构、行业伙伴、媒体及校友网站的合作，以及积极参与学术论坛、社交媒体分享等，以提升网站的权威性和信任度。
- 社交媒体与互动：讨论如何利用社交媒体平台（如微博、微信公众号、知乎等）增强与目标受众的互动，提高品牌知名度和内容的分享率，间接促进搜索引擎排名提升。
- 监测与调整：建立一套监测机制，包括使用 Google Search Console、百度站长平台等工具，定期跟踪关键词排名、网站流量、用户行为等数据，根据分析结果不断调整优化策略。

讨论要求：

- 分组讨论，每组负责一个或多个优化方向的深入研究，准备案例分析、策略建议及预期效果预测。

● 准备PPT或报告，展示小组研究成果，包括实施步骤、预期成效和潜在挑战。

● 小组间交流，对比不同策略的优劣，共同总结出一套综合性的搜索引擎优化提升方案。

● 讨论中需注意所有策略应符合搜索引擎优化的伦理道德和规范，避免使用任何被视为“黑帽SEO”的手法，即使用作弊手段的搜索引擎优化方法。

（2）高级搜索技巧的实际应用：分享和讨论小组成员在日常生活中使用高级搜索技巧的实例，探讨这些技巧如何帮助你们更有效地查找和筛选信息，提高学习效率和工作效率。

本章实操模拟

高级搜索实践——探索健康生活方式

练习目标：

通过本次练习，你将学习如何使用高级搜索技巧有效地查找与“健康生活方式”相关的信息，并能够评估和整理搜索结果，以提升你的信息检索能力和批判性思维。

练习步骤：

第1步：主题理解与需求分析。开始前，花一些时间思考你对“健康生活方式”的理解，包括饮食、运动、心理健康等方面。明确你想要探索的具体问题，比如“健康饮食的原则”“有效的运动计划”等。

第2步：选择合适的检索工具。根据你的信息需求，选择信誉良好、内容权威的数据库或搜索引擎，推荐使用专业机构的网站。

第3步：构建检索策略。列出与你的主题直接相关的关键词，同时考虑使用同义词或近义词来拓宽搜索范围。然后，使用组配算符，例如布尔逻辑运算符（如AND、OR、NOT）来组合关键词，精确地控制搜索结果。

第4步：利用高级搜索功能。掌握并应用所选工具的高级搜索选项，如指定日期范围、文档类型（图文、视频）、控制检索词出现的位置等，以提高搜索的精度。

第5步：评估和调整搜索结果。分析初步的搜索结果，评估信息的相关性和可靠性。根据需要调整搜索策略，重复搜索直到找到满意的结果。

第6步：结果整理与评估。对最终选定的信息资源进行整理，评估其可信度、准确性和实用性。思考如何将这些信息应用到实际生活、学习以及行动中。

任务要求：

完成以上步骤后，撰写一篇约1 000字的报告。报告应包括：你选择的主题和原因、你的搜索策略（包括如何选择检索工具、如何确定关键词、如何构造检索式等）、你找到的信息以及这些信息的价值和局限、你在搜索过程中遇到的挑战及解决办法、你的主要收获以及你计划如何将这些经验应用到未来的学习和生活中。

本章参考文献

[1] 徐瑞朝，曾一昕．国内信息过载研究述评与思考．图书馆学研究，2017（18）．

[2] 公文．模糊信息中的受众、民主与新闻：评《模糊：信息过载时代如何知晓真相》．国际新闻界，2013（3）．

[3] 高维峰．信息过载态势下编辑把关人功能的重塑．中国编辑，2020（1）．

[4] 黄如花．信息检索．2 版．武汉：武汉大学出版社，2010.

[5] 王立清．信息检索教程．2 版．北京：中国人民大学出版社，2008.

[6] 顾笑迎．大学生信息素养教育与论文写作．上海：华东师范大学出版社，2016.

[7] 匡松，洪平洲．信息资源检索与利用．北京：人民邮电出版社，2008.

[8] 花芳．文献检索与利用．北京：清华大学出版社，2009.

[9] 马张华．信息组织．3 版．北京：清华大学出版社，2008.

[10] DAVIDSON J，LIEBALD B，LIU J N, et al. The YouTube video recommendation system//Proceedings of the Fourth ACM Conference on Recommender Systems. Barcelona，2010：293-296.

[11] GOMEZ-URIBE C A，HUNT N. The Netflix recommender system：algorithms，business value，and innovation. ACM transactions on management information systems，2015（4）.

[12] ADOMAVICIUS G，TUZHILIN A. Towards the next generation of recommender systems：a survey of the state-of-the-art and possible extensions. IEEE transactions on knowledge and data engineering，2005（6）.

第三章

真伪辨识师
——数字信息资源的甄别技巧与应用

章节结构

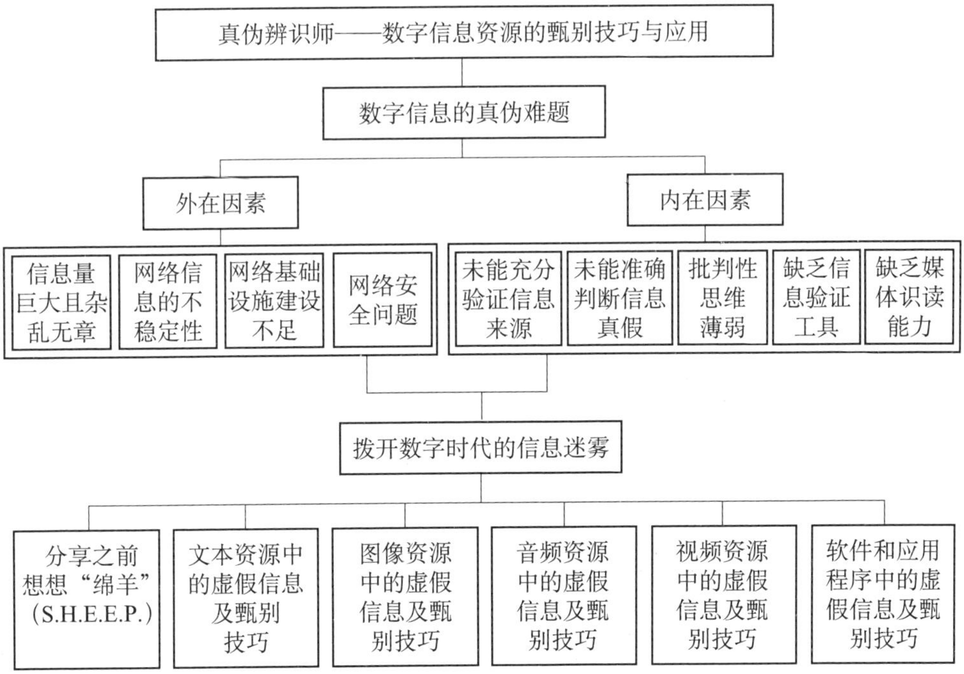

关键词

虚假信息　批判性思维　深度伪造　信息甄别

主题思想

置身于数字时代的洪流之中，信息的获取与传播已然达到前所未有的便捷程度，然而，这一进步的阴暗面也随之显现：真伪难辨的信息乱象。数字世界的无序特性与网络信息的不稳定性，致使我们每日接收到的海量信息中，虚假内容、误导性内容层出不穷，如同病毒般渗透于信息生态。这些“信息污染”不仅侵蚀着我们的判断力，更对社会稳定与公众信任构成了严峻挑战。究其内在原因，往往在于我们对信息来源验证不足、批判性思维薄弱以及缺乏媒体识读能力等，这导致我们在不经意间成为虚假数字信息的受害者，甚或成为其无意识的传播者。面对伴随各类数字信息资源而呈现出来的多样化虚假信息形态，我们需要掌握与之相匹配的甄别策略与技巧，以便在信息海洋中洞悉真伪，守护知识的纯粹与社会的清明。

场景引入

周迷迷即将从软件工程专业毕业进入职场，他渴望在科技行业找到一份理想的工作。一天，他在一家在线求职招聘平台上看到了一则招聘广告，广告中提到的公司是他所知道的业内较为认可的一家公司，这家公司急需软件开发人员，职位描述与他的专业背景完美匹配，待遇优厚，有广阔的职业发展空间和较多的学习机会。周迷迷心动了，仿佛看到了自己未来在职场中大放异彩的场景。他迅速通过广告上提供的电子邮件地址发送了自己的简历和求职信。等待的过程充满了期待和紧张，周迷迷不断刷新邮箱，希望尽快看到回复的邮件。

终于，在几天后的一个下午，他收到了一封来自该公司的邮件。邮件中，对方表示对他的背景非常感兴趣，并邀请他进行线上面试。然而，邮件的末尾却附带了一个让周迷迷有些犹豫的要求：为了进入面试流程，他需要先支付一笔200元的“材料审核费”。周迷迷有些迟疑，他听说过一些招聘诈骗的案例，担心自己也会遭遇同样的命运。但想到这可能是进入心仪公司的唯一机会，他最终还是决定冒险一试，通过在线支付平台缴纳了这笔费用。

面试那天，周迷迷早早地坐在电脑前，紧张地等待着“面试官”的出现。当视频通话软件弹出一个窗口时，他看到了一个身着正装、面带微笑的中年男子。

对方自称是公司的招聘经理，对周迷迷表示了热烈的欢迎。然而，随着面试的进行，周迷迷却开始感到有些不对劲。这位“面试官”虽然表现得非常专业，但周迷迷总觉得他的面部表情和声音有些僵硬。更让他疑惑的是，这位“面试官”似乎对他的简历和技术背景并不太了解，只是简单地问了几个基本问题就匆匆结束了面试。

面试结束后，周迷迷虽然有些失望，但还是满怀希望地等待着好消息。然而，几天过去了，他等来的却是一封含糊其词的培训邀请邮件。邮件中并没有明确说明培训的具体内容和安排，只是简单地告诉他需要支付一笔培训费用。这时，周迷迷开始怀疑起这次面试的真实性。他试图重新联系那位“面试官”，却发现已无法向其邮件地址发送邮件。更令他震惊的是，当他尝试访问广告下所展示的公司网站时，他发现网站链接已经失效。

他回想起面试时的种种异常，开始怀疑求职网站的可信度和那位“面试官”是否真的是公司的招聘经理。他怀疑，自己很可能就是被数字技术蒙蔽了，从而掉入了骗子的陷阱。

第一节 数字信息的真伪难题

在数字时代的浪潮下，信息技术的飞速发展已经彻底改变了信息的流通方式，让信息传播突破了时间和空间的束缚。这个时代的标志是信息的高度互动性和开放性，这不仅极大地提升了信息流通的效率，还拓展了我们的数字生活空间。然而，正如一枚硬币的两面，我们在享受信息技术给我们的生活带来的便利的同时，也面临着获取数字信息的种种挑战，这需要我们对数字信息进行精心的选择和审慎的评估。

首先，我们面对的是一个信息量巨大且杂乱无章的数字世界。互联网的开放性、虚拟性和匿名性既是其强大生命力的源泉，也是导致信息过载和混乱的根源。这种混乱主要体现在三个方面：其一，信息遍布全球，语种多样，内容覆盖生活的方方面面；其二，数字信息形式多样，从文本到图像，再到各种应用软件，应有尽有，但其中不乏质量低下的内容；其三，网络上还充斥着大量虚假信息、过时信息和有害信息，其中虚假新闻的肆意传播尤为突出。

➡ 理论拓展

信息失序的类别

信息失序是一个普遍存在于网络和媒体中的问题，它通常被分为三个主要类别：错误信息（mis-information）、恶意信息（mal-information）和虚假信息（dis-information）。这三者虽然都与信息的准确性有关，且存在一定的联系，但它们之间又有一些关键的区别（见图 3-1）。

● 错误信息。错误信息是指错误或不准确的信息，这种信息的传播通常是无意的，人们在不了解真实情况的条件下无意中分享了错误的信息。错误信息可能来源于对事实的误解、错误的解释或是信息传递过程中出现的错误。例如，一则新闻报道可能基于不完整的数据或错误的来源，导致报道内容不准确。错误信息可能会误导公众，影响人们的决策和行为。

● 恶意信息。恶意信息是指被恶意使用和歪曲的真实或虚假信息，目的是引起恐慌、混乱或误导公众。这种信息的传播通常是有预谋的，可能涉及捏造事实、夸大或曲解真实事件，以达到某种不良目的。恶意信息的传播者往往有明确的动机，比如破坏某个组织或个人的声誉，或是激化社会矛盾。恶意信息的危害在于它可能会对社会秩序和公共安全造成严重影响。

● 虚假信息。虚假信息是指故意制造的不真实信息，它与恶意信息类似，但更加强调信息的传播是有组织的、系统的，并且通常有明确的政治目的或意识形态目的。虚假信息的传播者可能是政府、政治团体或其他组织，它们通过散布虚假信息来影响公众意见、操纵选举结果或破坏民主过程。虚假信息的危害在于它不仅可能误导人们，还可能破坏民主制度的根基，损害公民对政府的信任。

这三者的区别主要在于传播动机和目的。错误信息的传播通常是无意的，而恶意信息和虚假信息的传播则是有意为之，往往涉及更大规模的组织行为和一定的政治目的。了解这些分类和区别对于我们识别和应对信息失序至关重要。

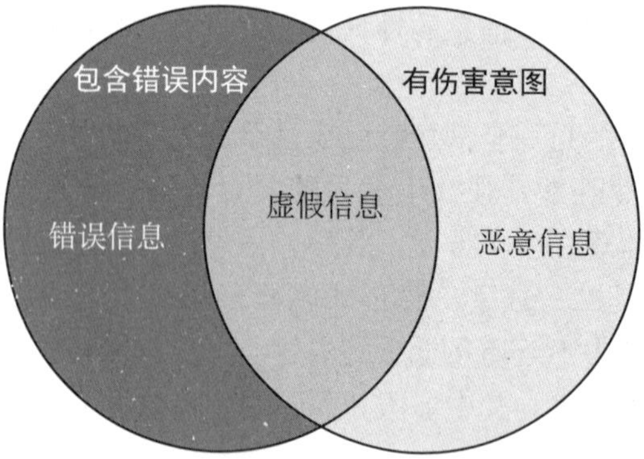

图 3-1　信息失序的类别以及它们之间的区别和联系

案 例 思 考

2024 年 4 月 9 日，中国蓝新闻（浙江广播电视集团）报道，近日，丽水市一位“90 后”姑娘小西辞去朝九晚五的电商工作，挑战摆摊卖卤味，打工的时候月薪 4 000 ～ 5 000 元，现在每天营业额就有两三千元，最高月入近 9 万元。小西表示不想安于现状，尽管现在的日程安排紧凑，每天工作时长超过 12 个小时，且处理食材如拔鸭毛等工作烦琐劳累，但她内心充满了满足与喜悦。据公开报道，近年来，越来越多的年轻人选择摆摊。有了年轻人的加入，地摊的风格变得更加丰富多样，所售商品也越来越具有时尚感。专家表示，这些年轻人选择摆摊很大程度上是为了探索人生更多的可能性，以不同的视角去体验社会。

思考问题：

上述媒体报道是否属于虚假信息？为什么？请尝试从以下方面分析：

● 信息源可靠性检验：中国蓝新闻作为浙江广播电视集团旗下的媒体，其权威性和公信力如何？报道中是否提供了对小西身份、摆摊地点、产品详情等关键信息的直接证据或第三方验证？如何进一步核实该新闻报道的真实性？

● 数据合理性评估：小西摆摊后宣称的营业额（每天两三千元，最高月入近 9 万元）与之前电商工作的月薪（4 000 ～ 5 000 元）相比，增长幅度是否符合一般商业逻辑和市场行情？是否有其他类似摆摊创业成功案例可供比较，以验证其收入水平的可信度？

● 细节逻辑一致性：小西提到的摆摊的辛苦（如每天工作时长超过 12 个小时、拔鸭毛等）与高额收入是否形成合理对应？长时间高强度劳动与高利润回报是否在餐饮行业中，特别是在摆摊业态中普遍存在？

● 信息完整性考量：报道中是否充分展示了摆摊创业的全貌，包括成本投入、经营风险、市场竞争状况、政策法规影响等因素？是否可能因片面强调成功案例而忽视了摆摊创业的困难与挑战？

● 动机与背景探究：小西选择摆摊创业的理由（不想安于现状、探索人生更多的可能性、体验社会）是否符合当下年轻人的职业选择趋势？媒体报道是否可能存在塑造特定社会现象（如“年轻人热衷摆摊创业”）的倾向性？

● 舆论环境分析：近期是否存在鼓励地摊经济、推崇自主创业的社会舆论氛围，可能影响媒体对类似案例的报道角度和频率？报道是否可能受到政策导向或社会热点话题的影响，从而夸大或塑造某种社会现象？

其次，网络信息的不稳定性是另一个不容忽视的问题。由于网络内容和链接时常变更，信息的更新和消失往往难以预料。就如周迷迷所经历的，常见的现象包括网页内容的更改、链接的失效甚至是页面的删除，这些都大大降低了网络信息的稳定性和可靠性，影响了我们对网络信息的有效获取和应用。

再次，网络基础设施建设不足在一定程度上也为虚假信息的大量传播提供了土壤。在当前的数字时代，虚假信息的传播已经成为一个全球性的挑战。在我国，虽然网络基础设施建设取得了显著的进步，但仍存在一些不足之处。网络基础设施的不均衡发展可能导致信息获取的不平等。在一些偏远地区或农村地区，由于网络覆盖不足或网络速度较慢，居民可能无法及时获取到权威的和准确的信息，从而更容易受到虚假信息的影响。这种信息的不对称性使虚假信息在这些地区更容易滋生和传播。网络监管和技术防范措施的不足也为虚假信息的传播提供了空间。虽然有关部门已经采取了一系列措施来打击虚假信息的传播，但在实际操作中，监管力度和技术手段仍需加强。例如，自动化的内容审核系统无法完全识别出所有的虚假信息，而人工审核又面临资源和效率的挑战。

最后，网络安全问题是一个不断挑战我们的重大隐患。利用网络的广泛传播性和便捷性，计算机病毒、恶意软件等安全威胁往往潜伏在电子邮件、即时通信工具或某些网站中，它们不仅隐蔽性强、影响范围广，还具有极大的破坏力，给用户的网络体验带来了严重的安全隐患，同时，我们的隐私泄露风险也在不断加大。

我们被淹没于浩瀚的信息海洋之中，从权威新闻平台的深度报道到个人社交账号的实时更新，这些信息源无时无刻不在为我们的知识汲取与日常生活注入活力，却又无可避免地给我们带来了前所未有的困扰。面对这片繁杂的信息丛林，我们时常感到辨别真伪的乏力，其背后的原因可概括为以下几点。

第一，未能充分验证信息来源。随着互联网和社交媒体的快速发展，信息来源日益多样化和复杂化，包括官方新闻网站、个人博客、社交媒体帖子等。由于缺乏足够的经验和专业知识，我们往往难以准确评估这些来源的权威性和可靠性。此外，社交媒体上充斥着伪装成可信来源的虚假账户，以及误导性的链接和引用，这使辨别信息的真实性变得更加困难。

第二，未能准确判断信息真假。技术的进步，特别是深度学习和人工智能的应用，使得制造逼真的虚假视频和音频成为可能。这些高科技产物常常能够欺骗我们的感官和直觉，导致我们难以区分信息的真伪。而且，一些特定领域的假消息往往涉及专业知识，对于我们这些可能尚未完全掌握某一领域深层知识的大学生来说，辨识难度进一步加大。

第三，批判性思维能力薄弱。虽然我们在日常学习中努力培养批判性思维，但这种能力的培养是一个长期且复杂的过程。在充满复杂信息的环境中，缺乏批判性思维的指导，我们容易受到情绪反应和认知偏差的影响，从而无法对信息做出客观判断。此外，社交网络的强大影响力有时会导致群体思维，限制我们接触和考虑多元化的观点。

第四，缺乏信息验证工具。尽管市场上有一些信息验证工具和资源（如事实核查网站和专业数据库）可供使用，但我们可能并不熟悉这些工具，或者不知道如何有效地利用它们来验证信息的真实性。

第五，缺乏媒体识读能力。由于缺乏媒体识读能力，我们往往难以区分新闻报道和意见表达之间的差异，导致无法识别出哪些信息是经过核实的事实，哪些信息是基于个人观点或情感的评论。这种区分的困难常常导致我们受到点击诱饵和煽动性标题的影响，甚至接受并传播未经证实或完全错误的信息，进而会不假思索地分享这些内容，从而无意中助长了虚假信息的传播。

因此，作为数字时代的大学生，我们需要更加积极地学习如何在这个信息爆炸的时代中筛选、评估和利用信息，以确保我们能够在这个复杂的数字世界中保持清醒的头脑，做出明智的决策。

第二节 拨开数字时代的信息迷雾

在数字时代，信息以指数级速度膨胀，海量内容中，虚假信息潜藏于各种数字资源之中。这些信息形态多样，从文本到图像、音频、视频，每一类别都有其特有的一套伪装术，挑战着我们的辨识能力。面对如此困境，仅仅依靠简单的判断框架已远远不够，必须深入理解不同类型数字资源中的虚假信息特点，针对性地发展与之匹配的甄别技巧。不论是面对伪造的文本文件，还是深度伪造的音频内容，抑或是经过误导性编辑的视频材料，每一步都需要我们运用批判性思维，结合技术手段，拨开层层迷雾，还原信息的真实面貌。

一、分享之前想想“绵羊”（S. H. E. E. P. ）

虚假信息犹如狡猾的病毒，在社交媒体的广阔舞台上找到了理想的繁衍土壤。这些平台宛如熙攘的人群聚集地，每个用户紧密相连，形成了一张错综复杂的互动网络。恰如冬日流感病毒借由飞沫在人群中迅速扩散，虚假信息同样瞄准了人们的强烈情绪反应，如同狡猾的寄生虫，伺机附着于愤怒、恐惧、欢乐、厌恶、爱恋等各种情感之上，诱使人们将其扩散开来。它巧妙地利用了人性的弱点，将自身编织进人们的社交链中，悄无声息却又极具感染力。

尤为关键的是，人类的认知倾向为虚假信息的传播提供了可乘之机。人脑在处理信息时，对于那些能够验证或巩固既有观念的内容，展现出显著的偏好性。这种“确认偏误”使我们更容易接纳与个人信念相符的信息，而对质疑或反驳现有观点的证据视而不见。于是，谎言制造者便乘虚而入，他们精心炮制出一层层看似合理的虚构故事，或是将真相的碎片巧妙镶嵌在充满误导性的话语与虚构叙事之中，让人在云遮雾罩中难辨真伪。

当我们在网上浏览信息，尤其是遇到那些看似真实又恰好触及内心情感敏感点的内容时，往往会产生一种近乎本能的冲动，即刻转发分享，迫不及待地将其告知他人。然而，正是在这种不假思索的瞬间，我们可能已不知不觉地成了虚假信息的传播载体。

因此，面对海量信息的洪流，我们必须时刻保持警惕，意识到自己的情绪反应可能正在被巧妙操纵。在决定转发前，不妨想一想“绵羊”（S.H.E.E.P.），即用下面这个框架进行一些快速检查：来源（S）核查、历史（H）追溯、证据（E）审查、情感（E）剖析和图像（P）验证。

● 来源（Source）核查：考察信息的原始出处及其可信度。关注发布者身份是否明确、专业背景如何，过往是否有散布不实信息的历史，以及该来源在业界或公众中的口碑如何。权威、专业的信息发布者通常更能保证信息的真实性。

● 历史（History）追溯：探究相关信息的历史脉络，了解其是否为旧闻翻炒、断章取义，或是有目的的重新包装。同时，考察信息所涉及事件的时间线是否清晰、逻辑是否连贯，是否存在时间错位、因果颠倒等疑点。

● 证据（Evidence）审查：严谨审视支撑信息的所有论据与数据。检查证据是否充足，来源是否可靠，数据统计是否准确无误，引用的研究或报告是否经过同行评审，以及是否存在 cherry-pick（选择性呈现数据以支持某一立场）等手法。

● 情感（Emotion）剖析：反思信息是否过度利用某种特定情感来激发人们的转发欲望。识别其中是否存在夸张渲染、煽动性语言，或是刻意营造恐慌、愤怒、同情等强烈情绪氛围。理性对待情感诉求，避免被情绪牵着鼻子走。

● 图像（Picture）验证：图像具有丰富的视觉信息与直击人心的力量，因此有“一图胜千言”的说法。图像能够迅速跨越语言障碍，直观传达复杂的情境与情感，而这正是其易于绕过受众批判性思维防线之处。对于包含图片、视频等多媒体元素的信息，要仔细查验其真实性。可通过反向搜索、使用专门的图像识别工具等方式，核实图片是否被篡改、拼接，视频是否经过剪辑、配音处理，以及是否有移花接木、张冠李戴的情况。

身处信息过载的时代，我们需要提升自身的媒介素养与批判性思维能力，学会在情绪的浪潮中保持冷静，运用科学的方法辨别真伪，如此方能在浩瀚的网络海洋中稳握航舵，不为虚假信息所惑，成为传播真实、有价值信息的积极力量。具体而言，虚假信息的表现形式因各类数字资源载体（如文本、视频等）的多样性而呈现出复杂多变的面貌。因此，我们在辨识与剔除虚假信息时，亦需运用多元化的鉴别策略与方法。

进阶阅读

数字信息资源按照媒介特性可以分为以下几类。

1. 文本资源

文本资源是基于文字的信息传递方式，是最传统也是最广泛使用的信息媒介。这些资源以电子文档的形式存在，包括但不限于电子书籍、网页内容、电子邮件、研究报告和学术文章。文本资源的优点在于能够精确地传达概念、理论、观点和数据，适用于深入分析和学术研究。它们可以通过文字处理软件创建和编辑，通过互联网、电子邮件和其他数字渠道轻松共享。

2. 图像资源

图像资源利用静态的视觉元素来传达信息，包括照片、绘画、图形、图表和插图等。这些资源可以直观地展示景象、情感、数据和概念，使信息更易理解、更吸引人。图像资源广泛应用于教育、新闻报道、广告和社交媒体等领域，通过增加视觉吸引力来增强信息的传播效果。

3. 音频资源

音频资源指的是以声音形式存在的信息，包括音乐作品、有声读物、播客节目和各类录音。这类资源通过听觉传递信息，适合在多任务环境下使用，如在通勤、锻炼或进行其他活动时收听。音频资源为视觉受限的用户提供了信息获取的途径，同时也为娱乐和教育领域增加了丰富的内容。

4. 视频资源

视频资源结合了图像和声音，通过动态视觉内容加上音频来传递信息，包括电影、电视节目、在线教程、视频博客和实时直播等。视频资源能够生动展示复杂概念和情境，使信息更加生动和易懂，广泛应用于教育、娱乐、新闻报道和营销推广等领域。

5. 多媒体资源

多媒体资源是指将文本、图像、音频和视频等多种媒介形式结合在一起的复合型资源。这些资源提供了互动性和多样性，能够创造出丰富的用户体验。多媒体资源特别适合于教育和培训，如互动式教学软件、电子学习课程和虚拟现实体验，使学习过程更加吸引人和有效。

6. 软件和应用程序

软件和应用程序本身虽然通常不被直接视为信息资源，但它们为获取、创建、编辑和分享其他类型的数字信息资源提供了必要的工具和平台。这包括操作系统、办公套件、图像和视频编辑软件、教育应用和游戏等。软件和应用程序使用户能够有效地与数字信息互动，增强了数字信息的可用性和功能性。

二、文本资源中的虚假信息及甄别技巧

在文本资源中，虚假信息的出现形式多样，其中包括假新闻、误导性文章和伪造的官方文档等，每种类型都有其特定的特征。

假新闻通常是指为了吸引注意力、推广某种政治或社会立场、追求商业收益而故意发布的充满不实之词的报道。

这类新闻的特点包括：

第一，假新闻常常采用耸人听闻的标题，通过夸大其词或制造冲击性的措辞来吸引读者的注意力，进而引发点击和传播。

第二，这类报道中往往缺乏来自权威、可信赖信息源的支持，其所引用的“专家意见”和“目击证词”往往缺乏必要的核实和证实，从而难以确保其真实性和可靠性。

第三，假新闻的内容构造常常刻意激起读者的强烈情绪反应，如愤怒或恐慌。这种情感化的处理方式有助于推动信息迅速而广泛地传播，进一步加剧了其负面的社会影响。

第四，假新闻的核心内容通常与已确认的事实存在显著矛盾，且往往表现出对事实核实工作的明显漠视。这种对事实的忽视和扭曲，使假新闻在传播过程中更容易误导公众，造成不良的社会影响。

案 例 思 考

根据百家号上的一篇报道，2023 年 4 月 25 日，甘肃省一列火车撞上公路工人，造成 9 人死亡。警方对此立即展开调查，发现在平台上，共有 21 个账号同时发布了不同版本的文章，涉及不同的事故地点，包括平凉市崆峒区、兰州市、陇南市、定西市、庆阳市等地。

相关报道迅速得到关注，短时间内获得了超过 15 000 次点击。细想下，多地会同时发生相似的事故吗？这也太巧了。事实证明，这些报道确实是假新闻。警方调查后发现，发布报道的账号都隶属于广东深圳的一家自媒体公司。

5月5日，警方前往该案嫌疑人在广东的住处进行取证，审讯后发现，洪姓男子先搜寻了近年来中国的热点新闻，随后利用ChatGPT将特定元素（例如时间、地点、日期或性别等）进行修改，重新撰写成一篇假新闻，借由上传这些文章让账号赚取流量再加以变现。不仅如此，洪姓男子还利用ChatGPT制作了多个存在细小差异的假新闻版本，以避开百度旗下平台的审查。

据了解，洪姓男子主要通过ChatGPT将收集到的新闻要素进行修改编辑后，上传至其购买的百家号上非法获利。警方表示，洪姓男子编造假新闻并散布在网络上供人大量浏览的行为，已涉嫌寻衅滋事罪，因此对其采取刑事强制措施，最高可判处五年有期徒刑。

思考问题：

● 技术伦理与责任：在人工智能技术日益发达的今天，如何界定个人或企业在使用类似ChatGPT这类生成式AI工具时的伦理边界？技术开发者、使用者和社会应当如何共同确保技术的正面应用，避免其成为制造虚假信息的工具？

● 内容审核机制的升级：面对利用技术手段生成的多样化、细节化的虚假信息，平台如何升级其内容审核机制，以提高识别精度和反应速度？是否需要引入更先进的人工智能技术辅助审核，或者加强跨平台协作共享虚假信息数据库？

● 公众批判性思考能力：在信息泛滥的时代，如何提升公众的信息甄别能力，使他们能够快速识别并抵制虚假新闻？教育体系和公共媒体应如何发挥作用，普及信息素养教育，培养批判性思维？

误导性文章往往建立在一些真实的事件或事实之上，但它们通过夸张、扭曲或选择性引用的手法，传递了歪曲或误导性的信息。这类文章的典型特点包括：第一，它们进行选择性报道，仅挑选那些能够支撑其特定观点或结论的信息，同时过滤掉可能反驳该观点的证据。第二，这些文章对数据或事件的解释往往带有明显的个人偏见，导致读者对事实产生误解。第三，文章中对引用的研究、报告或统计数据的解读可能存在误导，或是故意引用那些缺乏可靠性的研究来为自己的论点辩护。

案例思考

2022年5月8日，一段视频在网络上传播。一名被烧得面目全非的男子（曹某）面对观众，声泪俱下地讲述了一个名叫大河子的人及其儿子不仅毫无缘由地阻挠男子做生意，还蓄意纵火烧人的事情。在视频的最后，男子还费力地抬起已成黑炭的双手，作揖恳求警察同志“将坏蛋绳之以法”。5月12日，《中国新闻周刊》、新浪新闻、猫头鹰视频等多家媒体转载被烧伤男子的视频，并配以其家属的单方面案件描述进行报道。这一事件在微博的阅读次数一度破亿，同时讨论度达到顶峰，以多个词条登上微博热搜。

然而事实真相却与这些媒体的报道大相径庭。5月12日当天晚上，事发地所属的哈尔滨市公安局道里分局发布警情通报，《人民日报》、沸点视频等媒体进行转发报道。经过警方调查和现场多位目击证人证实，5月8日13时40分，曹某因摆摊冲突找到大河子理论，将汽油泼洒至自己身上后将大河子的妻子搂住，在与后者的争斗中不慎将打火机点燃导致自己烧伤。

思考问题：

● 媒体责任与核实流程：在这个案例中，多家媒体最初的报道内容与事实有较大出入。媒体在追求时效性的同时，应该如何确保信息的准确性和完整性？媒体机构应该如何优化其事实核查流程，以避免传播未经验证的信息？

● 公众情绪与舆论导向：视频最初传播时引发的公众同情与愤怒情绪，如何为错误信息所引导？在社交媒体平台上，情绪化内容如何迅速发酵，形成一边倒的舆论态势？公众如何在情感冲动与理性判断之间找到平衡？

● 网络平台的角色与责任：微博等社交平台在信息传播中扮演了什么角色？平台是否有足够的机制来防止误导性内容的扩散？对于已经产生广泛影响的不实信息，平台应采取何种措施进行事后纠正和信息澄清？

● 受害者与加害者叙事转换：从最初的“受害者”形象到最终警方调查揭示的实际情况，这一转变对公众认知有何影响？如何教育公众理解复杂情境下的多重视角，避免过早下定论？

伪造的官方文档是指那些冒充政府、企业或其他官方机构发布的虚假文件。这些文档可能看起来非常正式和可信，但其内容完全是虚构的，其目的可能是造成混乱、误导公众或诈骗。这些文档的显著特征包括：第一，它们采用了正规的格式、徽标和专业术语，模仿真正官方文件的风格。第二，文档内的指示、通告或信息完全是捏造的，与官方实际发布的内容相悖。第三，这些伪造文档在官方的渠道或网站上无法得到验证，且缺乏任何形式的官方声明来支持其所述内容。

案 例 思 考

2023 年 3 月 3 日晚间，北京市住房和城乡建设委员会发布澄清公告，称近期陆续接到群众反映，咨询北京市住房和城乡建设委员会是否发布过《关于印发〈响应中国共富工程 80000 套安置房分配方案〉的通知》（京建发〔2023〕28 号）。经核实，网传“响应中国共富工程 80 000 套安置房分配方案”系虚假文件（见图 3-2）。

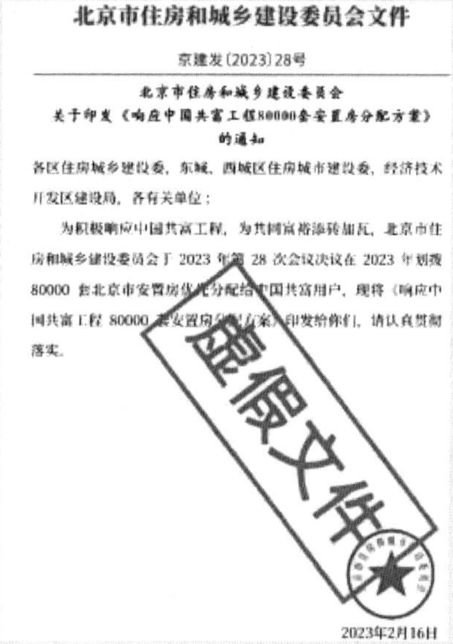

北京市住房和城乡建设委员会文件

京建发〔2023〕28号

北京市住房和城乡建设委员会
关于印发《响应中国共富工程80000套安置房分配方案》
的通知

各区住房城乡建设委，东城、西城区住房城市建设委，经济技术开发区建设局，各有关单位：

为积极响应中国共富工程，为共同富裕添砖加瓦，北京市住房和城乡建设委员会于 2023 年第 28 次会议决议在 2023 年划拨 80000 套北京市安置房优先分配给中国共富用户，现将《响应中国共富工程 80000 套安置房分配方案》印发给你们，请认真贯彻落实。

虚假文件

2023年2月16日

图 3-2　伪造的官方文档

资料来源：北京市住房和城乡建设委员会 . 澄清：网传“响应中国共富工程 80000 套安置房分配方案”系虚假文件 .（2023-03-03）[2024-06-13]. https://zjw.beijing.gov.cn/bjjs/xxgk/zwdt/326052929/index.shtml.

思考问题：

● 伪造官方文档的目的何在？分析伪造此类官方文档的动机：是为了误导公众、操纵市场、诈骗钱财、制造社会混乱，还是出于其他目的？考虑这些伪造的官方文档会如何影响社会信任及政府机构的公信力。

● 技术手段在防范伪造文档中的应用：讨论现代信息技术（如区块链、数字签名、文档溯源技术等）在验证文档真伪、保护官方文件免受窜改方面的应用前景。

当我们面对假新闻、误导性文章和伪造的官方文档等文本资源中的虚假信息时，我们可以尝试运用网络信息过滤机制 CARS 法则（见图 3-3）。该模型中包含测量信息可信度、准确性、合理性、支持度的指标，参照 CARS 法则，可以提高我们对信息的判断力，培养我们的质疑能力。

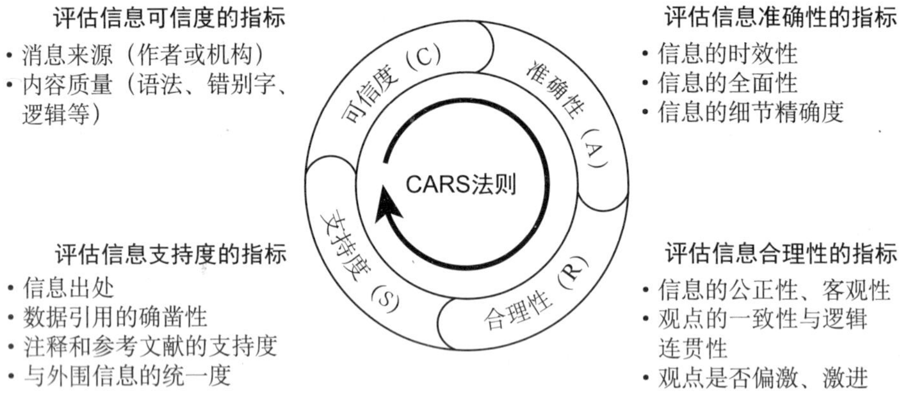

图 3-3　网络信息过滤机制 CARS 法则

首先，关于信息可信度（Credibility），我们可以考察信息来源的可靠性，即检查发布信息的作者或机构是否具有足够的可信度，比如查看作者的教育背景、工作单位、职务或是机构的性质。我们还可以评估内容的质量，比如是否有语法错误、错别字或逻辑不通的地方，这些都是评估信息可信度的指标。

其次，对于信息准确性（Accuracy），我们可以考察信息的时效性、全面性以及细节精确度。时效性要求我们验证信息发布的日期，确保所采纳的内容是最新的，没有后续事件。全面性强调从多种角度审视问题的重要性，这意味着我们需要查找并比较不同来源的信息，以此来支撑或反驳某个观点，避免因依赖单一信源而导致的认知偏颇。细节精确度要求我们仔细检查数据、事实陈述及引用是否精确无误，逻辑链条是否严密，确保没有遗漏关键细节或曲解事实。

再次，在评估网络信息的合理性（Reasonableness）时，我们着重考察信息的公正性、客观性，观点的一致性与逻辑连贯性，以及观点是否偏激、激进。公正性意味着信息应不偏不倚地呈现所有相关方的观点，避免片面强调某一立场。客观性要求信息应基于事实，而非情绪化的渲染或未经证实的主观臆断。尤为重要的是，我们还需注意信息中的观点和论据是否一致，即思想是否在全文中保持统一，没有自相矛盾之处，这是判断合理性不可或缺的一环。同时，我们应保持高度的敏感性，以识别那些旨在通过情感操控影响我们判断的信息，确保我们的思考不受不当影响，保持清晰和理性的分析视角。

最后，我们还可以评估信息的支持度（Support），这涉及对信息来源的深入研究，包括验证信息是否源自权威机构、知名专家或经过同行评审的出版物，以及检查引用的数据、统计资料是否出自可信资源，是否具备时效性、准确无误。此外，关注信息中提供的注释和参考文献的支持度，也是评估其严谨性和支持度的关键步骤。我们还应将当前信息与其他领域内的权威资料进行对比，确保信息的一致性和普遍认同度，包括与国际或跨文化信息的协同性，以此来增强我们对信息真实性和专业水平的信心。

小 测 试

你在社交媒体上看到一个关于某名人突然去世的帖子。这个消息没有列出任何来源，但已经被数千人转发。你应该如何验证这条消息的真实性？

A. 直接转发，因为很多人已经转发了。

B. 忽略，因为没有来源就一定是假的。

C. 搜索知名新闻网站是否有相同的报道。

D. 询问评论区的网友以确认信息的真实性。

三、图像资源中的虚假信息及甄别技巧

在图像资源领域，虚假信息的表现形式主要包括图片造假及误导性图表和插图。

首先是图片造假。这类图片通过应用如 Photoshop 等图像编辑工具进行精心修改，或者通过 AI 生成图片，目的是模糊真实与虚构的界限，进而扭曲或完全改变事实的本貌。这种窜改可能涉及人物形象的变更、场景背景的替换或是事件细节的添加与删除，从而创造出旨在误导观众的虚假视觉内容。

案 例 思 考

2023 年索尼世界摄影奖（SWPA）揭晓，德国摄影师鲍里斯·埃尔达森（Boris Eldagsen）的一幅作品（见图 3-4）赢得了创意类别优胜奖。然而，获奖摄影师却公开表示，这幅作品其实是由人工智能（AI）生成的，并拒绝接受该奖项。

图 3-4 人工智能生成的摄影作品

资料来源：中国日报双语新闻 .AI 生成图片拿下国际摄影大奖，外媒炸锅…….（2023-04-20）[2024-06-13].https://mp.weixin.qq.com/s?__biz=MzU1NTcxODQ0OQ==&mid=2247807922&idx=1&sn=654319f69cd048e85146dae771f724f1&chksm=fbde71eccca9f8fadfcffcc4219a5526a525419c206849d765ff9d498e9b63511209b9248cff&scene=27.

思考问题：

- 艺术家诚信与责任：摄影师公开真相的行为引发了关于艺术家诚信的讨论。在创意产业中，艺术家对作品创作过程的公开性有多重要？这种公开性如何影响观众对作品价值的认知？
- 评审标准与鉴别能力：面对日益逼真的AI生成图像，评委如何提升鉴别真实创作与AI生成作品的能力？是否有必要引入新的技术辅助评审机制？
- 版权与归属权问题：AI生成作品的版权归属于何方？是创作者、AI开发者，还是两者共有？此案例如何影响我们对知识产权法的理解和未来修订方向？
- 公众对AI艺术的接受度：社会公众、艺术界及收藏家对AI艺术的态度如何？这种态度的变化可能如何影响艺术市场的未来走向？

其次是误导性图表和插图。在设计图表和插图时，通过故意选取具有误导性的数据集或采用能够歪曲信息传递的表现手法，这些视觉工具不再客观反映信息，而是引导读者走向错误的理解或结论。这种误导可能通过操纵图表的尺度、选用不当的数据区间、忽视关键数据点或以夸张的形式展示某些信息，从而在观众心中形成偏颇或不完整的认知。

案 例 思 考

《经济学人》杂志在图表中通过故意操纵坐标轴来假装存在相关关系（见图3-5）。

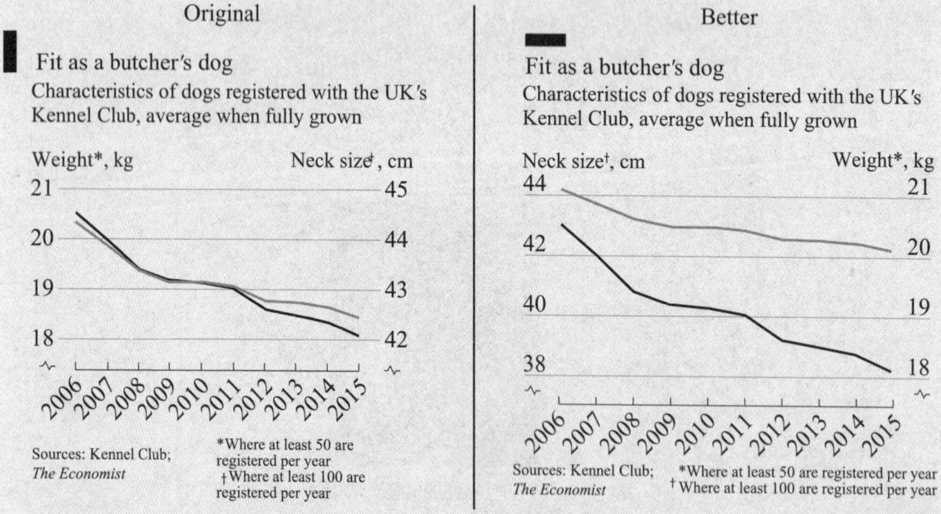

图3-5　杂志上刊登的误导性图表

资料来源：张秋玥，夏雅薇．《经济学人》数据可视化编辑：错误的图表，我们也画了很多．（2019-05-06）[2024-06-13].https://baijiahao.baidu.com/s?id=1632774244809291705&wfr=spider&for=pc.

图 3-5 附有一个关于狗重量下降的故事。在原始图表（Original）中，乍一看，似乎狗的体重和颈部大小完全相关。但这是真的吗？其实并不是很相关。在原始图表（Original）中，两个坐标轴的跨度均为三个单位（左边是 21 到 18；右边是 45 到 42）。但按百分比计算，两个纵轴是有区别的，左边的比例下降了 14%，而右边则下降了 7%。

在重新设计的图表（Better）中，鉴定者保留了双坐标轴的设计，但调整了纵轴的刻度划分，以反映两边的比例变化。

思考问题：

● 数据可视化的道德原则：在数据可视化中，哪些伦理原则应当被遵循以确保信息的真实性和不误导性？媒体和出版物在制作图表时应承担怎样的责任？

● 视觉错觉与心理效应：此案例中的图表利用了哪些视觉错觉或认知偏差来制造假象？了解这些心理效应如何帮助我们在未来避免类似的误导？

● 重新设计的重要性：在揭露误导性图表后，重新设计图表并调整比例的重要性何在？正确的数据可视化实践应该遵循哪些原则？

对于图片造假，我们可以采用以下方式进行甄别。

第一，反向图像搜索。利用搜索引擎的反向图像搜索功能，可以找到图片的原始来源和不同版本，从而判断图片是否被窜改。比如，通过百度识图、Yandex 进行搜索，可以查看图片的其他用途和出现的语境，帮助识别窜改的痕迹。

第二，借助专业软件辅助。使用专业的图像分析软件，如 Photoshop 的“历史记录刷子”工具，可以帮助揭示图像被窜改的区域。或者用 Photoshop 的图像色阶，调整一下立刻就能看到效果，原截图会更加干净，而软件处理过的图像则会有更多的颗粒感杂质。

第三，识别图像编辑迹象或检查图像的元数据。对图像进行细致观察，寻找可能的编辑痕迹，如不自然的边缘、奇怪的阴影、光线不一致或是重复的图案等。有时候，被窜改的部分与图像其他部分并不协调统一。另外，图像文件通常包含元数据，如拍摄日期、时间和地点等，通过查看这些信息，可以验证图像的真实性。

对于误导性图表和插图，我们可以采用以下甄别方式。

第一，分析图表和插图的数据来源。对于图表和插图，需要检查其所依据的数据来源是否可靠，数据是否有合理的解释和支持。对数据的解读应保持批判性，避免接受不符合逻辑或没有充分证据支持的结论。

第二，甄别图表的设计手法。评估图表是否使用了误导性的设计手法，如不恰当的比例尺、缺失的坐标轴标签或选择性展示数据。一个真实准确的图表应该全面、准确地展示信息，而不是通过省略关键数据或夸大某些方面来误导读者。

小 测 试

在一个在线论坛上，有人发布了一张照片（见图 3-6），声称照片中显示了一个罕见的自然现象。照片看起来令人震惊，但没有提供任何有关拍摄地点或日期的信息。你怎样判断这张照片的真实性？

图 3-6

A. 基于照片的视觉效果判断其真实性。
B. 查找照片的原始来源，使用图像反向搜索工具。
C. 相信论坛里的其他评论者的意见。
D. 因为照片看起来令人震惊，就假设它是真的。

四、音频资源中的虚假信息及甄别技巧

我们经常通过各种渠道接收和分享信息，其中音频内容是我们获取知识和娱乐的重要来源。然而，并非所有听到的内容都是真实可信的。在音频领域，存在两种常见的虚假信息制作手法，我们需要学会识别和甄别它们。

首先是伪造录音。这种录音通常是使用先进的声音编辑软件制作的，技术人

员可以修改现有的录音，甚至从头开始制作全新的对话和声音。这些经过巧妙处理的录音听起来就像是某个人亲口所说的话，但实际上它们可能完全是虚假的。这种技术在模仿公众人物的声音时尤其危险，因为它可能被用来伪造新闻、声明或其他重要信息，误导听众。

案例思考

《福布斯》报道，2020 年初，阿联酋银行的一位经理接到了一个他认得声音的人打来的电话——他以前曾与之交谈过的一家公司的董事。这位董事带来了好消息：他的公司即将进行收购，因此他需要银行批准一个高达 3 500 万美元的转账，还聘请了一位名叫马丁·泽尔纳（Martin Zelner）的律师来协调程序，银行经理可以在收件箱中看到这位董事和泽尔纳的电子邮件，确认转账金额和收款账户。银行经理认为一切看起来都是合法的，于是开始进行转账。

这位银行经理并不知道自己已经卷入了一个精心设计的骗局，诈骗分子使用“Deep Voice”深度伪造技术克隆了银行客户企业高管的语音，根据法庭文件，阿联酋银行曾寻求美国调查人员协助追查转入百年纪念银行（Centennial Bank）美国账户的 40 万美元被盗资金。阿联酋银行认为这是一个精心策划的金融诈骗计划，涉及至少 17 个人，窃取的资金被转移到全球各地的银行账户。

思考问题：

- 技术滥用的风险：深度伪造技术（如 Deep Voice）的进步如何改变了欺诈犯罪的面貌？这种技术的发展对个人隐私和企业安全构成了哪些新的威胁？
- 音频证据的可信度：在深度伪造技术普及的当下，如何重新评估音频记录作为法律证据的可靠性和有效性？法律体系应如何适应这种技术变革，以确保公正审判？

其次是音频剪辑。这种手法涉及从更长的录音中剪辑出短片段，并脱离原始语境进行播放。这样做的目的通常是支持某个错误的论断或构建一个误导性的故事。通过选择性地呈现信息，剪辑者可以改变录音的整体意义，使听众得出错误的结论。

作为大学生，在日益丰富的音频内容中甄别虚假信息是一项至关重要的技能。我们可以通过以下几个步骤来提高自己在这方面的判断力。

首先，关注音频来源。如果音频来自一个知名度较低或具有争议的平台，那么它的真实性就值得怀疑。要优先考虑那些有良好声誉的、官方认证的媒体和平台发布的内容。

其次，寻找原始录音。对于剪辑的音频，尽可能找到并听取原始完整录音，这有助于理解某一片段在原始语境中的真实含义，避免被断章取义的内容误导。进一步地，细致地分析录音，分析声音细节，注意声音是否自然，是否有突然的音调、音色或声音质量的变化。伪造的录音或剪辑的录音可能会在对话中留下不自然的暂停、音量变化或不连续的背景噪声。

最后，最重要的是核实信息。对于声称某个人说过的话，尽量在其他媒体或官方声明中查找证实。如果多个可靠来源都没有报道过相同的声明，那么这段录音的真实性就值得怀疑。

五、视频资源中的虚假信息及甄别技巧

我们常常会在网上遇到各种视频资源，需要警惕其中潜藏的虚假信息。视频资源中的虚假信息主要有两种形式。

首先是深度伪造视频。这种视频利用了先进的深度学习技术，能够让我们看到一些令人难以置信的场景，比如某位名人在发表他从未说过的言论，或者某人出现在他从未参与过的活动现场。这些技术的进步让视频中的人物看起来极为真实，以至于我们很难一眼辨别真伪。

案例思考

《华盛顿邮报》（*Washington Post*）报道，2019 年元旦，加蓬政府发布了总统阿里·邦戈（Ali Bongo）的一段新年演讲视频，引发了公众的猜疑。由于该国总统已经数月未露面，因此民众认为该视频是由深度伪造技术合成的虚假视频。他们认为政府发布视频的目的是掩盖总统的健康状况或者死亡问题。在该视频发布且被广泛传播一周后，军方以虚假视频为由发动了军事政变。关于该视频的真实性无从考证。政变虽然以失败告终，却佐证了虚假信息扩散导致民众对政府产生了怀疑。可见，虚假信息作为导火索，影响了国家的政治和军事安全。

思考问题：

- 政府透明度与公众信任：政府在处理领导人健康状况等敏感信息时，如何平衡保密需求与公众知情权之间的关系？缺乏透明度如何加剧了公众对深度伪造视频的信任危机？
- 预防性策略与预案：政府和其他权力机构应如何预先制定策略和应急预案，以应对深度伪造视频可能引发的政治动荡和安全危机？

其次是误导性的剪辑视频。这种视频通过对原始素材的巧妙剪辑和重新组合，改变了事件的真实情况或背景。一段原本无害的视频可能就这样被重新编排，传达出完全不同甚至相反的信息，从而误导观众对事件的理解。

面对视频资源中的虚假信息，我们需要掌握一些基本的甄别技巧来保护自己不被误导。我们应该注重观察视频中的细节，比如人物的面部表情、嘴唇是否与声音同步、眼神和肢体动作是否自然协调。这些细节上的瑕疵往往是深度伪造技术难以完美复制的部分。此外，寻找视频的原始版本或相似场景的其他视频进行比较，也是一种有效的验证方法。这可以帮助我们发现视频被窜改的痕迹。最后，当我们遇到难以判断的情况时，不妨借助一些专业的软件或视频分析工具。这些软件与工具专门用来检测视频是否经过深度伪造处理，能够发现那些肉眼不易察觉的窜改迹象。

六、软件和应用程序中的虚假信息及甄别技巧

作为大学生，我们每天都依赖各种软件和应用程序来获取信息、完成学业，甚至是娱乐放松。但是，在这些便利的背后，也潜藏着一些不为人知的风险，特别是虚假信息的传播问题。

进 阶 阅 读

点击诱饵

点击诱饵是指那些极具煽动性的、夸张的标题，它们诱惑我们去点击文章、图片或视频的链接。这类标题并不传递客观事实，反而擅长撩拨我们的情绪与好奇心，让我们忍不住一探究竟。若我们真的点击进入，链接所在的网站便会借此从广告商处赚取收益。然而，点击诱饵吸引人访问的内容，其质量和准确性往往大打折扣。网站之所以热衷于使用点击诱饵，就是为了获取更多点击量，从而提升广告收益。

首先，我们可能会遇到一些伪装得很好的误导性应用。它们看起来像是能够提供有用信息的工具，比如新闻整合类应用或是健康指导类应用，但实际上，这些应用里充斥着虚假内容或是误导性内容。访问这些内容不仅浪费了我们宝贵的时间，更有可能误导我们做出错误的决策。

在我们的生活中比较常见的就是“钓鱼网站”。“钓鱼网站”是指欺骗用户的虚假网站。“钓鱼网站”的页面与真实网站差别细微，比如伪装成银行及电子商

务网站，从而窃取用户提交的银行账号、密码等私密信息。对于“钓鱼网站”，我们可以通过域名网址识别、查询域名备案、域名收录搜索、反诈 App 链接检测等四种方法进行识别。

识破“钓鱼网站”四种方法详解

其次，还有一种更加隐蔽的威胁，那就是恶意软件。这些软件常常伪装成我们常用的正规应用，一旦下载安装，它们就可能在我们毫不知情的情况下，窃取我们的个人信息，甚至利用我们的设备来传播虚假信息。这种情况下，我们不仅自己受到了伤害，也可能无意中成为传播虚假信息的一环。

常见的恶意软件类型主要包括病毒、蠕虫、间谍软件、广告软件以及特洛伊木马。病毒是一种具有自我复制能力的有害计算机程序，能够感染计算机中的文件或系统；蠕虫通过网络自动发送自身副本至其他计算机，实现快速传播；间谍软件在用户不知情的情况下搜集用户信息，侵犯个人隐私；广告软件通过自动播放、展示或下载广告干扰用户正常使用计算机；特洛伊木马则伪装成有用的应用程序，安装后会执行危害计算机或窃取信息的恶意操作。

恶意软件会通过各种途径侵入计算机，如从互联网下载含有恶意软件的免费软件、下载使用秘密捆绑恶意软件的合法软件、访问已被感染的网站、点击启动恶意软件下载的虚假错误消息或弹出窗口，以及打开携带恶意软件的电子邮件附件等。

为了有效防范恶意软件的入侵，我们需采取一系列措施。（1）及时更新计算机和软件是防止漏洞被利用的关键。（2）尽量使用非管理员账户，以减少恶意软件对系统核心区域的访问权限。（3）在点击链接或下载任何内容之前应三思而后行，确保来源可靠。（4）对于电子邮件附件或图片，更需加倍小心，避免无意中触发恶意软件的执行。（5）切勿轻信要求下载软件的弹出式窗口，这可能是恶意软件诱骗用户下载的陷阱。（6）在文件共享方面，也需谨慎使用，避免共享敏感信息或执行未经验证的程序。（7）使用防病毒软件是防御恶意软件的有效手段，它能实时监控和清除潜在的威胁。

本章扩展资源

可用于检测视频是否经过了深度伪造的网站：

（1）使用 InVID 进行媒体来源验证与视频缩略图分析，验证传播内容的可信度，见 https：//www.invid-project.eu。

（2）利用 Deepware 分析视频中的人为造假迹象，并生成可信度评估，见 https：//deepware.ai。

（3）利用 Affectiva 等平台分析人物微表情，帮助检测视频中人物不自然的面部动作或情绪，见 https：//www.affectiva.com。

本章思考与讨论

（一）个人思考题

（1）你是否有过在网络上接触到误导性信息而导致决策失误的情况？如果有，请分析这种情况发生的原因，以及你如何学习从中识别和甄别信息真伪。

（2）回想一下你在面对重要决策时依赖网络信息的情形，描述这些信息的来源和你如何验证其真实性。最后，评估这些信息的可靠性如何影响了你的最终决策。

（3）讨论你是如何评估不同信息源（如新闻网站、社交媒体等）的可靠性的。列举你使用的几种关键标准或技巧，并解释它们的重要性。

（二）小组讨论题

（1）案例分析：信息真实性对决策的影响。

小组成员分别找出一个历史或当前的案例，其中信息的真实性直接影响了重要决策的制定（可以是商业、政治、健康等领域）。讨论这些案例，分析不准确的信息或误导性信息对决策的具体影响，以及如何通过甄别技巧避免类似错误。

（2）模拟活动：角色扮演决策制定。

组织一个模拟活动，小组成员扮演不同角色（如公司经理、政策制定者、消费者等）。在这个活动中，每位成员基于所提供的网络信息（包括真实信息和虚假信息）做出一系列决策。活动结束后，讨论哪些信息被误用并导致了错误决策，探讨在真实世界中如何应用信息甄别技巧来提高决策的准确性。

本章实操模拟

练习一：运用 CARS 法则评估新闻案例

练习目标：

运用 CARS 法则评估两则新闻案例（见后文二维码）的可信度、准确性、合理性和支持度。

练习步骤：

第 1 步：独立分析每则新闻案例。运用 CARS 法则，对每则新闻案例进行独立分析，记录下每一点的观察结果。使用互联网和可信资源进行交叉验证，检查关键信息点的真实性和准确性。

第 2 步：撰写分析报告。对每则新闻案例分别撰写一份报告，包括对 CARS 法则每个指标的分析和最终的真实性评估。每部分应详细描述观察到的问题，以及如何运用 CARS 法则来识别这些问题。

第 3 步：小组讨论。在课堂上，每个小组分享分析结果，讨论在运用 CARS 法则时遇到的挑战和洞见。比较和讨论小组成员在评估新闻真实性时的不同观点和方法。

任务要求：

对每则新闻案例进行独立分析，分别撰写一份报告，说明 CARS 法则每个指标下的具体发现，并最终判断新闻的真实性。

案例 1：重磅！教育部发布新通知：2023 年高考难度大调整

案例 2：大连市贯彻实施《国家研究生教育发展规划纲要》 提升研究生生活补助

练习二：判断视频的真实性

练习目标：

分析并判断案例 3 二维码提供的视频内容是否为深度伪造。

练习步骤：

第 1 步：观察和初步分析。仔细观看视频，注意任何异常的视觉和听觉元素。记录视频中所有看似不自然或异常的地方，如动作突兀、皮肤纹理不连贯、光照效果不自然等。

第 2 步：使用工具进行技术分析。使用在线深度伪造检测工具来分析视频。使用工具后，记录工具提供的数据和结论。

第 3 步：撰写分析报告。撰写一份报告，总结个人的观察结果和技术工具的分析数据。基于搜集的信息和数据，形成关于视频真实性的结论。

第 4 步：小组讨论和分享。在课堂或小组讨论会中，每位学生或每个小组展示发现和分析过程。讨论不同学生或小组的分析结果，探讨为什么会有不同的观点或结论。

任务要求：

观看视频，使用指定的分析工具和技巧来确定视频的真实性，并撰写分析报告。

案例 3：奥巴马白宫发表声明（请下载后打开 PPT 观看视频）

本章参考文献

[1] 刘海龙，于瀛 . 概念的政治与概念的连接：谣言、传言、误导信息、虚假信息与假新闻的概念的重构 . 新闻界，2021（12）.

[2] 陈昌凤，陈凯宁 . 网络视频中的虚假信息偏向及其治理 . 新闻与写作，2018（12）.

[3] 孙冉 . 论网络信息的 CARS 过滤机制 . 情报杂志，2007（1）.

[4] 爱德华 . 数字法则：机器人、大数据和算法如何重塑未来 . 鲜于静，宋长来，译 . 北京：机械工业出版社，2015.

[5] 於兴中 . 数字素养：从算法社会到网络 3.0. 上海：上海人民出版社，2022.

[6] 郭锐 . 人工智能的伦理和治理 . 北京：法律出版社，2020.

[7] 徐凡，黄琪 . 社交媒体虚假信息检测基础及模型 . 北京：科学出版社，2022.

[8] 唐雪梅 . 网络虚假信息的转发机理与治理策略研究 . 成都：西南财经大学出版社，2015.

第四章

数字收藏家
——信息储存与管理

章节结构

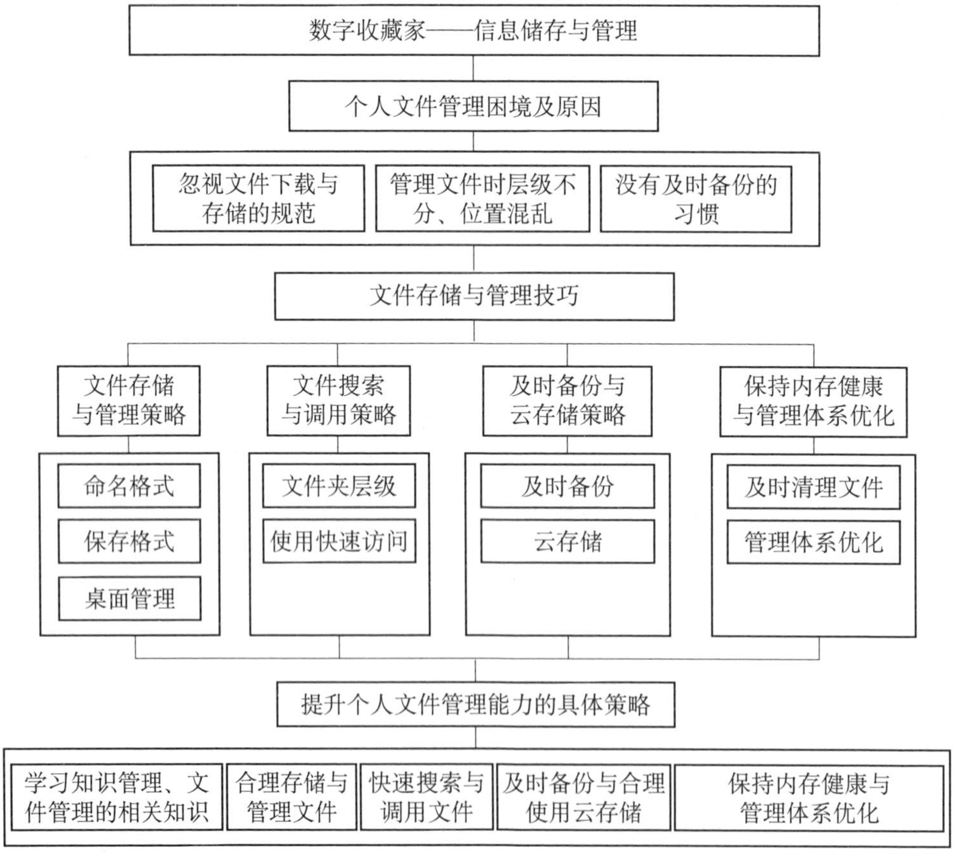

关键词

文件存储　文件管理　知识管理　云存储

主题思想

电脑中的文件又多又乱，总是找不到自己想要的资料，严重影响了学习与工作的效率。文件管理作为知识管理的一部分，其中非常重要的一个环节就是条理清晰地存储文件，并能快速寻找到所需资源。在这一章中，我们会系统地讲述如何合理地管理、保存自己的文件，以及如何应对一些突发情况。

场景引入

大学生王东东正坐在电脑前发愁。课程作业上交日期马上就到了，他需要在很短的时间内写完一篇专业论文的文献综述。因此，他正在寻找之前下载的英文论文，准备在今天阅读完这篇英文论文，整理好思路，完成作业。然而，王东东的电脑文件十分混乱，他难以找到想找的论文。

王东东仔细回忆了一下自己保存这篇论文的过程。下载论文后，他直接将文件保存到了电脑桌面上，没有对文件名称做任何更改。于是，王东东打开了文献资源管理器，在搜索框中搜索论文题目的关键词，但是电脑中文件过多，搜索耗费了大量时间，也没有找到该论文。他只能再次检索这篇文章，重新下载。这时他才发现，上次下载这篇论文时，文件名称是一串乱码。

终于，在勤勤恳恳地奋斗了两个小时后，王东东完成了二分之一的作业。他准备休息一下，却不慎打翻了电脑旁边的水杯，水洒到了电脑上，造成电脑黑屏死机。于是他又急忙跑去修理店维修，好在问题不大，电脑很快就修好了，其他保存好的文件都还在，但当时正在编辑的作业文件却消失了。他急忙去问修理师傅，师傅告诉他，除非是上传了云备份，否则当时正在编辑的文件是无法恢复的。另外师傅还建议王东东赶快清理 C 盘，因为王东东电脑的 C 盘已经满了，会经常出现卡顿等问题。

最终，王东东没有找回作业文件，没能按时上交此次作业。因为这起事件，王东东才发现自己在文件管理上存在着种种问题，严重影响了自己的学习效率。文件名称乱码、保存位置不当、文件管理混乱、没有及时保存备份，使王东东在遇到紧急情况和突发事件时难以应对。

随着互联网的发展，信息获取的成本日趋低廉，我们所接收的文件也越来越多，面对浩瀚的信息与文件，留档、管理的重要性不言而喻。王东东的经历体现出个人存在着种种文件管理困境。在数字时代，妥善管理文件是每个人都无法忽视的问题。如何有效地管理文件，提升学习与工作的效率，是每个人都应该重视的问题。

第一节 个人文件管理困境及原因

文件，实际上就是计算机系统中用户的程序和数据。它是每个用户的数字资产。个人专有的数据是每个人的无价之宝。一套成熟的个人文件管理体系，能使我们容易查找信息、方便分享信息、妥善保存信息。只有在这样的体系下，才能言及提高效率，并且在关键时刻保护数据，避免损失。

文件管理，本质上是对文件的整理排序、备份保存和同步分享。在知识管理中，一个非常重要的环节就是知识的调用，在文件管理中就是指快速寻找到所要找的资源。那么文件的命名和存储归档就非常重要。只有科学地命名、管理与分类，才能快捷地搜索，高效完成工作。

好的文件管理主要有三大便利。

第一，提高沟通效率，让接收方从文件 / 文件夹命名中就知道文件 / 文件夹的主题；

第二，实现快速索引，方便快速检索到所需要的文件；

第三，方便快速回溯，区分版本并随时回溯以前的版本，了解版本变更记录。

文件管理包括三个部分：一是文件存储空间的管理，指对文件及文件的存储进行管理。二是文件目录的管理，为了能够方便地找到自己所需的文件，用户需要为每个文件建立一个目录项。目录项包括文件名、文件属性、文件在磁盘上的物理位置等。目录管理的主要任务，是对众多的目录项加以有效组织，以实现按名存取。三是文件的读写与保护管理。读写指的是根据用户的请求，从外存中读取数据，或将数据写入外存；保护指的是对文件版本、作者、格式的保护，包括防止未经核准的用户存取文件、防止以不正确的方式使用文件等。

进 阶 阅 读

电子文件管理

电子文件是一种非常高效的知识载体。随着科技的发展，如今的电子文件不仅可以“无限复制”、支持大范围的传播，还支持文档修订、目录编辑、权限设置、多人协作写作等。在电脑中，只要是可以用符号、图像等数据准确表达的知识，都可以基于文档来进行管理。主流的电子文件工具，比如 Word、Excel、各种在线文档（如腾讯文档等），都支持文本、图片等形式的信息管理。

当文件管理陷入混乱时，寻找所需的文件无疑会成为一个耗时且低效的任务，极大地阻碍学习与工作的进度。王东东的经历正是一个生动的例证，凸显了个人文件管理的重要性。个人文件管理一旦混乱，就会带来诸多不便，包括但不限于文件检索困难、文件容易丢失、存储空间迅速消耗等。深入探究其原因，我们可以归结为以下几点。

第一，我们经常会忽视文件下载与存储的规范。比如王东东在文件下载时，随手将文件进行自动保存，没有为文件选择合适的格式、名称以及保存路径，导致在后续使用时难以找到文件。保存时越简单，想找到这个文件就越困难。我们使用浏览器下载内容时，默认的文件下载名称常常是一串难懂的字符，很难记住；当我们需要找到这份文件时，我们早已将它的文件名与存储位置抛之脑后了。因此，在下载文件时，我们需要手动修改文件名称、格式及存储位置，方便自己后续查看。

第二，在管理文件时，我们随意放置文件，不会进行系统的分类与整理，造成层级不分、位置混乱。比如在工作量较大时，我们的电脑桌面上有很多需要处理的文件，每次找文件时都会感觉眼花缭乱。王东东在管理文件时同样存在层级不分、位置混乱等问题。他会将文件随手保存到电脑桌面上，在使用一段时间后，不仅 C 盘的内存告急，之前保存的文件也常常找不到。文件保存位置不当，且没有明确的分区层级，导致我们在急需寻找某一个文件时困难重重。

第三，在写作业或者工作时，我们有时会忘记保存文件，没有及时备份的习惯。王东东在写作业时，就没有及时保存备份的习惯，导致在遇到突发情况时难以找回正在编辑的文件，作业无法按时完成。不仅是王东东，我们在日常生活中也常常会遇到这种问题。你是否会在电脑突然关机后找不回文件？你是否会在软件突然卡顿或无响应后丢失正在工作的内容?

解决这些问题就需要我们养成及时保存文件的良好习惯。除此之外，为了应对设备损坏、临时出差等情况，我们还应该合理使用自动保存功能和云存储软件。在设备损坏等情况下，一些本地文件极易丢失，我们可以通过使用云存储软件及时进行文件备份。云存储软件也是非常便捷的协作软件，通过它我们可以在多台设备上完成同一项工作。

个人文件管理出现上述几种情况，最根本的原因在于个人缺乏知识管理、文件管理的相关知识。正是由于缺乏这些知识，王东东不懂形成好的管理体系的重要性，在使用电脑进行学习或工作时，出现了文件管理混乱、寻找文件困难、文件丢失等问题。这些问题极易导致个人在学习与工作过程中效率低下，且难以抵御突然发生的风险，如设备损坏等。在这个急速发展的时代，每个人都十分忙碌，要提升个人工作效率就不能将时间浪费在寻找文件、找回文件或重复劳动上。王东东的经历也告诉我们，学习知识管理、文件管理的相关知识，并将其运用于文件管理的实践之中是多么重要。

进 阶 阅 读

个人知识管理相关理论

个人知识管理（Personal Knowledge Management，PKM）是把碎片化的知识加以整合、转化，并形成知识结构的过程，其目的是扩充个人知识库，创造知识的实际价值。当代大学生面临着以知识为核心竞争力的社会压力，提高自身的知识管理能力是提升个人综合素养、构建适合自身核心竞争优势以及缓解就业压力的有效方式。

个人知识管理包含三层含义。第一，对个人已经获得的知识进行管理；第二，通过各种途径学习新知识，吸取和借鉴别人的经验、优点和长处，弥补自身思维和知识的缺陷，不断构建自己的知识特色；第三，利用自己所掌握的知识以及长期以来形成的观点和思想，再加上别人的思想精华，实现隐性知识的显性化，激发创造新知识。

个人知识管理的流程包括以下环节：知识获取与存储、知识检查与组织、知识吸收与内化、知识应用。

知识获取是大学生个人知识管理的第一阶段。在知识管理的初期，大学生首先要制订计划，明确自己的知识需求和知识管理目标，而后去执行，执行过程就是知识获取与存储的过程。然后要对知识进行检查与组织，也就是把所存储的知识形成系统的、清晰的知识框架的过程。与此同时，大学生需要发现自身知识的优势和劣势，然后进一步获取知识或进行知识创新，这就是知识吸收与内化的过程。最后，就是利用已有的知识，做出创新，也就是知识应用的过程。在这个过程中还需要再次获取新的知识，于是开始了新的循环。

因此，大学生个人知识管理的过程是知识获取与存储、知识检查与组织、知识吸收与内化、知识应用的循环发展过程。

第二节 文件存储与管理技巧

在查阅了大量资料和相关知识后，王东东决定规范地整理自己的文件，并系统地学习知识管理的相关理论与方法。

一、文件存储与管理策略

首先，王东东调整了文件命名格式。他根据自己的专业，梳理了自己日常需要的文件类别，并以思维导图的形式呈现了出来（见图 4-1）。王东东在梳理文件类别后，选择通过在文件和文件夹的具体名称前加数字来实现排序，将最重要的内容命名为“01-xxxx”，以此类推。有了这个数字前缀，文件夹就不再是按首字母顺序排了，而是按照编号来排，这样就可以人为固定文件夹的顺序，方便管理，也不会因为插入新的文件夹而打乱顺序。另外，这个前缀长度是固定的，所有的文件夹在视觉上是非常整齐而统一的，不会因为文件夹名字长短不一而产生混乱感。经过修改后，王东东的所有文件夹都通过前缀数字排好了顺序，经常使用的文件夹排在前面，不经常使用的文件夹排在后面，王东东电脑上的文件已经开始变得有条理起来。

在使用数字前缀排序之后，王东东发现仍然会有几个文件的文件名相同，他将这几个文件打开后发现，这些文件是一个工作迭代的不同版本，但是王东东很难分清哪一个版本是最新的。于是，他又在自己的文件命名模板中增加了时间后缀，如“01-今日新闻-2024.01.10”。这样王东东就可以通过文件名上的时间确定文件的版本，方便识别和追溯。时间信息还可以辅助回忆该文件夹的内容，这样王东东以后就知道下载的文件、撰写的内容中哪个版本是最新的。

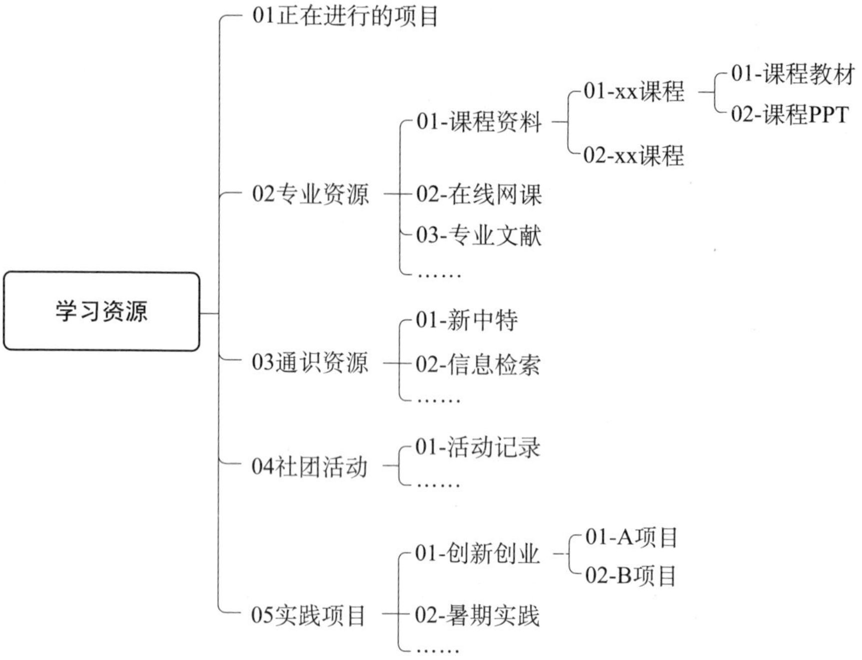

图 4-1　文件管理层级

其次，王东东针对不同的文件类型制作了一个文件保存格式的参考表格（见表 4-1），在实际的存储和运用过程中，根据使用需求、文件可下载形式选择最合适的文件格式进行存储。

表 4-1　文件保存格式

文件类型	使用需求	格式
表格	编辑、保存	.xls
文字	编辑、保存	.doc/.docx/.pdf
图片	编辑、保存	.jpg/.png
视频	编辑、保存	.mp4 等

最后，进行桌面管理。王东东在第一次整理好文件并使用了一段时间后发现，用不了多久，电脑桌面上又会塞满文件，在电脑桌面上寻找资料时仍然会眼花缭乱。于是，他查找了许多资料，发现了电脑桌面分类的四象限法。也就是将电脑桌面划分成四个象限（区域），分别定义为“收集篮”“处理中”“已结束”“已归档”（见图 4-2），在每次使用后，都及时整理文件。使用了一段时间后，王东

东就能够很快地在电脑桌面上找到自己需要的资料了。

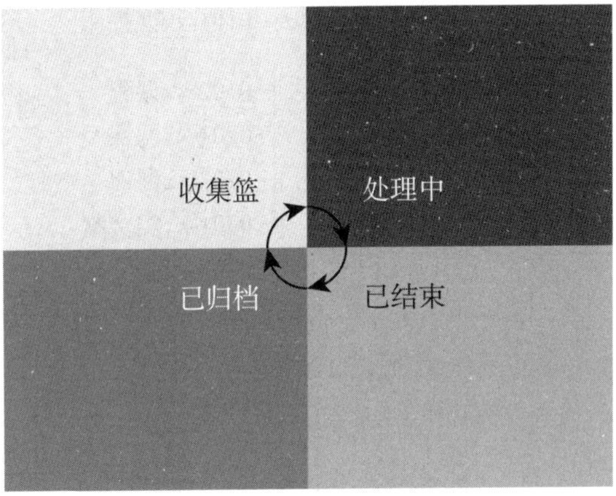

图 4-2 桌面管理的四象限

二、文件搜索与调用策略

王东东在整理好电脑中的文件后发现，虽然文件整理得十分清晰，但是由于文件夹的嵌套，他很难在极短的时间内找到自己所需要的文件。于是王东东再次查找资料，寻求完善自己的文件管理体系的方法。

首先，王东东决定减少自己文件夹的嵌套层级。在第一次整理时，他将自己的文件夹设置了两个及以上的层级。由于文件越来越多，分类越来越细致，因此会嵌套很多层子文件夹，找文件时要一层一层进去，非常麻烦，王东东很难在短时间内找到自己需要的资源。电脑里的文件需要分门别类，但也不能嵌套太多层文件夹。在这一次整理时，王东东修改了自己的文件层级，形成了以两层文件夹为主的结构，并对文件进行了重新命名（见图 4-3）。前缀的第一组数字表示大类，第二组数字则用来实现大类里的内部排序。在添加新的资料时，参考和它同属一类的文件夹进行编号。通过这种敞开式的方法，所有文件夹都在最外层，一目了然。并且文件夹的位置是固定的，找起来非常方便。修改之后，他使用文件的效率大大提高了。

其次，王东东将自己经常使用的文件夹放到了电脑文件资源管理器的快速访问中（见图 4-4）。只需鼠标右键点击想要快速访问的文件夹，选择固定到快速访问中，就可以实现快速找到、切换所需文件夹。合理利用电脑文件资源管理器中的快速访问功能，可以避免在文件夹之间来回切换，大大提高了寻找资源、使用资源的效率。

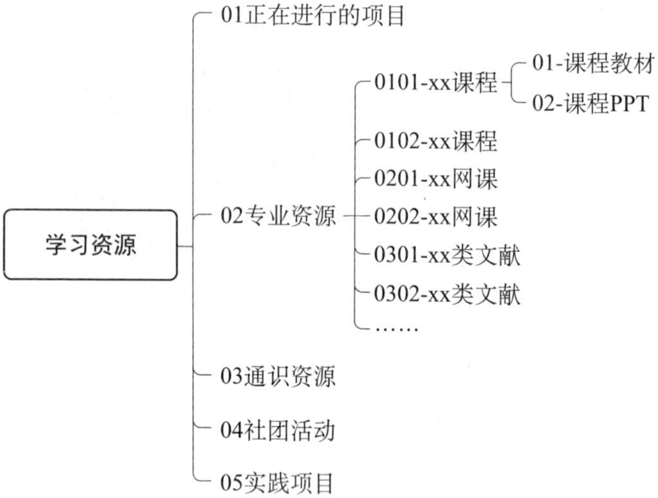

图 4-3 修改后的文件层级

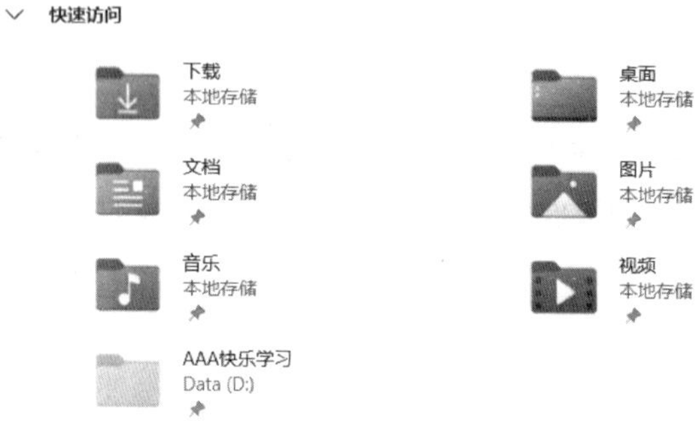

图 4-4 Windows 的快速访问

三、及时备份与云存储策略

为了应对电脑突然损坏、忘记存储文件等问题，王东东向已经参加工作的朋友赵睿思请教解决方法。赵睿思给王东东讲了许多工作中经常遇到的信息丢失难以找回的问题，并且提供了解决方法。

赵睿思最初与王东东一样，对文件管理一窍不通，但是在工作一段时间以后，赵睿思形成了及时保存、及时备份并上传云端的好习惯。这是因为在刚开始工作时，赵睿思经常遇到文件未保存而电脑死机、文件未上传云端却在本地误删等问题，耽误了工作进度。因此，她渐渐形成了手动保存的习惯，并且在办公软件中设置了自动备份功能。在一天的工作完成后，赵睿思会及时将自己可能用到的文件上传至云存储空间中，进行二次备份。形成这个习惯之后，她在遇到设备突然死机等问题时就能够及时找回文件，提升了自己应对风险的能力。

在工作过程中，赵睿思还经常会遇到在一项工作迭代了好几个版本之后，需要改回之前版本的情况。在一个方案反复审核修改很多次之后，版本和内容很容易被搞混，很难找到自己需要找到的版本文件。这时，将每一个迭代版本的文件保存好，并且按照时间和版本号做出明确的命名就变得十分重要（见图 4-5）。听取赵睿思的建议，王东东决定在以后的工作过程中，将每一个版本的文件都按照时间、版本号保存好，留待后续查用。

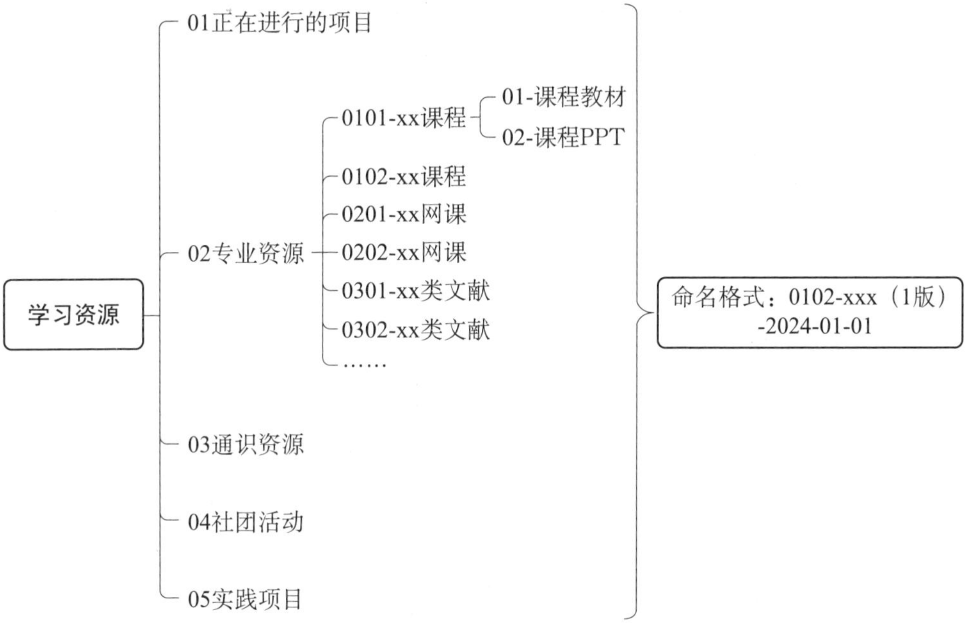

图 4-5　文件管理目录

另外，赵睿思会在多个设备上完成同一项工作，因此，设备之间的资源互通就变得十分重要。云存储不仅能够在云端备份文件内容，还能够实现多个平台的文件互传、互通。即使电脑突然不能使用，也可以通过云存储软件使用手机或平板电脑完成正在进行的工作。在企业中，公司常常会使用云存储系统，将公司内的工作文件进行互通，公司的每个员工都可以通过该系统调用共享的工作资源。

进 阶 阅 读

云 存 储

云存储是在云计算（Cloud Computing）概念上延伸和衍生出来的一个

新的概念。云计算是分布式处理、并行处理和网格计算的发展，它通过网络将庞大的计算处理程序自动拆分成无数个较小的子程序，再交由多部服务器所组成的庞大系统进行计算分析之后将处理结果回传给用户。通过云计算技术，网络服务提供者可以在数秒之内处理数以千万计甚至亿计的信息，提供与“超级计算机”同样强大的网络服务。

云存储的概念与云计算类似，它是指通过集群应用、网格技术或分布式文件系统等，网络中大量各种不同类型的存储设备集合起来协同工作，共同对外提供数据存储和业务访问功能的一个系统，它能够保证数据的安全性，并节约存储空间。简单来说，云存储就是将存储资源放到云上供人存取的一种新兴方案。使用者可以在任何时间、任何地方，通过任何可联网的装置连接到云上，方便地存取数据。

四、保持内存健康与管理体系优化

王东东虽然整理好了电脑中的文件，但是却将它们通通塞进了 C 盘，随着资料保存得越来越多，他的 C 盘内存逐渐告急（见图 4-6），严重影响了电脑的运行速度。

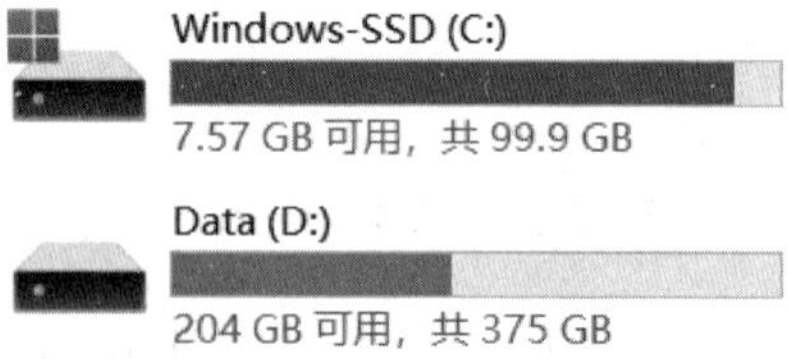

图 4-6　C 盘内存告急

为了处理这个问题，王东东决定把大量内容移到 D 盘中，然而他发现 D 盘内存也不足，因此，他必须删除一些不重要的资源。在删除过程中，王东东发现，许多资料早已经没有用处，不会再打开，但是一直保存在电脑中，占用了许多空间。他意识到，自己需要在每一项工作完成后及时删除无用的临时文件和已经保存备份好的重复文件，并且清理电脑的回收站，保持电脑的内存健康。如果确定已经对文件做了备份或之后再也不会使用，就应该直接将重复文件或无用文件删除。

在不断改进自己文件管理策略的过程中，王东东了解了知识图谱的相关知识。因此，他按照知识图谱的原理，在整理文件夹时，使用思维导图的形式记录了自己的整理框架。一段时间后，他发现使用思维导图等方式记录自己下载、保存、管理、维护文件的过程，对不断改进自己的文件管理体系十分有帮助，可以使自己的文件具有易回溯、清晰明了等特点。为了防止忘记自己的文件分类标准和各个文件层级之下的内容以及不断优化自己的文件管理体系，王东东在整理文件的同时还会利用思维导图软件为文件库设计目录，并且每次分类时都会对其进行迭代优化。

进 阶 阅 读

知识图谱

知识是人类在实践中认识客观世界（包括人类自身）的成果，它包括事实、信息、描述以及在教育和实践中获得的技能。知识是人类对各种数据和信息进行处理之后获得的认识和理解，是对数据和信息进行提升、总结与凝练的成果。

从字面上看，知识图谱就是用图的形式将知识表示出来（见图 4-7）。图中的节点代表语义实体或概念，箭头代表节点间的各种语义关系。知识图谱是结构化的语义知识库，用于以符号形式描述物理世界中的概念及其相互关系，其基本组成单位是“实体—关系—实体”三元组，以及实体及其相关属性的对应。实体之间通过关系相互连接，构成网状的知识结构。知识图谱以结构化的方式将互联网的信息表示成更接近人类认知世界的形式，提供了一种更好地组织、管理和理解海量信息的工具。

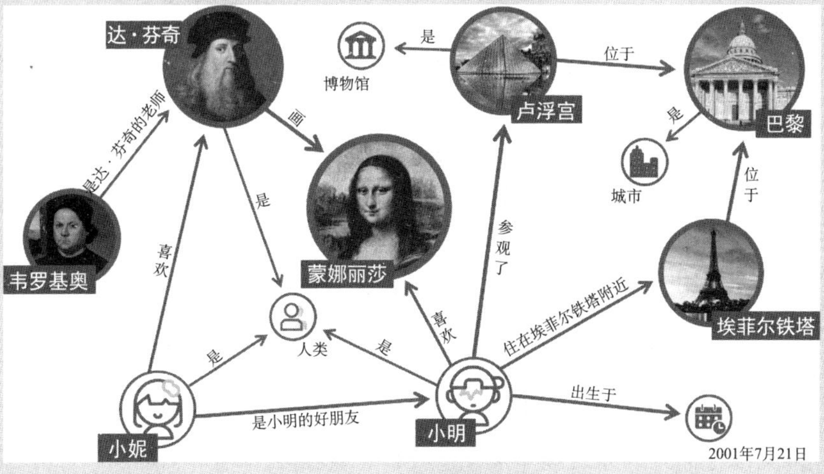

图 4-7 知识图谱示例

第三节 提升个人文件管理能力的具体策略

根据王东东的经历，我们可以总结出提升个人文件管理能力的具体策略，即从以下五个方面着手：第一，学习知识管理、文件管理的相关知识；第二，合理存储与管理文件；第三，快速搜索与调用文件；第四，及时备份与合理使用云存储；第五，保持内存健康与管理体系优化。

第一，学习知识管理、文件管理的相关知识。只有具备了相关知识，才能明确需求与目标，并利用已有知识做出创新。

第二，合理存储与管理文件。可以从以下三个方面着手。

（1）命名格式：使用数字前缀与时间后缀，如“0102-xx 文件 -20240103”。

（2）保存格式：针对不同的文件，选择不同的文件格式。在实际的存储和运用过程中，根据使用需求、文件可下载形式选择最合适的文件格式进行存储。

（3）桌面管理：使用桌面管理的四象限法。将电脑桌面划分为四个象限（区域），分别定义为“收集篮”“处理中”“已结束”“已归档”，在每次使用后，都及时整理文件。

第三，快速搜索与调用文件。具体策略包含以下两个方面。

（1）减少文件夹层级：减少文件夹的嵌套层级，尽量形成以两层文件夹为主的结构，并对文件进行重新命名。前缀的第一组数字代表大类，第二组数字则用来实现大类里的内部排序。

（2）使用快速访问：利用电脑文件资源管理器中的快速访问，可以避免在文件夹之间来回切换，大大提高寻找资源、使用资源的效率。

第四，及时备份与合理使用云存储。

（1）及时备份：在编辑文件时形成及时手动保存的习惯。另外，要在每个工作软件中设置自动备份功能。

（2）合理使用云存储：使用云存储备份重要文件，可以实现多设备互通，还能应对设备损坏等突发情况。

第五，保持内存健康与管理体系优化。

（1）及时清理文件：及时备份、存储文件，并清理无用文件。注意文件保存路径，将文件存储到非系统盘中。

（2）管理体系优化：将自己的文件管理过程外化成思维导图，在每次整理文件的过程中不断修改思维导图，使自己的文件管理体系清晰明了。

本章扩展资源

（1）浙江大学知识图谱课程，见 http：//coursehome.zhihuishu.com/courseHome/1000002585/76043/#courseDesign。

（2）东南大学知识图谱课程，见 https：//github.com/npubird/KnowledgeGraphCourse/blob/master/README.md。

（3）中山大学信息素养通识课程，见 https：//www.icourse163.org/course/SYSU-1001936003?from=searchPage&outVendor=zw_mooc_pcssjg_。

（4）坚果云，见 https：//www.jianguoyun.com/s/campaign/cpclanding/main?sch=bdcpc_ppzq。

（5）Total Commander，见 https：//xbeta.info/tc/index.htm。

本章思考与讨论

（一）个人思考题

请提出一个适合自己的文件整理策略。

（二）小组讨论题

请小组内成员商讨出一个适合自己专业的文件分类体系，并以思维导图的方式呈现出来。

本章实操模拟

整理学习文件夹

练习目标：

此练习旨在帮助学生通过具体活动提高文件整理能力，练习如何分类、整理、记录。

练习步骤：

第 1 步：整理文件夹。根据已经构建好的命名与分类体系整理文件夹，并在接下来的时间内使用文件夹中的内容进行学习。

第 2 步：维护文件夹。在一周时间内，不断更新文件夹，增加内容，同时不断更新自己的命名与分类体系，可以使用文件管理工具。

第 3 步：编写实践报告。在一周后，写一份报告总结整理文件夹的感悟。内容包括自己构建的命名与分类体系、文件管理的感受和挑战，以及未来计划如何继续完善自己的文件管理体系。

任务要求：

构建命名与分类体系：在整理前，对自己的学习相关的文件进行简要评估。考虑学习文件有几个类别与层级，应该怎样命名，并记录。写一份报告总结自己整理文件夹的感悟。

本章参考文献

[1] 周志强，吕昆 . 知识素养导向的大学生个人知识管理模型研究 . 情报科学，2021（11）.

[2] 孔德超 . 论个人知识管理 . 图书馆建设，2003（3）.

[3] 郝琦，李尚昊，刘军 . 面向实践的个人知识管理框架研究 . 图书馆学研究，2015（21）.

[4] 刘峤，李杨，段宏，等 . 知识图谱构建技术综述 . 计算机研究与发展，2016（3）.

第五章

数字故事讲述者

——沟通与表达的艺术及多媒体内容创作

章节结构

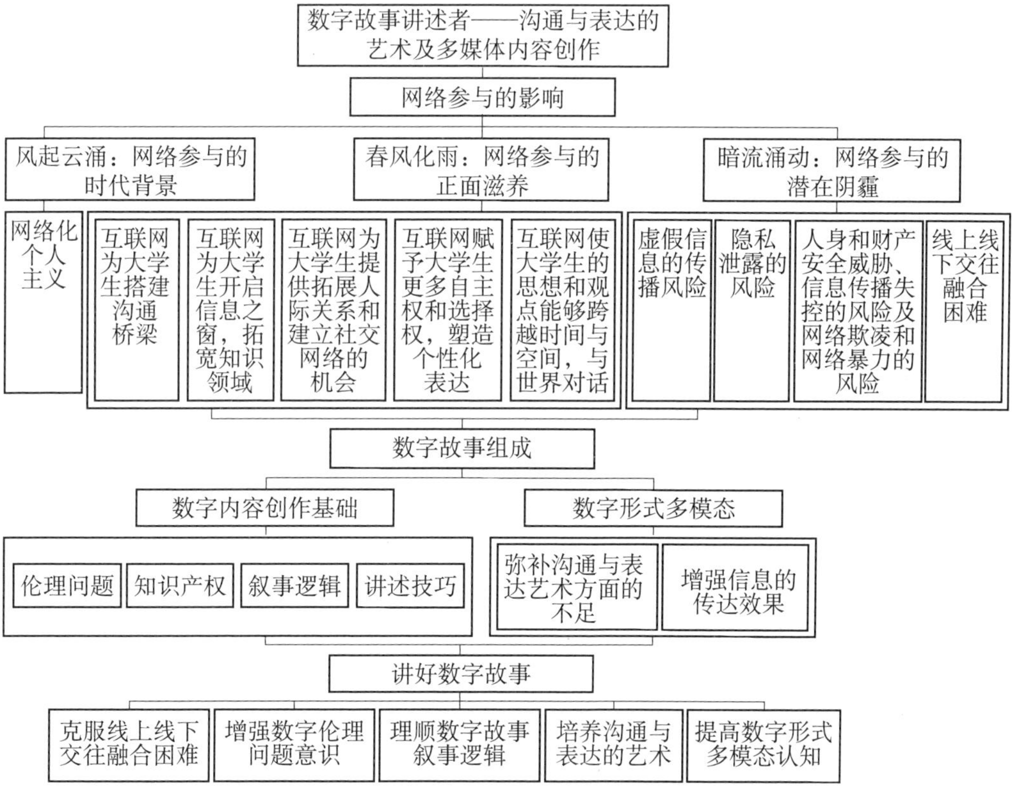

关键词

新媒体赋权　数字伦理　叙事理论　多模态

主题思想

在这个数字化的世界里，我们都是梦想编织者，互联网赋予人们无尽的话语权，然而，线上线下交往的融合却面临着挑战。数字故事叙事逻辑匮乏、沟通与表达艺术不足以及数字伦理问题意识缺失，使得我们在创作过程中常常感到力不从心。数字形式多模态，如同交响乐中的各种乐器，只有和谐搭配，才能奏出美妙的乐章。然而，当前大学生对数字形式多模态的认知尚处于初级阶段，如何运用多元化的数字形式进行有效沟通与表达，成为摆在大学生面前的一个重要问题。

内容与形式如同鸟之双翼，只有相辅相成，才能让数字故事展翅翱翔。本章从理论和实践两个层面，探讨如何通过丰富多样的数字形式，结合沟通与表达的艺术，创作出既具有深度又具有广度的数字故事。让我们一起走进数字故事的世界，感受数字故事讲述者的魅力，成为新时代的数字故事讲述者，用数字故事传递智慧与力量。

场景引入

当今数字时代，大学生将相当一部分的时间和精力投入到互联网的使用上。大学生子涵是一个典型的互联网原住民。大学生活是充满活力和期待的，他也不例外，他喜欢在社交媒体上分享自己的生活点滴。尽管子涵在互联网上表现得十分活跃，但他始终觉得现实生活与虚拟世界之间存在着一道难以逾越的鸿沟。在现实生活中，他是个内向而敏感的年轻人，渴望与人交流，却又害怕与人接触，在人群中总是感到不安和拘束，总是感到无法与他人建立起真正的连接，无法流畅地表达自己的想法和情感。这种矛盾的情绪让子涵倍感压力。他渴望改变这种状态，展现自己的才华和个性。为了实现这个目标，子涵决定尝试通过新媒体记录自己的日常生活，以此来锻炼自己的表达能力，并让更多的人了解真实的自己。

一开始，子涵是一位充满热情的数字创作者，他喜欢通过视频记录自己的生活，分享自己的感悟。然而，在他坚持发布每日 Vlog 一个月之后，他发现自己的视频浏览量和点赞量出奇地低，这让他备受挫折，对自己的创作热情产生了怀疑。

在总结复盘自己的创作过程时，他仔细阅读了每一条评论。其中一条评论引起了他的深思："你的记录很混乱，看不到有价值和有吸引力的内容。"这句话像一把锋利的刀，刺痛了他的心。他开始反思，究竟是什么原因导致了自己的视频无法吸引观众。

子涵发现，自己在创作过程中往往只能运用单一的表现形式，如简单的画面，这与其他作者的视频形成了鲜明的对比，别人的视频中通常是文字、图像、音频等多种形态融合在一起，让人眼前一亮。他渐渐意识到自己需要在创作上进行创新和突破。

此外，子涵在数字版权方面的意识也显得较为淡薄。在创作过程中，他常常随意使用他人的作品，这不仅可能导致侵权问题，还影响了他自己的创作水平。他意识到，要想在数字创作的道路上走得更远，必须加强对数字版权的认识和尊重。在经历了这段低谷期后，子涵决定重新出发。

第一节 网络参与的影响

信息技术的飞速发展和互联网的普及，犹如一场革命的浪潮，使传统媒体格局发生了翻天覆地的变化。在这股浪潮中，社交媒体、短视频平台等新媒体形式如雨后春笋般涌现，信息传播的门槛大大降低，普通人也能轻松拥有发声的平台。这种变革不仅赋予了每个个体前所未有的权力和影响力，更对传统媒体产生了深刻的挑战和颠覆。例如，微博、Facebook 等平台上由普通用户发起的热门话题，却能迅速引起广泛关注，甚至影响政策制定，这在传统媒体时代是难以想象的。

一、风起云涌：网络参与的时代背景

面对网络世界提供的多样生活方式，面对面交谈已非唯一的有效沟通方式，人们对传播媒介的依赖程度与日俱增。针对这一现象，雷尼（Lee Rainie）与威尔曼（Barry Wellman）两位学者创新性地提出了"网络化个人主义"理念，来揭示技术革新背景下人们社交互动模式的深刻变革。他们指出，在社交网络、互联网技术及移动通信技术的共同驱动下，人类的社会交往已从以往紧密围绕家庭、邻居、社区的稳固关系网，演变为如今广泛、灵活且多元的个体社交网络体系。这种转型的关键在于个体越来越表现为一个个独立却又相互关联的节点，而不是仅仅作为某个封闭团体的附属部分存在。

具体而言，"网络化个人主义"意味着个体在网络空间中建立了以自身为中心的辐射状关系网络，该网络超越了物理空间束缚，将人际关系延伸至全球各个角落。个体可以通过创建或加入兴趣小组、订阅特定话题等方式构建属于自己的线上社交生态系统。在此系统中，他们不仅可以依据个人喜好挑选信息源，还能自主生产内容，与其他网络成员互动，由此实现信息扩散与共享。这种模式打破了传统媒体单向传播的僵局，营造了一个平等、开放的对话空间，每个个体都有可能凭借其独特的声音和观点在网络上产生涟漪效应。在这个新环境中，参与不再是简单的消费，而是创造和分享信息，人们可以充分发挥数字公民潜力。这种转型不仅改变了社交方式，更深刻地影响了人们的思维方式和价值观念。同时，新媒体赋权也使信息不再受到传统媒体的局限和筛选，带来了信息和社会的多元化和个性化。

进阶阅读

网络化个人主义

1. 网络化的个体特点

网络化的个体是作为一种全新的、类似操作系统的社会互动方式存在的。它具有以下特点：个人化（Personal）、多元联系（Diversified Ties）、多线程（Multithreaded）、多重情景。个人化是指社会互动以个人为中心，有组织的大众传播方式逐步衰落，个性化人际传播和组织传播成为主流，个人以信任为基础围绕自己和其他受众建立关系。多元联系是指人们可以同步或异步地与不同的受众发生联系，或以不同的角色身份与别人发生联系，类似于手机操作系统中可以用不同的用户名同时登录，和远近亲疏的多元关系节点进行不同程度的社会协作。多线程是指受众能够立体地在一个界面同时完成多个任务，类似于同时打开很多网页和程序。多重情景是指互联网不仅决定了人们社会互动的宏观场景模式，还渗透至特定的场域，对社交的情景、社会角色与交往规则产生影响。

2. 网络化个人主义形成以"丛"为特征的社会结构

网络化的个体生活在"网络化的社会"里，人际传播和群体传播取代大众传播成为主流。"网络化的社会"是由许多节点构成的网络结构而非由社会组织（明确边界和秩序）构成的结构。节点是人或组织，社会网络是串联节点的各种社会关系。每个节点既可以同时处于不同的人和群体中，也可以彼此逾越、连接、断裂、覆盖，更可以随时游离。我们更愿意用紧密连接在一起的“丛”来形容个体生存的网络化状态。“丛”跟传统意义上的组织、群体或社区不同，处于网络化状态的人们仅仅以相互联系为特征，而不将情感与归属感因素纳入考虑。人们处于多元联系的节点，不必受限于组织和个人二元对立的生活状态，而是游走于它们之间。在网络化社会中个体并不是相互孤立的，但个体之间的联系也不像在群体社会中那样有明确界限和秩序。

进 阶 阅 读

新媒体赋权

新媒体的发展，使得新媒体与现实生活的联系更加紧密，新媒体成为现实生活的一部分。新媒体的普及，让人人都有“麦克风”，能够表达自己的想法和观点。所谓公民赋权，即公民被赋予行动和决策的权利，被赋权者享有一定程度上的自主性和独立性。而新媒体就是给公民提供了话语表达的渠道，也让公众的权利诉求有渠道申诉，让公民享有行动和决策的权利。新媒体能够为弱势群体赋权，维护个体利益。人们借助新媒体进行自我赋权十分重要，可以从三个层面入手。

● 技术赋权：我们要掌握并利用通过新媒体进行自我赋权所必需的技术和能力。

● 组织赋权：指的是获得尽可能多的人的帮助。在现实中组织赋权可以分为三种类型：一是一些组织的帮助，这些组织包括政府部门、媒体机构、非政府组织、慈善机构，甚至是企业等；二是通过互联网向有影响力的互联网用户寻求帮助；三是要相信集体的力量，集体的力量往往比个体的孤军奋战有效得多。

● 认同赋权：要使通过互联网表达的个人诉求具有正当性和公共性，力图把个人的遭遇公共化。

二、春风化雨：网络参与的正面滋养

第一，互联网为大学生搭建沟通桥梁。在网络化个人主义视角下，大学生作为个体在互联网平台上构建和维系自己的社会网络，成为表达自我、传播观点、塑造身份的核心节点。社交媒体、短视频平台等为大学生提供了展示个性、发表见解、参与公共议题讨论的舞台，他们可以根据个人兴趣和偏好自由选择平台、构建内容，体现出强烈的个人主义色彩。在这个过程中，大学生不仅仅是信息的接收者，更是信息的创造者和传播者。他们在互联网上的每一次发言、每一条动态、每一个视频，都是在向世界展示自己的思考和见解。这种自主表达的权利，使得每个大学生都有可能成为影响他人的力量。比如，一些大学生通过撰写微博文章，分享学术见解，吸引了大量关注，成为某个领域的“意见领袖”；一些大学生通过制作短视频，传播正能量，影响了无数同龄人的价值观。

第二，互联网为大学生开启信息之窗，拓宽知识领域。通过搜索引擎、社交媒体和在线学习平台，大学生可以轻松获取丰富的学术资源、实用技能和社会动态，从而拓宽视野和知识面。例如，通过中国大学 MOOC 或 Coursera 等在线学习平台，大学生可以选修来自世界顶尖大学的课程，获取最新的学术知识。大学生通过互联网建立多元化的社会网络，包括同学圈、兴趣社群、专业圈子、地域网络等，这些网络构成了他们获取信息、交流观点、沟通情感的多元化场域。在不同网络中，大学生展现出多维度、多层次的互联网表达，既能围绕学业、职业发展等严肃话题进行深度探讨，也能在娱乐、时尚、生活等领域进行轻松分享，如不仅在知乎的学术板块上就某一学术问题展开辩论，还能在微博、小红书等娱乐领域进行分享。这种表达方式反映了大学生在网络化个人主义背景下的多元身份和灵活的角色切换。值得注意的是，这就要求大学生在互联网场域要清晰表达自己的观点和思想，学会讲好自己的数字故事——不仅包括个人经历的分享，也包括个人观点的阐述。例如，一些大学生通过 Plog 或 Vlog 记录自己的学习过程和生活感悟，吸引了大量的关注，与同龄人产生共鸣。这种自我表达不仅有助于个人品牌的建立，也是个人成长和社交互动的重要方式。

第三，互联网为大学生提供拓展人际关系和建立社交网络的机会。尽管网络化个人主义强调个体的中心地位，但并不否认社区和群体的重要性。大学生在互联网上积极参与各类网络社区，如学术论坛、兴趣小组、线上社团等，通过互动交流、协作共创，形成基于共享兴趣、价值观或目标的虚拟社区。这些社区虽然没有传统社区的物理边界和紧密联结，但通过网络化个人的连接，构建起动态、开放、多元的新型社会关系网络，为大学生提供了丰富多样的互联网表达场景和集体行动平台。以“知乎”为例，这个平台聚集了众多大学生用户，他们在这里提出问题、分享经验、交流观点。通过这样的互动交流，大学生们不仅能够获得知识，还能够建立起与他人的联系。此外，许多大学生还通过 B 站（哔哩哔哩）分享自己的视频内容，围绕共同的兴趣建立起粉丝群体，形成了特定的社交网络。

互联网让大学生跨越地域界限，与全球交流思想，碰撞火花。通过社交媒体平台，大学生可以通过评论、分享和参与在线讨论等方式，与来自不同地区、不同背景的人分享观点、交流经验，从而促进思想碰撞和交流，开拓自己的思维视野。大学生不仅活跃在本地、校园的社会网络中，更能通过互联网跨越地理界限，参与到全球化的信息交流与文化互动中。他们能够接触到世界各地的观点、信息和文化产品，同时将自己的声音传播到更广阔的空间。以微博为例，这个平台不仅是国内热点事件的集散地，也是大学生与国际交流的重要场所。许多大学生通过微博关注国际新闻，参与到全球性话题的讨论中，与来自不同文化背景的人分享自己的观点和看法。这种跨国界的交流，极大地拓宽了他们的视野，促进了思想的多元化。这种全球化本土化的互联网表达，使大学生能够在保持本土文化认同的同时，接纳并融入全球化的文化景观，形成独特的全球本土化视野和表达风格。他们可以与同龄人、专业领域的专家、行业从业者等建立联系，分享学习资源、获取职业指导和参与合作项目。这种社交网络的建立不仅有助于个人的成长和发展，也为他们未来的职业发展提供了更多机会和资源。

第四，互联网赋予大学生更多自主权和选择权，塑造个性化表达。传统媒体通常由少数人掌控，而互联网的开放性和平等性使每个人都有机会在公共领域中表达自己的观点。网络化个人主义视角下，大学生在互联网表达上拥有更大的自主权和选择权。他们可以选择关注的话题、参与的讨论、分享的内容，甚至可以通过设置隐私权限、筛选信息源等方式控制自己的网络环境。这种自主性使得大学生的互联网表达更具个性化色彩，他们能够根据个人的价值观、审美取向、情感需求等进行独特、真实的自我表达。这种赋权的机会激励了大学生积极参与社会话题和公共事务，促进了多样性和包容性的观点交流。这种互联网表达不仅为个体提供了发声的机会，也是推动社会进步和变革的重要力量。例如，在一些新媒体赋权案例中，大学生通过互联网表达对社会不公正事件的关注，引发了公众的广泛讨论，从而推动了相关问题的解决。

案 例 思 考

河南暴雨“救命文档”

2021 年 7 月，河南省遭遇了罕见的特大暴雨，城区被淹，无数被困人员等待救援。在此期间，一份名为《待救援人员信息》文档成了重要的求助信息传播渠道，被称为洪灾中的“救命文档”（见图 5-1）。而创建这份文档的人，正是一位昵称为 manto 的网友（上海财经大学金融学院 2017 级本科生李睿）。据统计，文档建立于 7 月 20 日 21 时左右，在此后的 24 小时之内，文档已经“自发”更新至 270 多版，有 250 多万次访问量。

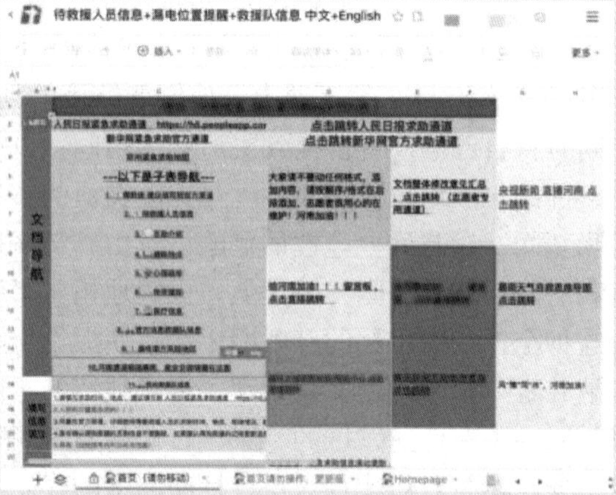

图 5-1　河南暴雨“救命文档”

当时，郑州市遭遇了大规模的暴雨洪灾，城市内的许多地区被淹。在这种紧急情况下，通信网络和电力供应出现了问题，导致许多人无法与外界联系。7 月 20 日晚间，李睿意识到，人们在遇到危险时可能无法及时求助，于是，她与 30 多名同学、朋友整理归纳，创建了《待救援人员信息》文档，敲下了包含基本信息、求救人员信息、救援人员信息的文档初始版本。随后，不断有新的“作者”共同在线录入信息，编辑文档。她将这个文档的链接分享给亲友和社交媒体上的其他人，并希望有人遇到危险时，可以通过这个文档寻求帮助。这份“救命文档”迅速在社交媒体上传播开来，引起了广泛的关注和参与。越来越多的人打开文档，填写自己的联系方式和所在地信息。这份文档成为一个实时的求助名单，帮助人们互相联系和救援。同时，这个行动也引起了媒体的关注，成为一种有力的示范，展示了人们在面对灾难时的团结互助精神。

通过在线共享文档，人们能够快速有效地组织起来，互相提供帮助和支持。这个事件也提醒人们，在面对灾难时，互联网和社交媒体可以成为有力的工具，帮助人们及时获得帮助和救援。

思考问题：

在新媒体环境下，以大学生为代表的年轻一代如何利用互联网平台表达对社会事件的关注，并引发公众行动？

第五，互联网为大学生提供无界限的舞台，使他们的思想和观点能够跨越时间与空间，与世界对话。对于一部分热衷于网络的大学生而言，网络不仅是他们获取信息、交流思想的平台，更是他们展现自我、留下数字痕迹的舞台。他们积极在社交媒体、博客、学术论坛、创作平台等多元化的网络空间中表达自己的观点、分享生活的点滴，这些数字痕迹不仅成为他们存在的有力证明，更成为他们个人成长的见证。每一次点击、每一次分享、每一次记录，都像是刻下了一道不可磨灭的数字印记。这些数字痕迹，如同记录者人生的镜像，反映着他们的成长轨迹和心路历程。这些数字痕迹不仅仅是简单的数据堆砌，更是记录者内心世界的真实写照，是他们自我表达和成长的见证。在未来，回望过去，这些数字痕迹将成为他们宝贵的回忆。它们将带领记录者重温那些曾经走过的路、经历过的事、感受过的情。这些记录将成为他们心灵的慰藉和力量的源泉，激励他们继续前行，追求更高的目标和更远的梦想。同时，这些数字痕迹也将成为记录者与他人交流和分享的宝贵资源。它们可以跨越时空的限制，让更多的人了解记录者的生活和思想。这些数字痕迹将成为记录者与世界连接的桥梁，让他们能够与不同背景、不同文化、不同时代的人建立联系。

三、暗流涌动：网络参与的潜在阴霾

然而，我们也不能忽视互联网表达中存在的风险和挑战。首先，互联网作为一个开放的平台，虽然为大学生提供了表达自己观点和创意的机会，但也存在着虚假信息的传播风险。面对海量的信息时，大学生很难筛选出真正有价值的内容，有可能会受到不实信息的误导，这些不实信息会对他们的观点和判断产生负面影响，影响其思维和认知能力。

其次，互联网表达也容易引发隐私泄露的风险，导致个人信息被滥用或个人隐私被侵犯。例如一部分人谨慎对待数字痕迹，甚至在特定时期考虑删除或清空个人信息。这部分人担心过多的数字痕迹可能会导致隐私泄露或者对未来生活和职业发展造成不必要的困扰。比如，昔日的随心所欲之言，后来可能被误解或曲解；某些不成熟的想法或情绪化的表达，可能会影响他人对自己专业能力或人格品质的评价。此外，有些人出于对死后隐私保护的考虑，希望在离世前清空所有网络内容，以免给亲人带来困扰或是被有不良企图之人利用。

再次，一些不法分子可能利用大学生在互联网上的表达行为进行网络跟踪、诈骗等违法活动，对他们的人身和财产安全构成威胁。此外，互联网表达也存在信息传播失控的风险。大学生在互联网上发布了不当言论或不当图片、视频等内容，有可能引发舆论风波，一旦被传播开来，就有可能对他们的自身形象和社会声誉造成严重影响。同时，互联网表达也使大学生面临着网络欺凌和网络暴力的风险，可能会对大学生的心理健康和社会适应能力产生负面影响。

最后，还有很多人像子涵一样，存在线上线下交往融合困难的问题。在互联网平台上，子涵是一位非常活跃的用户。他经常在社交媒体上发布有趣的帖子，分享自己的见解和经历，引起了许多人的关注和赞赏。然而，当他置身于现实的人际交往中时，他变得异常内向，甚至有些恐惧社交。

因此，大学生既要积极参与网络，也要融入现实生活。在互联网上表达时，应该保持理性和负责任的态度，不断提升自己的数字素养，学会正确使用和管理互联网资源，以确保自己的表达能够产生积极的影响。只有通过正确的引导和培养，大学生才能更好地利用互联网表达的机会，讲好数字故事，为自己和社会创造更多的价值。

第二节 数字故事组成

在信息爆炸的时代，数字内容创作已经成为生活和工作中不可或缺的一部分。它不仅是我们获取知识、交流思想的重要途径，更是我们展示自我、传达情感的重要方式。因此，掌握数字内容创作的基础，对于每一个数字时代的公民来说都是至关重要的。

一、数字内容创作基础

在数字时代，信息传递的速度之快、范围之广超越了以往任何时期。一条精心创作的数字内容，可能瞬间传遍全球，引发无数人的共鸣和讨论。它可以是社交媒体上的一条动态，也可以是短视频平台上的一段剪辑，甚至可以是一篇文章、一张图片或一段音频。这些数字内容在满足人们精神需求的同时，也推动了社会的进步与发展。正如培根所说："知识就是力量。"数字内容是知识的重要载体之一，是力量的传递者。 但并不是每个人都能成为一个好的数字故事讲述者，人们在数字内容创作过程中可能会面临各种各样的问题。

首先，在进行数字故事讲述的过程中必须时刻关注数字伦理问题，但不少数字故事讲述者存在数字伦理意识淡薄的问题。在数字故事中，讲述者需要考虑信息的真实性、公正性和隐私权等问题，应遵循叙事伦理学的原则，以确保故事的可信度和社会责任感。

数字技术的发展让信息传播变得更加迅速和广泛，但同时也带来了诸多伦理挑战。例如，在创作过程中如何确保内容的真实性和客观性，避免误导受众；如何尊重他人的隐私和权益，避免侵权行为；如何注意数据使用的合法性和透明度，不能违反法律法规或伦理规范来获取或使用数据；如何保证数据安全，防止未经授权的访问和滥用；如何传播正能量，避免对社会造成负面影响等。这些都是我们在进行数字内容创作时必须认真思考和对待的问题。

案 例 思 考

2023 年 3 月 17 日晚，一篇题为《被挂在黄色网站上的女孩们》的文章在网络上引发了广泛的关注。网帖内容透露，苏州大学商学院 2019 级学生“赵某某”在网上制造了关于一名女生的黄色谣言，并发布了声称与该女生有关的淫秽图片和视频，还把该女生与另一名高中同学的朋友圈照片发布到了色情网站上。赵某某通过编辑图片、制造谣言、辱骂等方式对该女生进行羞辱，还在评论区泄露了其个人信息。

这一网帖迅速引发了社会的关注。苏州大学在 3 月 18 日做出回应，表示已经启动了调查程序，并将依法依规严肃处理该事件。在 3 月 19 日凌晨，苏州大学发布了通报（见图 5-2），给予赵某某开除学籍的处分，并将按照程序继续处理此事。

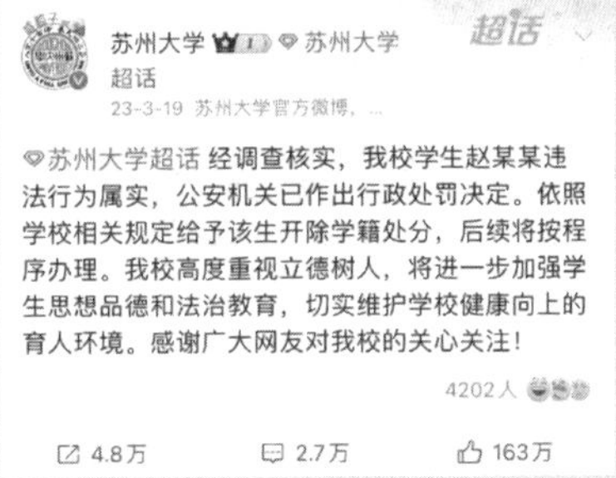

图 5-2 苏州大学对赵某某事件的回应

这一事件对大学生提出了警示：在网络世界中，我们应当尊重他人的隐私，保护自己的信息安全，切勿因一时的冲动和无知而触犯法律，给自己和他人带来伤害。

思考问题：

在网络世界中，如何尊重他人的隐私，保护自己的信息安全？

其次，大学生数字故事讲述者还需要注意在数字内容创作中的著作权等知识产权问题，在数字故事讲述过程中应该尊重他人的劳动成果，遵守著作权相关法律和规定。

案 例 思 考

2022 年 4 月 2 日，第七届“两岸新锐设计竞赛·华灿奖”落幕，比赛中评出的获奖作品在官网发布。5 月 13 日有 B 站 UP 主发现，其原创作品 *Jack in* 被更名为 *AI* 获得“国赛优秀奖”，作者为王某利，报送单位是大连海事大学。两天后另一名 UP 主发现自己的毕业设计作品《她的小舟》也是被王某利等 7 名同学更名为《心爱的小船》获得“国赛二等奖”。5 月 16 日，“被抄袭”UP 主在其个人平台发布信息称，已经联系到大连海事大学，学校表示涉及抄袭事件不止一件，目前已经处理到尾期，请其等待学校的公告。赛事相关工作人员也回应称：“判定有抄袭等违规行为，所获奖项将被取消，作者三年内禁止参加华灿奖比赛。”（见图 5-3）

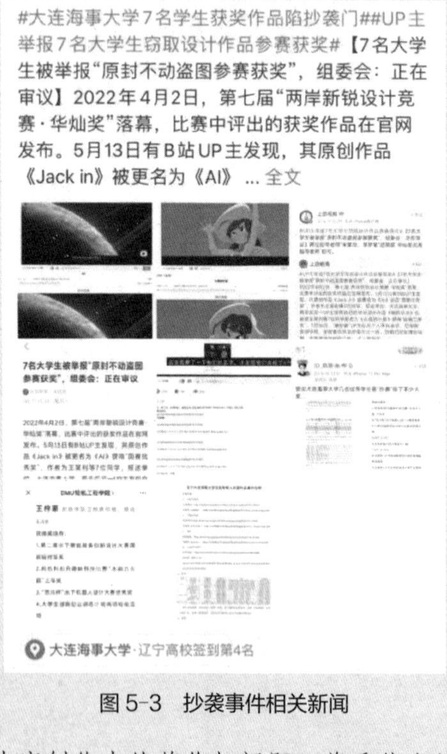

图 5-3　抄袭事件相关新闻

这起事件涉及内容创作中的著作权问题。尊重他人的智力劳动成果是至关重要的，抄袭他人的作品不仅会损害原作者的权益，还可能引发争议和法律纠纷。

思考问题：

请结合具体案例，分析此类抄袭行为对原创作者以及社会环境的危害。

“有的人觉得维权是小题大做，有的人甚至认为维权是在‘以大欺小’，但很少有人知道，一条优质短视频背后究竟要投入多少精力和心血。”千万粉旅游大V房琪在接受采访时曾如此说道。对维权者来说，时间成本和诉讼成本都太高了，这在客观上给侵权者留下了“灰色空间”。

好的创作环境，需要创作者、观众、平台共同打造和维护。习近平总书记在主持中央政治局第二十五次集体学习时指出：“创新是引领发展的第一动力，保护知识产权就是保护创新。”大学生数字故事讲述者需要意识到知识产权的重要性，坚守底线，避免侵犯他人的知识产权。

再次，数字故事叙事逻辑匮乏是讲述数字故事过程中常见的一大难题。当下，越来越多的大学生开始尝试通过数字故事来表达自己的想法和情感。正如子涵，坚持每天在短视频平台上发布自己的Vlog。然而，现实并没有他想象的那样美好。尽管他坚持不懈地创作，但每个视频的浏览量和点赞量都低得惊人，这让他怀疑自己的才华和能力。于是他开始审视自己的创作方式，意识到在创作过程中，确实存在不少需要改进的地方。

作品缺乏叙事逻辑就很难吸引观众，无法有效地传达创作者想要表达的信息。要解决这个问题，大学生需要关注叙事逻辑的重要性，并学习如何运用叙事技巧来丰富我们的数字故事。

进 阶 阅 读

叙 事 学

叙事学是研究叙事的科学，它主要研究叙事的本质、形式和功能。叙事是指在时间和因果关系上有联系的一系列事件符号的再现。因此，叙事不仅包括小说，而且包括电影、戏剧、连环漫画、新闻片、日记、编年史等。同时，叙事可以由各种符号的媒介构成，如书面或口头的语言、视觉形象、姿势和动作，以及这些媒介的组合。其主要特点如下：

- 普遍重要性：叙事在人类文化中广泛存在并具有重要价值，它能够传递信息、表达情感和塑造意义。
- 具体时间性：叙事往往按照时间顺序发生，有明确的起因、经过和结果，使听众或读者能够追踪和理解故事的发展。
- 内在因果性：叙事中的事件和行动之间存在因果关系，即一个事件或行动的发生会导致另一个事件或行动的发生，使故事更具连贯性和逻辑性。

● 潜在反抗性：叙事中可能存在对现实世界的批判、挑战或反抗，通过故事的情节和角色来探索社会问题、权力关系或个人挣扎等主题。

叙事有两种分析路径，即作为文本的故事与作为行动的讲故事。

● 作为文本的故事：叙事结构、叙事内容、叙事要素与故事整体是一体两面的关系，这一性质是故事能够产生意义的结构性基础。

● 作为行动的讲故事：讲故事是第二次叙事转向的视点，故事被视为讲述行为的产品，而产品的内容与组织结构受到外部生产条件和生产环境的影响。讲故事是讲述者与倾听者之间传达、接收、沟通、动员周边资源的互动过程。

叙事逻辑对于数字故事的重要性不言而喻。一个具有吸引力的数字故事需要一个严谨的叙事结构，以引导观众沉浸在故事中。很多大学生在数字故事讲述中过于重视视觉效果和技术手段，而忽视了故事情节和情感表达，正如子涵发现自己在数字故事叙事方面缺乏逻辑，难以将日常生活有机地融入数字媒体中，导致他的表达缺乏深度和吸引力。

最后，要想创作出引人入胜的数字故事，讲述技巧是关键。一个好的故事不仅要有丰富的情节和鲜明的人物，还要有引人入胜的叙述方式。这需要我们深入理解目标受众，找到与他们产生共鸣的切入点，然后用生动的语言和恰当的节奏将故事呈现出来。

进 阶 阅 读

受众参与理论

受众参与理论是一种研究受众在媒体和传播过程中的参与程度和影响力的理论。它关注受众与媒体互动、参与和塑造信息传播的过程。受众参与理论认为传统的传播模式是单向的，即媒体将信息传递给受众，而受众只是被动接受。而受众参与理论则强调受众在信息传播中的积极作用和能动性。

受众参与理论源于社会参与理论，又称受众介入理论。1967 年，美国学者 J. A. 巴隆在《哈佛大学法学评论》上发表了《对报刊的参与权利》(Access to the Press：A New First Amendment Right) 一文，首次提出了这一概念。该理论根源于美国文献法案，旨在保护人民的言论自由，让人民有权参与和使用媒体，美国宪法第一修正案必须承认公民参与媒体的权利。

该理论从诞生到发展至今，学者J.A.巴隆的《为了谁的出版自由？：媒介接近权》和学者B.H.巴格迪坎的《传播媒介的垄断》都发挥着举足轻重的作用。该理论的主要观点是：(1) 任何个人和弱势社会群体都拥有知晓权和接近、使用媒体的传播权；(2) 媒体应主要为受众而存在，而不是为媒体组织、宣传人员或广告赞助商而存在；(3) 所有社团、组织和社区都应该有自己的独立媒体；(4) 小规模、双向、参与式的媒体更符合预期中的社会。总的来说，受众参与理论是由于民众对当下媒体发声权掌握在少数人手中的现状不满而衍生出来的理论。

此外，受众参与理论所倡导的传播渠道及传播方式并不在乎其规模的庞大，而在乎其精确程度；强调的内容也不仅仅是信息从传者到受者的过程，而在于信息传受者之间的互动性；它反对信息传播者的独裁而重视受众的自主参与权利。

在这里，我们可以借鉴传统叙事艺术的精髓，如设置悬念、运用比喻、描绘细节等手法，同时结合数字技术的优势，如交互式叙事、虚拟现实等，让故事更加富有层次感和沉浸感。大学生在创作数字故事时，应不断学习和实践，提高自己的叙事技巧，使作品更具吸引力。

数字内容创作既是我们表达自我、传递信息的方式，也是推动社会进步的力量。在创作过程中，我们应当掌握基本的创作技巧，注重内容的真实性和客观性，尊重他人的权益，传播正能量。只有这样，我们才能充分发挥数字内容的价值，让它在满足人们精神需求的同时，为社会的发展做出积极的贡献。

二、数字形式多模态

数字形式多模态是指在数字故事讲述中运用多种媒体形式，例如文字、图片、音频、视频等，以丰富多样的方式呈现故事内容。这种多模态的表达方式可以更好地吸引受众的注意力，提升故事的表现力和感染力。

这正可以弥补大学生在沟通与表达艺术方面的不足。正如子涵尽管在线上空间非常活跃，但他难以充分地表达自己，难以获得广泛关注和评论。他意识到，数字故事讲述者不仅需要技术能力，更需要艺术性的表达方式，以引发受众共鸣。但是子涵的数字形式多模态认知低，导致他无法充分利用多种媒体形式来传达信息，这使他在数字内容创作的广度和深度上都受到了限制。

正如传媒学者马歇尔·麦克卢汉所说，“媒介即信息”，数字形式多模态的表达方式可以把信息以更加生动、直观的形式呈现给受众，增强信息传达的效果。通过图像、音频和视频等多种媒体形式的结合，数字故事讲述者可以更好地打动受众，引起共鸣，让受众更深刻地理解和感受故事情节。

在现实生活中，我们也可以看到许多成功的例子。比如在影视作品中，导演们常常会运用多种媒体形式来丰富故事表达，通过画面、音乐、对白等多种元素的融合，让观众沉浸在故事情节中。另外，在广告营销领域，许多成功的广告作品也运用了多模态的表达方式，通过图像、声音和文字的结合，吸引观众的注意力，增强广告的影响力和传播效果。

进阶阅读

视觉传播理论

数字故事往往以多媒体形式呈现，包括文字、图像、视频等。视觉传播理论研究不同媒体形式（如文字、图像、音频和视频）在信息传播中的作用，以及视觉元素如何影响信息传播和观众理解。这一理论对于数字故事的多模态表达至关重要。在数字故事中，多模态可以指导故事讲述者如何有效地利用不同媒体形式，以增强故事的表达力和感染力。

数字时代，多模态的运用已成为信息传播的重要手段。无论是图文并茂的微博，还是音视频交织的抖音，抑或是虚拟现实结合的互动展览，都让我们深切感受到多模态为内容创作带来的无限可能。在数字内容创作中，“既要重视形式之美，又要重视内容之善，二者应当结合统一起来”。我们不仅要注重文字的精练与深度，更要学会运用图像、音频、视频等多种模态来丰富内容，使其更具表现力和感染力。

第二节 讲好数字故事

在数字信息时代，数字故事讲述者成为连接技术与艺术、现实与虚拟世界的重要角色。他们通过沟通与表达的艺术以及多媒体内容创作，创造出富有创意和表现力的故事，将抽象的概念转化为具体的形象，以引发观众的共鸣和思考；打破时间和空间的限制，将智慧和思想永恒地传递下去。

要讲好数字故事，扫清讲述数字故事路上的障碍，可以从以下几个方面入手。

一、克服线上线下交往融合困难

（1）积极参加线下活动：主动参加一些社团活动、志愿者活动等，增加与他人面对面交流的机会，锻炼自己的现实社交能力。

（2）线上线下互动结合：利用社交媒体平台，加入校园群组和线上社区，与同学们进行互动和交流，建立线上线下的联系，使线上线下交往相互融合。

（3）合理安排时间：合理安排线上和线下社交活动的时间，确保两者兼顾。

二、增强数字伦理问题意识

（1）加强数字伦理学习：关注数字伦理问题的热点话题和案例，积极参与讨论，增加对数字伦理问题的认知和了解。

（2）注重自我约束：了解相关法律法规和伦理规范，确保在讲述数字故事时遵守相关规定。注重自我约束，遵守法律法规和社交媒体平台的使用规定，不做散布不实信息、侵犯他人隐私、参与网络欺凌等不当行为。

（3）谨慎处理个人信息：在创作数字故事时，注意保护个人隐私，避免泄露敏感信息。同时，确保数据的安全，防止未经授权的访问和滥用。

（4）积极参与社会共建：参加与数字伦理教育相关的教育活动或课程，了解数字伦理的重要性并树立正确的伦理观念和行为准则。同时，积极参与网络安全宣传活动，共同营造良好的网络环境。

三、理顺数字故事叙事逻辑

（1）学习叙事理论：学习叙事学的基本理论，掌握故事的结构、角色、冲突、视角等方面的知识，提高自己的叙事能力。

（2）广阅读，多实践：学习与参考优秀的数字故事案例，了解它们的叙事结构和逻辑演绎，从中吸取经验，并尝试将其应用到自己的数字故事中。

（3）保持好奇心：激活自己的观察力和思考能力，关注生活中的点滴细节，积极思考故事的发展和转折点，强化自己的叙事思维。

四、培养沟通与表达的艺术

（1）提升语言表达能力：通过阅读、写作、演讲等方式，提高自己的语言表达能力，使自己的表达更加清晰、准确和有力。

（2）培养同理心：学会站在他人的角度看待问题，关心他人，从而提高沟通效果。

（3）加强非语言沟通技巧：非语言沟通是指通过面部表情、肢体语言、语气等方式进行沟通。学会观察和运用非语言沟通技巧，以增强沟通效果。

（4）拓展人际网络：应积极参加各类社交活动，拓展人际关系，提高自己的人际沟通能力。

五、提高数字形式多模态认知

（1）学习多媒体形式（如文字、图像、音频、视频等）的知识，在创作中多尝试不同的数字形式，掌握它们的特点和运用方法，提高自己的数字形式多模态认知。

对某一事件进行多媒体形式的呈现时，我们可以用这样的流程与框架来构思（见图 5-4）。

首先是文字方面。如何在数字时代写出有温度、有深度、有热度的文字呢？最基本的要求是清晰简洁，避免冗长的句子和复杂的词汇，使读者能够轻松理解你所表达的内容。还可以通过引用真实的案例、故事或个人经历来支持你的观点，增强文字的可信度和说服力。在信息爆炸的今天，要想写出与众不同的内容，就需要提出独特而富有见地的观点，避免陈词滥调。可以将故事和情感元素融入文字中，增强文字的趣味性和感染力。运用生动的形容词、比喻和象征来传达情感，让读者能够产生共鸣和情感连接。此外，也可以利用问答、投票、调查等交互性形式，使“文章不仅仅是文章”，与读者进行互动，增强他们的参与感和体验感。

在新媒体时代，信息传播的速度和广度都达到了前所未有的程度，而能否在众多信息中脱颖而出，吸引读者的关注，往往取决于文章标题是否具备吸引力和有效性。因此，掌握各类新媒体标题的撰写技巧至关重要，它们不仅能帮助我们精准传达内容价值，更能有效提升点击率和传播效果。图 5-5 展示了五种新媒体文章标题的特点，这五种标题类型分别是数字型标题、话题型标题、痛点型标题、热点型标题以及陈述型标题。

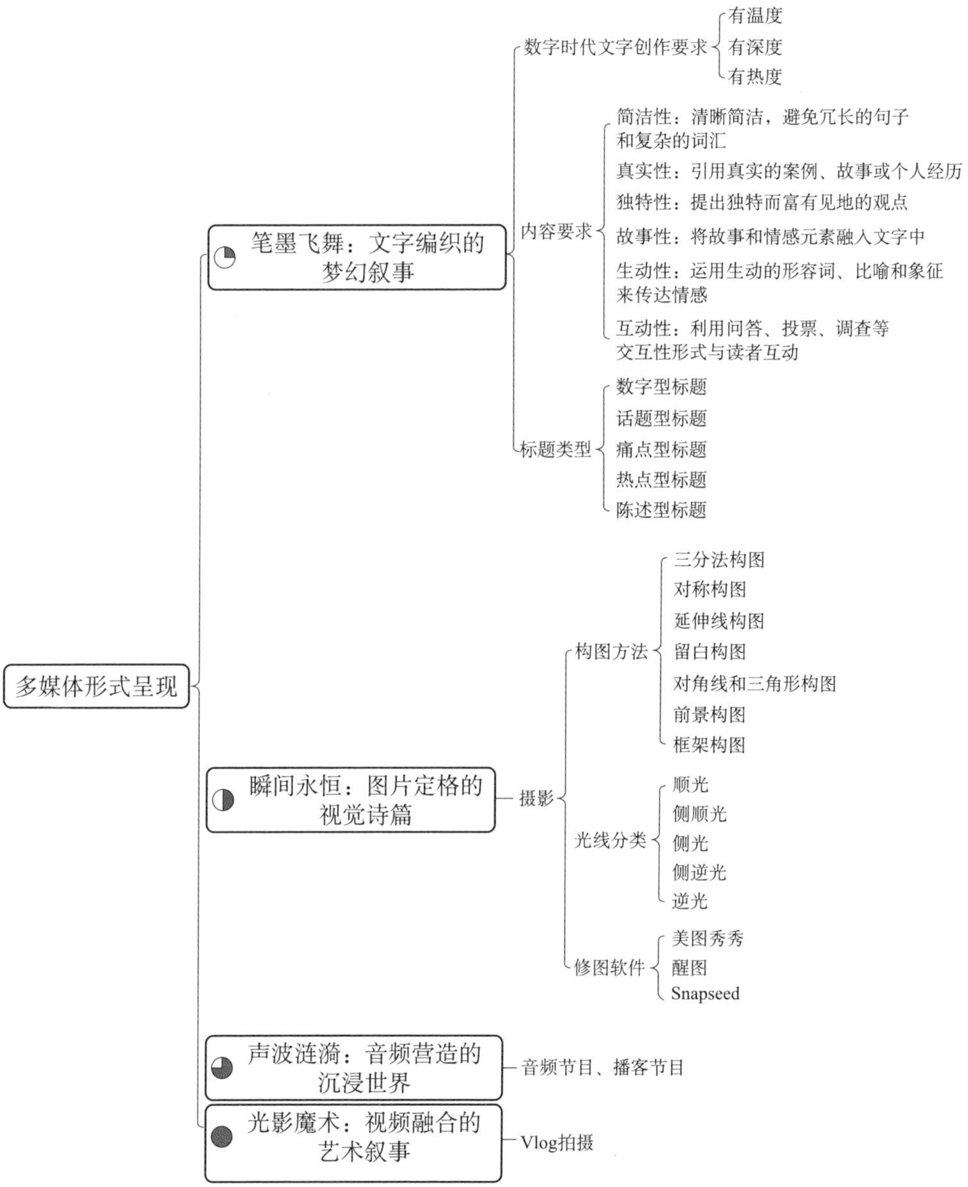

图 5-4 多媒体形式呈现的构思流程与框架

其次，新媒体时代，掌握一些基础的摄影与图片处理技巧也是必不可少的。在提升摄影技巧的过程中，熟练掌握并运用各种构图法则至关重要，它们不仅能帮助我们捕捉更具吸引力的照片，还能有效传达情感与故事。构图方法有很多，常见的有三分法构图、对称构图、延伸线构图、留白构图、对角线和三角形构图、前景构图、框架构图等。详细构图方法可以扫描后文中的二维码了解。

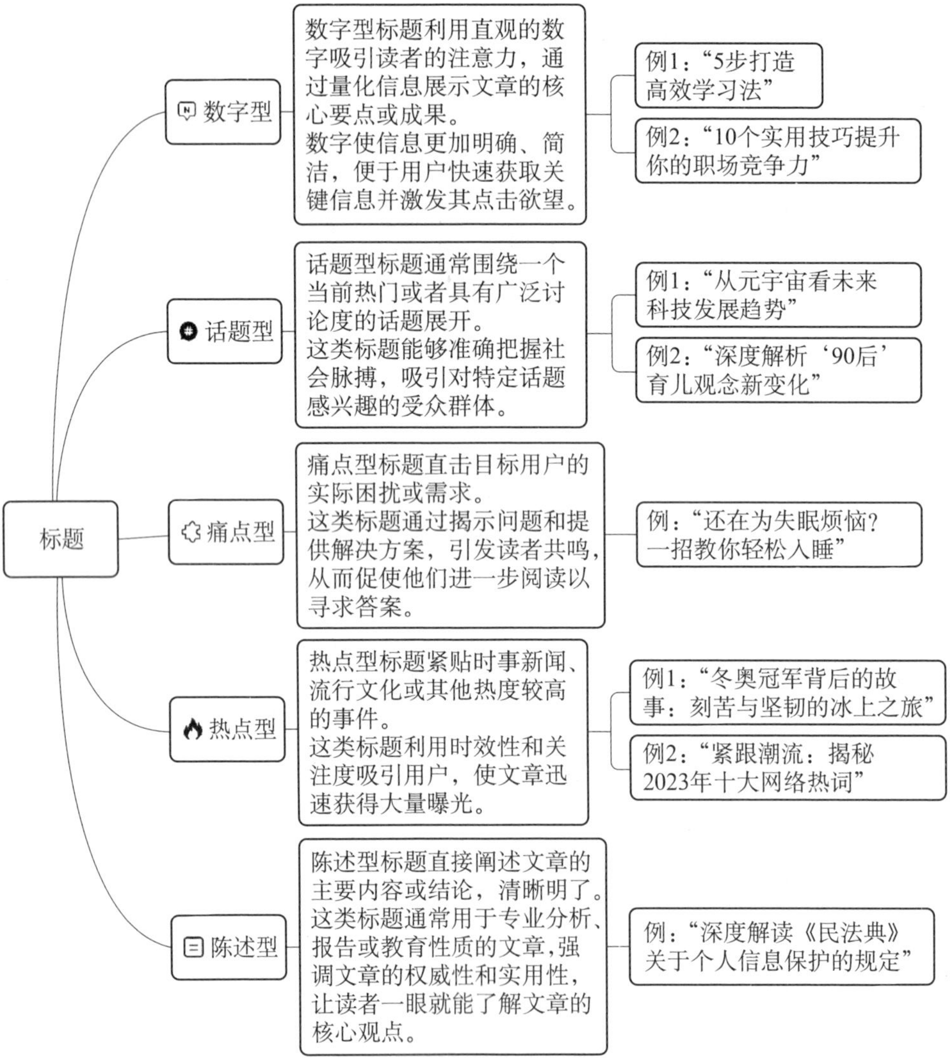

图 5-5　新媒体文章标题类型与特点

在摄影艺术和技术领域中，光线无疑是至关重要的组成部分，它不仅照亮了被摄物体，更是营造照片氛围、表现质感和情绪的关键因素。理解并善于利用不同的光线条件，无论是自然光还是人造光，都是每个摄影师必备的基础技能。按照光线方向分类，光线可以分为顺光、侧顺光、侧光、侧逆光、逆光等（见图 5-6）。不同光位的具体解释可扫描后文中的二维码阅读。

构图方法大揭秘

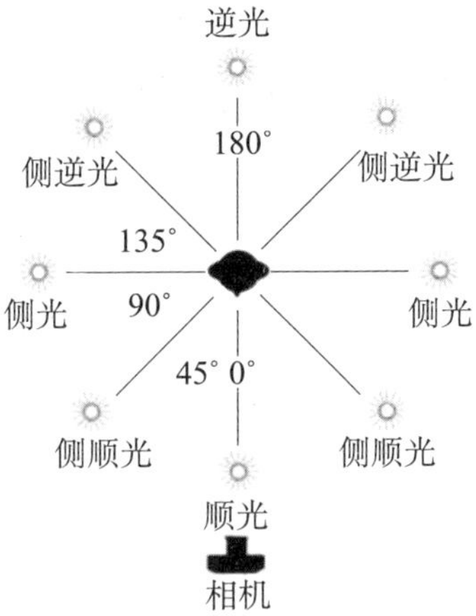

图 5-6　不同光位的光

在摄影后期处理方面，选择一款功能强大且易于操作的修图软件同样至关重要。随着科技的发展和智能手机的普及，现在市面上涌现出了许多优秀的拍照与修图应用程序，它们不仅极大地降低了摄影艺术的技术门槛，也让每个人都能轻松打造出专业级别的精美照片。右下方二维码推荐了几款常用的手机修图软件。

不同光位的具体解释

再次，音频模态在数字内容创作中也占据着不可或缺的地位。语音、音乐和音效等元素能够为内容增添情感色彩，增强用户的沉浸感。例如，在讲述历史事件的音频节目中，配以深沉的背景音乐和讲述者的声音，能够使听众更加投入其中，感受到历史的厚重与沧桑。

手机修图软件推荐

在数字时代，音频节目、听书平台层出不穷，“听”成了一种新颖而便捷的获取信息的新形式。传统的广播节目以及在线音频平台和社交媒体，都成为创作者分享音频作品的渠道，为他们提供了更广阔的传播渠道和更广泛的受众群体。只要掌握一定的技巧，你也可以成为音频节目的创作人——选择一个合适的主题或领域，准备好一台质量良好的录音设备，拟制一份详细的节目内容大纲，包括每一集的主题、内容安排和时长等方面的规划；在录制过程中，注意语速和语调的控制，保持节奏的平稳和语言的流畅。另外，别忘了音频的后期处理，包括音频剪辑、降噪、混音等步骤，确保最终的音频作品质量高、听感好。最后，选择一个合适的发布平台，如喜马拉雅等，让更多听众听到你的声音。图 5-7 展示了制作播客节目的大致流程。

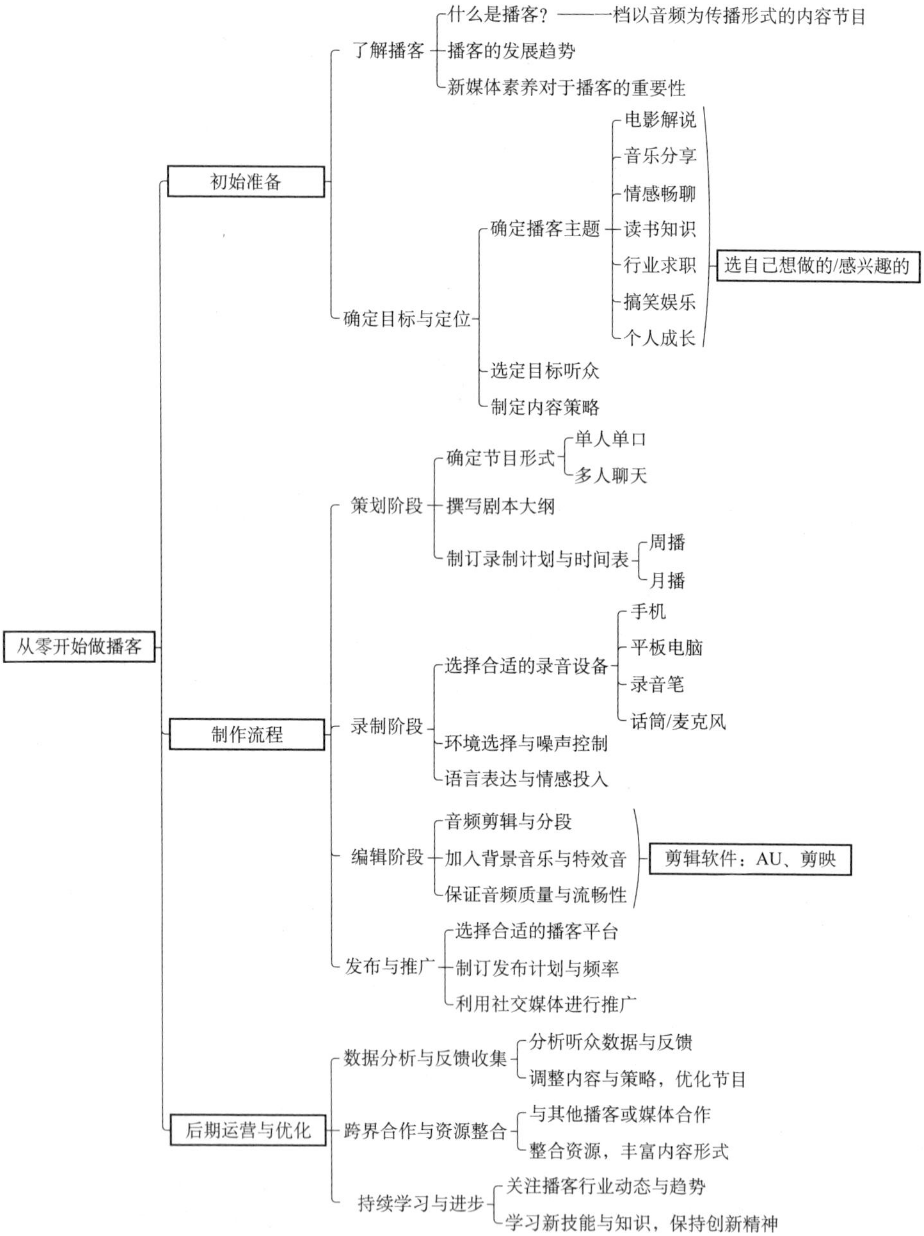

图 5-7　播客节目制作流程

最后，视频模态是数字内容创作中最具动态性和表现力的形式。通过视频，我们可以记录和呈现现实生活中的点滴，让观众从多个角度观察和感受事物。同时，视频模态也为创作者提供了更多的创作空间，如通过剪辑、特效和配乐等手段来增强内容的表现力。

当前，越来越多的大学生选择用 Vlog 记录自己的日常生活，表达自己的情绪、思考、价值观。Vlog 即 Video Blog 的缩写，即“视频日志”，通常具有娱乐性、真实性、教育性、互动性、视觉冲击力，会给人带来情感共鸣。在 Vlog 中，通常包含时间、地点、人物、过程等要素，告诉观众何人在何时何地完成了什么任务，为什么要这么做，并记录下在此过程中有什么样的经历、体验和感悟等。图 5-8 展示了 Vlog 制作流程。

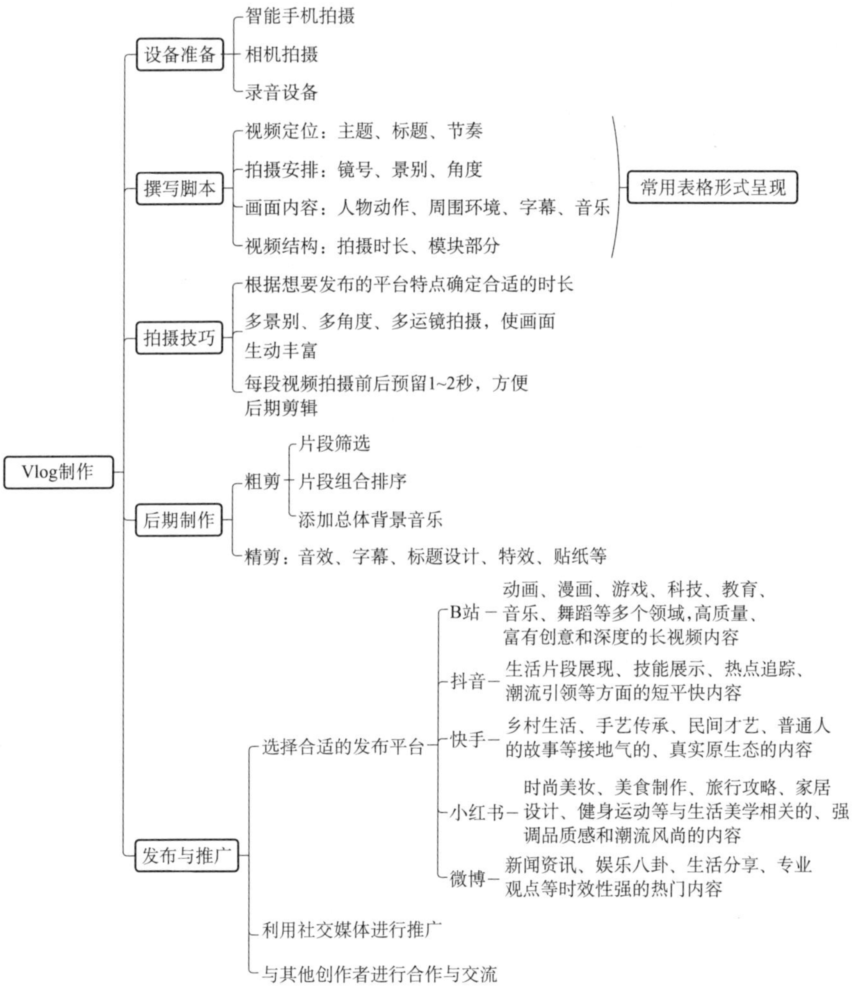

图 5-8 Vlog 制作流程

（2）在创作数字故事时，尝试将多种媒体形式结合起来，丰富数字故事的表现力，提升自己在数字内容创作方面的广度和深度。

第一，将故事情节与图像插图相结合。想象你正在写一篇关于自然风光的博文，在描述壮丽的山脉时，你可以通过生动的文字来勾勒出壮丽的景色，同时搭配一些优美的山脉插图，让观众更加直观地感受到自然之美。

第二，将音频背景与文字叙述相结合。想象你在制作一段介绍历史事件的视频。在叙述重要事件时，你可以用文字在画面上呈现关键信息，用红圈、放大镜等贴纸特效对画面上的历史地图予以重点强调，再配以适当的音频背景，比如战争时期的战斗音效或是历史场景的环境音，让观众有一种沉浸感。

第三，将视频素材与文字解说相结合。想象你在制作一段旅行 Vlog，想要分享你的旅行经历。在视频中，你可以通过图像和视频素材展示美丽的风景和有趣的活动，同时在文字解说中分享你的感受和见闻，让观众既能欣赏到美景，又能感受到你的情感与体验。

第四，将动画图像与音频相结合。想象你在制作一段科普视频，用以解释复杂的概念或流程。你可以利用动画图像来呈现抽象的概念，同时配以清晰的音频，以简单易懂的语言解释内容，让观众更容易理解和接受。

（3）加入数字媒体社团或团队，与其他有经验的同学交流合作，通过共同探讨和合作创作的方式，提高自己的数字形式多模态认知水平。

在信息爆炸的数字时代，我们都是故事的讲述者。大学生作为时代的先锋，更应该掌握讲好数字故事的能力。数字故事不仅是沟通思想的桥梁，更是传承文化的纽带。在数字化浪潮中，讲好一个故事，往往胜过千言万语。它能够跨越时空，触动人心，引发共鸣。正如英国作家塞缪尔·约翰逊所说："语言是思想的外衣。"大学生应当充分认识到讲好数字故事的重要性，掌握沟通与表达的艺术，尝试创作多媒体内容，传递深邃的思想与情感，成为优秀的数字故事讲述者。

本章扩展资源

（1）希思，斯塔尔．用数字讲故事．吕颜婉倩，译．北京：中信出版社，2023.

（2）中国传媒大学新媒体摄影课程，见 https://www.icourse163.org/course/CUC-1461115175?from=searchPage&outVendor=zw_mooc_pcssjg_。

（3）南通职业大学新媒体运营课程，见 https://www.icourse163.org/course/NTVU-1468606161?%20appId=null&outVendor=zw_mooc_pcsslx_。

本章思考与讨论

（一）个人思考题

请分析一个成功的数字故事案例，并说明其成功的原因。在创作过程中，你该如何借鉴这个案例的亮点？

（二）小组讨论题

案例一：川大女生“地铁门”事件

2023 年 6 月 7 日，四川大学 2022 级硕士研究生张某在其个人社交账号发布了一段视频，称在广州地铁上遇到一名男子对自己进行偷拍，并配文称“手法娴熟不是第一次作案”。视频中，张某要求检查该男子的手机相册，该男子表示可以让她检查，并否认偷拍行为。视频迅速在网络上引发关注和转发，有网友曝光张某的身份和学校信息。

事情发生后，广州地铁和警方介入调查，并于 6 月 9 日回应称经核实该事件系误会，双方已经和解。11 日，该男子的儿子邓先生陪同父亲到派出所报警，并于 13 日与张某在派出所进行了沟通协商。张某当场道歉，并表示希望能够得到邓先生一家的谅解。邓先生表示不想让张某退学或赔偿，只要她能在网上公开道歉就行。

案例二：清华学姐误会学弟性骚扰事件

2020 年 11 月，清华大学美术学院一女生（网称“学姐”）表示，一名男生（网称“学弟”）借书包做掩护对其进行骚扰。争执过程中，学姐要求学弟交出学生证，学弟给了身份信息，并表示可以调监控来证明清白。但是这名学姐在监控出来之前，就断定学弟对其有“性骚扰”行为，并且把学弟的部分个人信息公布在朋友圈，要求男生“实名、公开、书面道歉，通知家长和院系”，更声称要让他“社会性死亡”。后经监控调查发现，真相是学弟的书包无意间碰到了学姐，而非学姐所说的性骚扰。面对监控，女生则通过导师转告的方式称“互相道歉，就此了结”。

请结合以上案例，在小组中讨论在数字时代如何正确运用社交媒体和多媒体技术来倡导社会正义和道德责任。在数字故事创作中，如何把握好度？

本章实操模拟

数字故事叙事逻辑与表达能力提升任务

练习目标：

此练习旨在帮助学生提高数字故事叙事逻辑和沟通表达能力，通过实际操作掌握数字故事的创作技巧。

练习步骤：

第 1 步：设定主题。确定一个你感兴趣的主题，可以是个人经历、社会现象、历史事件等。

第 2 步：收集素材。根据所选主题，收集相关的文字、图片、音频、视频等素材。可以从书籍、网络、社交媒体等渠道获取素材。

第 3 步：规划故事结构。根据所收集的素材，规划数字故事的结构，包括引子、主题阐述、情节发展、高潮和结尾等部分。

第 4 步：创作故事脚本。根据规划的故事结构，编写一个包含对话、旁白、画面描述等元素的故事脚本。

第 5 步：制作数字故事。使用多媒体编辑工具（如 Photoshop、Premiere、After Effects 等）将收集的素材整合成一个具有吸引力的数字故事。

第 6 步：分享与讨论。将制作好的数字故事分享给同学和老师，获取他们的反馈和建议，讨论数字故事创作过程中的挑战和收获。

任务要求：

请在一个月内完成以上任务，并将你的实践经历、遇到的挑战以及收获整理成一篇 500 字左右的报告。在报告中，详细描述你的主题选择、素材收集、故事结构规划、脚本创作、数字故事制作以及分享讨论的过程。同时，分享你的实践经验和感悟，以及如何将这些经验应用到未来的学习和生活中。

本章参考文献

[1] 姚子健 . 网络化个人主义：一种新的社会运行机制 . 新闻爱好者，2019（10）.

[2] 张志安 . 新媒体素养 . 北京：高等教育出版社，2019.

[3] 雷尼，威尔曼 . 超越孤独：移动互联时代的生存之道 . 杨伯溆，高崇，译 . 北京：中国传媒大学出版社，2015.

[4] 程锡麟 . 叙事理论概述 . 外语研究，2002（3）.

[5] 刘子曦 . 故事与讲故事：叙事社会学何以可能：兼谈如何讲述中国故事 . 社会学研究，2018（2）.

[6] 胡子玢 . 民主参与理论视角下台湾“公民新闻”的传播与反思 . 泉州：华侨大学，2021.

意 识 篇

第六章

聚焦大师

——掌握数字时代的注意力管理与心理健康

章节结构

- 聚焦大师——掌握数字时代的注意力管理与心理健康
  - 数字时代的注意力挑战
    - 注意力分散
      - 数字化生活对心理健康的影响
        - 数字焦虑
        - 社交媒体压力
        - 数字身份认同
        - 数字沉迷
      - 培养健康的数字生活习惯
        - 应对数字时代的注意力挑战
          - 注意力管理
          - 时间管理
          - 增强自制力
          - 多任务处理
        - 提高数字时代的心理健康水平
          - 缓解数字焦虑
          - 调节社交媒体压力
          - 构建数字身份认同
          - 防止数字沉迷

关键词

注意力　自制力　多任务处理　数字沉迷

主题思想

信息爆炸的时代，我们面临着来自各个方向的信息冲击。社交媒体、新闻网站和各种应用程序不断向我们发送信息，试图吸引我们的注意力。然而，我们需要意识到注意力是有限的资源。我们不能同时关注太多的事物，否则会分散注意力，无法专注于重要的任务。

在信息的海洋中，我们如同航行者，需明智选择航道，而非随波逐流。大师之所以成为大师，就在于他们能精准聚焦，既不为杂音所扰，又能保持内心的平和与清净。本章将引领你探索如何在数字时代运用技巧应对注意力挑战，找到内心的锚点，抵御信息的浪潮，保持心灵的健康与平衡。

场景引入

大学生子涵正坐在图书馆里，他本打算开始复习今天的课程内容和准备明天的小组讨论。然而，在他打开电脑准备查找资料时，屏幕右下角弹出了几条通知，提醒他有新的微信消息和微博消息。子涵瞥了一眼消息，发现是来自老师的微信信息以及微博推送的朋友最新动态。他不禁感到心头一紧，因为他觉得自己需要立即回复这些消息来保持与消息发送者的联系。

子涵立即点击了老师的对话框进行回复，接着打开了微博，开始检查朋友们的动态更新并进行点赞和评论。随后他很快就被各种有趣的视频、搞笑的图片和在线讨论吸引，并为了发布一个新的动态反反复复修改了十几遍。当动态消息跳出时，他反复点进去再浏览一遍自己的内容，回复着别人的评论。

时间在不知不觉中流逝，子涵完全沉浸于数字世界中，忘记了他原本的学习计划。周围的环境开始变得嘈杂，图书馆的工作人员开始提醒大家即将闭馆。子涵惊讶地发现已经天黑了，他在图书馆待了好几个小时，他的书本仍然摊开在桌上，未曾翻动。他因浪费了本该用于学习和准备小组讨论的宝贵时间而感到一丝内疚。

智能手机、社交媒体和互联网已经渗透到我们的日常生活中，对我们的学习、工作和生活产生了深远的影响。然而，随着数字技术的普及，一些问题也逐渐浮出水面。子涵经常因为注意力问题而无法专注于学习和工作任务。数字沉迷和依赖问题也让他担忧，他发现自己很难在不使用手机和电脑的情况下度过一天。这些问题不仅影响了像子涵一样的大学生的学习效果，还可能对他们的心理健康产生负面影响。在这种背景下，提高大学生的数字素养显得尤为重要。

第一节 数字时代的注意力挑战

随着数字时代的到来，信息传播的速度得到了快速提升，信息传播的范围得到了前所未有的扩展。大学生作为数字原住民，每天面临着海量的信息和多元化的数字工具。这种环境不仅带来了丰富的知识资源，也给他们的注意力带来了前所未有的挑战。如何在这个信息过载的时代里，有效地管理注意力，减轻认知负荷，提高学习效率，是当代大学生需要面对的重要问题。

注意，通常是指选择性注意，即注意是有选择地加工某些刺激而忽视其他刺激的倾向。它是人的感觉（视觉、听觉、味觉等）和知觉（意识、思维等）同时对一定对象的选择指向和集中（对其他因素的排除）。注意力就像一束聚光灯，指引我们的感知和思维向特定的目标聚焦。然而，我们的注意力是有限的资源，受到环境、任务需求和个人认知水平的制约。互联网是进行碎片化学习时获取知识的主要途径，大学生在利用互联网获取学习资源时，也面临着更多的诱惑，其有限的注意力必将受到影响。

进阶阅读

注意力生成机制

在一个美丽的小镇上，有一个叫作“大脑山”的地方。在这座山上生活着许多小精灵，它们分别代表着大脑的不同功能，其中有一个名叫“焦点”的小精灵，它负责控制注意力的生成和分配。有一天，小精灵们得知镇上的居民们面临着一个问题：他们总是无法集中注意力，经常会在做事情的时候分心。于是，居民们向“大脑山”的小精灵们求助，希望它们能够帮助解决这个困扰。“焦点”小精灵听说了居民们的困扰后，决定亲自出马。在经过长时间的思考和学习之后，“焦点”小精灵终于找到了解决注意力问题的办法。它提出了一个理论，即“注意力生成机制”，这个理论认为，注意力是由大脑内部的竞争机制产生的，而这种竞争机制受到外界刺激、情绪状态和个体特征等因素的影响。

为了帮助居民们更好地理解这个理论，“焦点”小精灵举了一个例子：想象一下，你正在看一本书，突然听到了身边传来的声响，在这种情况下，你的注意力会被吸引到外界的声响上，而不是集中在书本上。这就是注意力生成机制的作用，它让大脑在面对多个刺激时能够选择性地关注其中的一个，以确保人们能够更好地完成任务。

注意力生成机制很像人类看图片的逻辑，当我们看一张图片的时候，我们并没有看清图片的全部内容，而是将注意力集中在图片的焦点上。大家请看图 6-1：

图 6-1　事例图片 1

大部分人一眼就能看到“铜锅涮肉”4 个字，但是很少有人会注意到“铜锅涮肉”下面还有很多其他美食，如图 6-2：

图 6-2　事例图片 2

我们的视觉系统就是一种注意力生成机制，将有限的注意力集中在重点信息上，从而节省资源，快速获得最有效的信息。

在生活中，注意力起着至关重要的作用。无论是课堂学习还是社交互动，都需要我们集中注意力。例如，在课堂上，我们需要专注于教师的讲解和课程内容，以便更好地理解和吸收知识。而在社交互动中，我们需要注意他人的表情、语言和身体语言，以便更好地理解他们的意图和情感。因此，培养和管理注意力对于大学生的学习和人际交往至关重要。

进 阶 阅 读

注意力管理

赫伯特·西蒙认为，一般来说，信息只有进入了人的认知注意范围，才能引起重视，那些没能进入认知注意范围的信息和知识，就会成为盲点。所谓注意力，是指在任意给定的时刻，人们自觉意识到的那一组要素。超出人注意力的信息是没有意义的，相反，它还会分散人的注意力。

注意力管理的概念是指，决策者在有效注意力资源（精力、时间、认知能力）的基础上做好当下任务的注意力分配，并同时着眼于未来注意力分配，即为将来重要的工作、学习、生活任务需要的注意力分配做准备，发觉与关注干扰个人注意力的刺激因素；合理控制接受专业知识及闲杂知识注意力及精力，关心认知方面的偏差与障碍，以维护身心健康。具体内容见图 6-3。

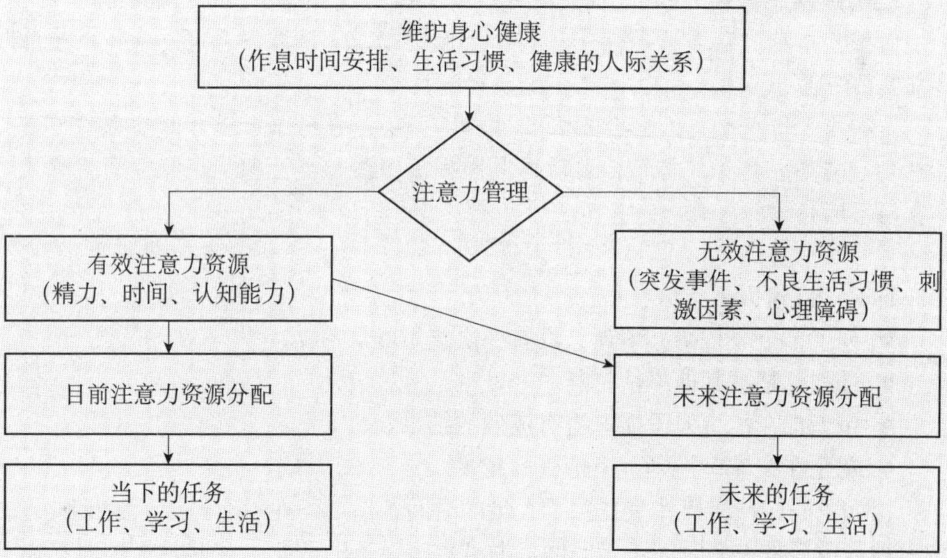

图 6-3 注意力管理

资料来源：杨永红．"互联网+"环境下大学生注意力管理的因素分析．广西教育学院学报，2017（6）.

数字时代带来了海量的信息，从社交媒体的状态更新到新闻报道，从电子邮件广告到手机推送通知，各种信息如潮水般向人们涌来，争夺人们的注意力，正如子涵在图书馆准备完成作业时，却被微信和微博的通知吸引。人们的注意力变得越来越分散，他们常常在多个任务之间快速切换，导致难以专注于一项任务。这种频繁的注意力转移不仅降低了学习效率，还增加了认知负荷。注意力分散成为一个普遍存在的问题。我们经常会发现自己在使用手机或电脑时容易分心，无法长时间集中注意力。这是因为数字设备和应用程序的设计往往会刺激我们的观看欲，吸引我们的注意力，例如弹出通知、社交媒体消息等。子涵在众多的数字信息中选择性注意微信和微博的信息，而忽略了学习任务。短期注意力不集中的情况逐渐积累，我们会发现自己的长期注意力也较容易分散。

进 阶 阅 读

选择性注意

当我们同时接收两个以上的不同信息刺激时，自身不可能对每个信息刺激都做出反应，因此只能选择性地注意和接收信息。例如，集中注意就是一个包含选择和取舍的过程。

选择性注意出自拉扎斯菲尔德的《人民的选择》。拉扎斯菲尔德认为，人们接收信息时存在选择性注意和选择性理解，选择性注意也是选择性接触机制的一部分。

在接收信息时，人们会不自觉地注意那些与自己原有观念相吻合的信息或自己需要去关心的信息，主动逃避和排斥那些与自己的观念相悖的信息或自己不感兴趣的信息。

你是否踩过以下雷区？

- 列了多个今日待办事项，没有一次能 100% 完成。
- 计划总是被其他事情打断。
- 每天都在忙，但没能取得有成效的结果。
- 总是在找借口拖延，事情越堆越多。

正如子涵在社交媒体上花费了大量的时间，造成作业没有完成，这反映了注意力被分散后带来的时间不足问题。抛开数字设备的诱惑，掌握时间管理方法成为他亟待拥有的重要技能。正如捷克著名教育家夸美纽斯所言：“时间应分配得精密，使每年、每月、每天和每小时都有其特殊任务。”时间，这无法储存、增加、转让、租借或购买的宝贵资源，是我们每个人必须认真对待的。在《高效

24 小时：工作生活平衡的时间管理》一书中，时间管理被赋予了更深远的意义，定义为“设计未来”。如何对待时间，如何合理安排和利用时间，直接决定着我们的未来走向。时间可以被我们管理，人生也可以通过合理的设计而变得更加精彩。微小的改变在时间的催化下，可以带来惊人的复利效应，让我们实现人生的华丽蜕变。

此外，子涵在面对数字设备的诱惑时，自制力相对匮乏。在这个信息爆炸的时代，无论是抵制情绪冲动、抑制外界的诱惑，还是坚持完成具有挑战性的任务，自制力都已成为至关重要的素质。选择性注意是指在信息泛滥的环境中，个体将注意力集中于关键信息并排除干扰的能力。这一机制对于自制力的培养至关重要，它要求个体不仅要抑制冲动，还要有意识地管理注意力，专注于目标导向的活动。自制力是控制个人行为和抑制冲动的能力，无论是对外呈现的行为，还是内在潜藏的情感和身体反应。它要求我们常常运用行为抑制和行为启动来调节自己的行为，既要抑制冲动与诱惑，又要推动有益行为的展开。实际上，自我控制被视为人类心理中最重要的方面之一。这不仅是因为它在日常生活中频繁出现，并持续地影响着我们追求目标的努力，更因为它是一种可被管理、监控和调节的意志力行为。

子涵需要学会控制自己的行为，尤其是在面对数字设备的诱惑时。学会自我控制不仅有助于提升他的注意力，更能让他在数字时代的浪潮中保持清醒和独立。只有学会自我控制，他才能真正地掌握时间，设计自己的人生，并迎接未来的挑战。通过控制自己的行为，他将在数字世界中找到自己的定位，以自主和自律的方式前进，焕发出人生的光彩。

《自我控制量表》（SCS）中文版

进阶阅读

自我控制理论

自我控制（Self-Control）是自我的核心功能之一，指人们克服冲动、习惯或自动化反应，有意识地掌控自己的行为方向的能力。具体来说，自我控制是个体通过监控自己，克服某些固有的行为反应倾向，代之以其他行为，从而使自己的行为更符合社会或自我标准的过程。

1. 重要成分

- 标准（Standards）：让行为更符合标准是自我控制的目标。
- 监控（Monitoring）：自我控制过程中，人们要随时监控自己的行为是否与标准相符，这种监控通常以反馈回路（Feedback Loop）的方式运行。

● 行为改变的能力：行为改变的能力是决定自我控制成败的关键。即使拥有明确的标准和良好的监控，如果缺乏改变原有行为倾向的能力，个体还是会出现失控行为。

2. 自我控制的作用

● 从理论上讲，对自我控制的深入了解有助于心理学家更好地解析“自我”这一心理学核心概念。

● 从实际应用上讲，自我控制对于社会成员的健康发展乃至整个社会的正常运转都有非常重要的意义。

资料来源：于斌，乐国安，刘惠军．自我控制的力量模型．心理科学进展，2013（7）．

另外，子涵在准备学习时打开了社交软件，这表明他缺乏目标意识和计划性，这正是注意力分散的一种表征。研究显示，同时进行多个任务会降低效率和效果，因此专注于单一任务的重要性不言而喻。子涵在学习过程中频繁地在社交媒体和学习任务之间切换，导致自己的注意力分散，学习效果大打折扣。这表明子涵需要学会如何合理地分配自己的注意力和时间，避免在多任务处理中陷入困境。

在数字时代，我们不仅要明确自己的学习目标，还要制订切实可行的计划，并努力遵循既定的计划。正如史蒂夫·乔布斯所说：“专注和简单一直是我的秘诀之一。简单可能比复杂更难做到：你必须努力理清思路，从而使其变得简单。但最终这是值得的，因为一旦你做到了，便可以创造奇迹。”通过学习和实践，我们可以像大师一样，学会在数字时代保持专注和心理健康，从而实现更高的学习效率和工作效率。

第二节 数字化生活对心理健康的影响

在数字时代，人们的生活如同被施了魔法般焕发出前所未有的光彩。我们像鱼儿一般游弋在信息的海洋中，追逐着一条又一条消息，沉浸在社交媒体的世界里，为无尽的娱乐选择所困扰。生活中，人们似乎已经习惯了在手机屏幕上滑动、点击、输入，然而，这些数字化的便利和快捷并非只有好处，它们也在悄悄地影响着我们的心理健康。

想象一下，当你打开手机，看到满屏的消息通知、社交媒体的更新、各种应用的推送，你会不会感到一种无形的压力？当你沉浸在网络游戏或者虚拟世界中时，是否曾经忘记了身边的人和事？当夜深人静你却因为手机屏幕的亮光而无法入睡时，你是否曾想过这一切对心理健康的影响？

数字化生活对大学生的心理健康有着复杂而深远的影响，长时间盯着电子屏幕容易引起眼睛的疲劳和颈椎的不适，长期沉迷网络会让我们的思绪不再宁静，让我们的情绪不再稳定，内心不再平和。让我们一起走进这个充满奇幻与未知的世界，探索数字时代给大学生心理健康带来的影响。

首先，数字焦虑是大学生面临的主要心理问题之一。例如子涵在面对消息通知时感到数字焦虑，担心错过社交媒体上的重要动态以及来自老师、朋友和家人的信息，担心自己的数字能力跟不上时代的发展。数字化生活给大学生带来了极大的信息量和不断更新的技术，但也带来了一种焦虑感。大学生常常面临来自社交媒体、学习、工作和娱乐等方面的多重压力，需要在海量信息中筛选、学习和做出反应。这种持续的数字化压力使他们产生了数字焦虑。大量的学术任务、社交互动和娱乐活动都离不开数字化工具，这使得大学生常常感到焦虑和不安。

这种焦虑状态不仅影响着大学生的学业表现，还可能导致他们产生抑郁和焦虑等心理问题。正如南京大学哲学系教授蓝江所说："当代社会中青年群体的焦虑，以及随之而来的倦怠情绪，根本原因并不在于青年群体的心理特征或所处的数字环境，而是技术发展带来生产关系等方面的巨大变革造成的，人们对日益被数字化技术和智能算法催生的竞争性内卷感到不适。"[①]数字焦虑不仅影响大学生的注意力和思维能力，还可能引发情绪失调和身体健康问题。子涵在看到数字信息时迅速反馈，在浪费大量时间后感到内疚和焦虑，这表明他可能没有足够的应对数字化生活的能力。

2023 年 4 月，教育部等十七部门联合印发《全面加强和改进新时代学生心理健康工作专项行动计划（2023—2025 年）》，提出加强健康教育、监测预警、咨询服务、干预处置等方面的任务。[②]如何应对数字时代由数字技术引发的负面情绪，以保持良好的心理健康，成为一个重要议题。子涵在面对数字技术的挑战时，可能对自己的能力缺乏信心。美国心理学家阿尔伯特·班杜拉曾说："自我效能感是成功与幸福的关键。"自我效能理论关注个体对自身能力的信念，通过

---

① 蓝江．数字社会转型中如何理解与化解青年焦虑．人民论坛，2022（19）．

② 教育部等十七部门关于印发《全面加强和改进新时代学生心理健康工作专项行动计划（2023—2025 年）》的通知．（2023-04-27）[2024-06-11]. http://www.moe.gov.cn/srcsite/A17/moe_943/moe_946/202305/t20230511_1059219.html.

提高自我效能感，大学生可以增强自己在数字世界中的适应能力。

进阶阅读

自我效能理论

作为主体因素的一个方面，自我效能是指个体应对或处理内外环境事件的效验或有效性。和传统心理学的能力理论不同，社会学习理论的自我效能理论并不试图描述主体自我的某一稳定不变的属性，而是从个体心身机能的发挥这一动力学角度来探讨主体自我在其中的作用。

从其概念内涵可以看出，自我效能感绝不只是个体对自己即将执行的活动未来状态的一种事先预估，而与这一活动的实际执行过程及执行后的实际状态没有因果关系，事实上，它直接影响到个体在执行这一活动的动力心理过程中的功能发挥，从而构成决定人类行为的一种近向原因（Proximal Determinant）。自我效能感是通过若干中介过程实现其主体作用的。

资料来源：高申春．自我效能理论评述．心理发展与教育，2000（1）．

其次，社交媒体压力也是大学生心理健康的一大隐患。大学生可能会因为追求点赞和评论而过度关注他人的评判，像前文提到的子涵为维护自己在社交媒体上的形象，反反复复修改了十几遍才能发表一条动态。这种压力让他感到疲惫，但他又难以摆脱。社交媒体已经成为大学生日常生活的重要组成部分，在社交媒体上，人们常常将自己的生活与他人进行比较，渴望得到关注和认可。同时，大学生常常面临着他人的虚假表象和完美生活的展示，他们常常觉得自己的生活无法与他人相提并论，导致自我怀疑和自我否定。这种压力会对大学生的自尊心和自信心造成负面影响。因此，大学生需要认识到社交媒体并非生活的全部，学会与他人分享成长和快乐，而不是过度依赖虚拟世界的认可来维护自己的心理健康。

再次，社交媒体带来的压力使子涵有时也会质疑自己的数字身份认同，他会思考是否真的需要在社交媒体上展示自己以及这种展示是否真实反映了他自己。随着数字时代的发展，大学生逐渐将数字世界作为展示自我的主要方式。然而，数字身份认同带来了一系列心理问题。过度追求个人在社交媒体上的形象和认同，容易导致情绪不稳定、自尊感降低等问题。在追求数字身份认同的过程中，大学生需要更加关注自身的内心需求和真正的自我认知，以获得更健康和平衡的心理状态。

最后，数字媒体和游戏的普及给大学生带来了数字沉迷的风险。数字沉迷是指个人对数字化设备、互联网或者游戏等数字内容过度沉迷的现象。在 2019 年 9 月 25 日，世界卫生组织正式把沉迷于网络游戏或电视游戏、妨碍日常生活的游戏成瘾认定为新的精神疾病，作为依赖症的一种，列入了最新版的国际疾病分类中。根据世界卫生组织的新版国际疾病分类，对数字和视频游戏的成瘾被描述为一种持续或反复频繁的游戏行为模式。

大学生可能过度依赖数字设备和游戏，沉迷其中无法自拔。子涵发现自己很难在不使用手机和电脑的情况下度过一天。这种数字沉迷不仅影响学生们的日常生活、学业和社交关系，还可能引发心理和身体健康问题。数字沉迷可能会导致睡眠不足、注意力不集中、社交隔离以及身体健康问题。与此同时，数字沉迷可能会对个人的心理健康产生负面影响，例如焦虑、抑郁和自我价值感降低。此外，长期的数字沉迷也可能会使人减少现实世界的社交活动和体验，从而影响个人的发展和成长。一些研究还表明，过度使用数字化设备可能改变大脑的神经功能，增加风险性行为，并损害认知能力。

在数字时代的迷宫中，我们需要正视数字沉迷的问题，学会控制自己的欲望，珍视现实生活情境。因此，大学生需要增强自我意识，学会合理安排数字娱乐时间，寻求其他丰富而有意义的活动，以防止数字沉迷对心理健康产生消极影响。

第二节 培养健康的数字生活习惯

在数字时代，大学生面临着诸多挑战。子涵的经历为我们提供了一个反思的机会，让我们意识到需要加强注意力管理以及培养应对数字化生活对大学生心理健康影响的技能。数字化生活所带来的问题并非不可克服。正如法国作家维克多·雨果所说："所谓活着的人，就是不断挑战的人，不断攀登命运峻峰的人。"我们有能力和智慧去应对数字化生活对心理健康的影响，我们可以找到平衡和调和的方法。这不仅关乎技术的使用，更关乎心灵的修养。在这个数字时代，我们需要掌握注意力管理的技巧，保持内心的平和冷静，让自己在信息的海洋中游刃有余，不为波涛所吞没。只有这样，我们才能在未来更好地应对数字时代的挑战，实现个人的成长和发展。

一、应对数字时代的注意力挑战

（一）注意力管理

数字时代充斥着大量的信息，泛娱乐化和快节奏的生活模式会不断干扰人们的选择，大学生需要学会有效管理注意力，避免信息干扰。以下是一些注意力管理的实用方法。

（1）使用专注工具：使用番茄工作法应用程序，如番茄 ToDo 等时间管理软件，设定专注时间和休息时间。

进 阶 阅 读

番茄工作法

番茄工作法（见图 6-4）是由弗朗西斯科•西里洛于 1992 年创立的一种简单的时间管理方法，利用这种方法可以提高工作和学习的效率。它的规则是：首先，选择一项任务，专注工作 25 分钟，休息 5 分钟，一个番茄时间不可分割；其次，每四个番茄时间后可获得较长时间的休息（15～30 分钟）；最后，每完成一项任务就划掉它。

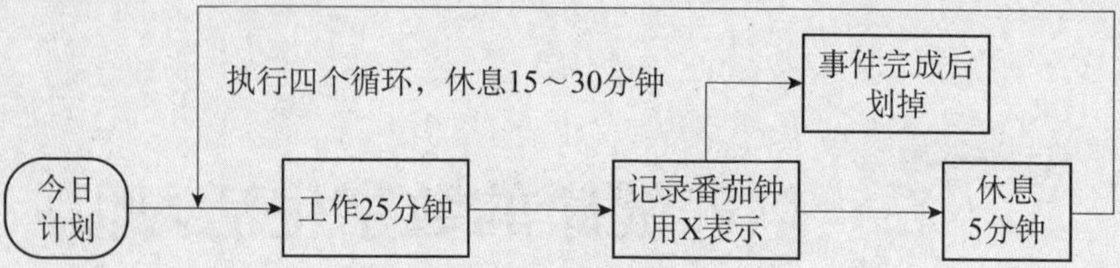

图 6-4 番茄工作法

（2）“数字断舍离”：在学习时关闭手机和电脑上的通知，避免干扰。

（3）避免多重任务：人类的大脑并不擅长同时处理多个任务。因此，我们应避免同时进行多重任务，宜选择单一任务，并全神贯注地投入其中。

（二）时间管理

有效的时间管理是大学生培养健康的数字生活习惯的基础。以下是一些时间管理的实用方法。

（1）制订计划：为每个任务设定截止日期和时间限制。保持专注，定期检查进度和目标，调整计划。

（2）辅助性技术工具：使用时间管理工具，如日程表、待办事项列表等，规划日常活动。

进阶阅读

15·45·90法则

1. 15分钟法则：高度专注力的时间

脑科学研究表明，人脑高度专注的状态一般只能持续15分钟，不会超过20分钟。也就是说，15分钟可以看作大脑专注力的一个单位时间。在工作中，那些用时不长又需要一口气完成的工作，就适合用15分钟来完成。

2. 45分钟法则：一般专注力的时间

日本大学文理学院的森昭雄教授研究指出，人脑的专注力持续的极限是40分钟。他还劝诫上班族："如果你的工作主要是面对电脑处理文件，最好每隔40～50分钟就休息一下。"无论是工作还是学习，我们最好以15分钟为基本时间单位，每隔15分钟短暂地休息一下。以三个15分钟为一个工作单元，即45分钟可以多休息一会儿。这样可以让大脑的专注力持续更长的时间。

3. 90分钟法则：成年人专注力持续时间的极限

科学家研究发现，人体内有一种周期性规律，叫作"亚昼夜节律"。亚昼夜节律以90分钟为周期，人的清醒度也会以90分钟为周期发生变化。斯坦福大学睡眠机体节律研究所对人类的脑电波研究发现，人脑比较清醒的90分钟和产生倦意的20分钟会交替来到，形成一个循环。90分钟可以说是成年人专注力持续时间的极限。如果能以45分钟为一小节，中间穿插短暂的休息，那么将更有利于专注力的持续。

图6-5为我们展示了"15·45·90法则"的机制。

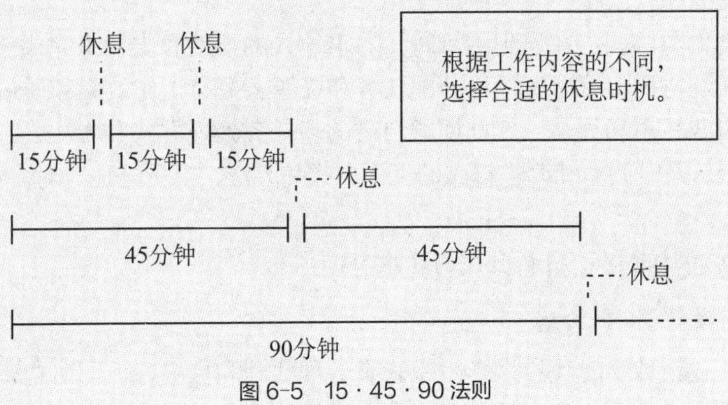

图6-5 15·45·90法则

资料来源：桦泽紫苑.为什么精英都是时间控.郭勇，译.长沙：湖南文艺出版社，2018.

（3）分配时间：为休闲和其他活动设定清晰的时间界限，确保时间分配合理。

（4）利用碎片时间：大学生可以充分利用碎片时间，例如在排队或等候时进行简单的活动，以提高效率。

（5）预留休息时间：合理的时间管理应包括适当的休息时间，给大脑和身体充分恢复的机会。适度的休息可以提高工作和学习效率，维护身心健康。

（三）增强自制力

数字化生活充满了各种诱惑，大学生需要培养自制力，控制自己的行为和冲动。以下是一些增强自制力的实用方法。

（1）目标设定和奖励机制：大学生可以设立明确的目标，并给自己设定奖励机制。只有在完成任务或达到目标后，才可以获得奖励。

（2）建立习惯：培养良好的习惯有助于大学生提升自制力。例如，每天早起、定期锻炼或阅读一定的书籍等，这样可以逐渐让自制力成为一种自然而然的行为。

（3）寻求支持与约束：大学生可以寻求朋友、家人或导师的支持，约束自己的行为。例如，与他人分享自己的目标，并请他们帮助监督和督促自己的行动。

（四）多任务处理

（1）分解任务：将大型任务分解成小而可管理的部分。这样可以避免一次性处理过多的任务和压力，同时也更容易跟踪和管理每项任务的进度。

（2）优先级排序：将任务按照优先级进行排序，优先处理重要的任务，而不是平均分配时间和精力。

（3）分配时间片段：大学生可以将时间分为较短的片段，专注于一项任务并以完整的时间段集中注意力进行工作，然后切换到下一项任务，避免频繁切换而导致任务之间相互干扰。

（4）合作与协调：在遇到困难时，寻求他人的帮助和支持来完成任务。通过与他人合作和协调，可以更好地分配任务和资源，提高工作效率和质量。

（5）自我反思和评估：定期回顾自己的多任务处理方式和方法，评估其优点和不足之处。及时调整和改进自己的工作方式和方法，以更好地应对多任务环境。

二、提高数字时代的心理健康水平

（一）缓解数字焦虑

如前所述，数字时代给大学生带来了各种便利和机会，但同时也带来了数字焦虑。大学生常常面临来自社交媒体和互联网的压力，如担心错过重要信息或缺少线上关注等。大学生要学会缓解数字焦虑，提高心理健康水平。以下是一些缓解数字焦虑的方法。

（1）意识到数字焦虑的存在：大学生应意识到数字焦虑是一种普遍现象，并了解其可能对心理和生活带来的不良影响。

（2）限制社交媒体使用时间：大学生可以设定固定的社交媒体使用时间，避免沉迷其中和监控他人的活动。同时，也可以参与一些线下活动，以减少对虚拟世界的依赖。

（3）建立数字时间和空间边界：大学生应区分工作时间和娱乐时间，避免在娱乐和休息时间被工作或学习的压力困扰，从而放松心情。

（二）调节社交媒体压力

社交媒体已经成为大学生日常生活中重要的一部分，然而，社交媒体也带来许多问题。以下是一些调节社交媒体压力的方法。

（1）平衡在线和离线社交：大学生应该平衡在线和离线社交，努力在现实生活中建立和维护真实而有意义的人际关系。同时，可以使用社交媒体来扩大社交圈子，但需要注意维护自己的隐私和安全。

（2）控制使用时间：大学生需要意识到社交媒体使用时间的控制对于心理健康的重要性，并采取措施控制自己的使用时间。可以设定特定时段来使用社交媒体，避免长时间和频繁地使用。

（3）关注真实世界：大学生应时刻保持对真实世界的关注和参与。参加活动、户外运动、与朋友面对面交流等可以帮助大学生更好地融入现实世界，减少对社交媒体的依赖。

（4）关注有益的账号：关注那些能给自己带来积极影响的账号，避免关注那些给自己带来压力的账号。

（5）学会自我调节情绪：在面对社交媒体上的负面情绪时，学会通过深呼吸、冥想等方式来调节自己的情绪。也可以与家人、师友多做互动和沟通，排解心中的疑惑与压力。

（三）构建数字身份认同

在数字时代，大学生需要在现实世界和虚拟世界之间找到平衡。以下是一些构建数字身份认同的方法。

（1）确立个人品牌：明确你想在网络上展示什么样的形象。这包括个人兴趣、职业规划、价值观和你希望他人如何看待你。保持网络内外一致性，让你的在线行为、内容分享和互动都围绕这一品牌形象展开。

（2）积极参与社区：加入与你的兴趣、职业或价值观相符的在线社群。积极参与讨论，分享有价值的内容，这有助于建立正面的网络声誉和身份认同。

（3）保持数字身份稳定：建立跨平台一致性和线上线下一致性。一方面，在不同的数字平台（如社交媒体、在线论坛、博客等）上，个人的身份信息、形象和行为要保持一致；另一方面，个人在现实世界中的行为和在数字世界中的行为要保持一致。

（4）监控和管理在线形象：定期搜索自己的名字，查看网络上关于自己的信息是否准确和正面。对于不实信息或负面信息，适时采取行动，如请求删除或通过合法途径维权。

（四）防止数字沉迷

数字时代给大学生带来了无限的信息和娱乐资源，但也可能导致他们沉迷于网络和电子产品。以下是一些防止数字沉迷的方法。

（1）意识到数字沉迷的存在：了解数字沉迷可能对心理健康和生活产生的不良影响。

（2）自我监控：学会自我监控数字化娱乐的时间和频率，避免过度沉迷于数字游戏、社交媒体和网络视频。设定明确的使用时间段和时长，避免长时间连续使用数字设备，注意休息和放松。

（3）寻找替代方式：找到其他有益的活动来替代过度使用数字设备的活动，例如锻炼、阅读、社交，培养多样化的兴趣爱好等。

（4）倾诉和寻求帮助：如有需要，与亲友及专业人士交流，分享你的困扰和困难，一起寻找解决方法。

在数字时代，我们犹如置身于一片无垠的海洋，被各种信息、社交媒体和数字工具包围。在这个过程中，我们不仅要学会“游泳”，还要学会在波涛汹涌的信息浪潮中保持内心的平静和清晰的方向。这就需要我们培养健康的数字生活习惯，成为自己人生的舵手，而非被动地随波逐流。我们可以学会调整自己的航行方向，避开暗礁，驶向更加明亮的未来。

本章扩展资源

一些时间管理软件：

（1）Forest，见 https：//www.forestapp.cc。

（2）番茄 ToDo，见 http：//fqtodo.cn。

（3）Mindfulness exercises，见 https：//mindfulnessexercises.com。

本章思考与讨论

（一）个人思考题

请你评估自己目前在数字时代的心理健康程度，并思考心理问题产生的原因。

根据过去一周的情况，在表 6-1 每个条目中选择适用于你的情况的程度选项，选择没有对错之分。

评价程度：0，不符合；1，有时符合；2，常常符合；3，总是符合。

表 6-1 心理健康程度评估

1. 我觉得很难让自己安静下来。	0	1	2	3
2. 我感到口干舌燥。	0	1	2	3
3. 我好像一点儿都没有感觉到任何愉快、舒畅。	0	1	2	3
4. 我感到呼吸困难（例如：气喘或透不过气来）。	0	1	2	3
5. 我感到很难主动去开始工作。	0	1	2	3
6. 我对事情往往做出过敏反应。	0	1	2	3
7. 我感到颤抖（例如，手抖）。	0	1	2	3
8. 我觉得自己消耗了很多精力。	0	1	2	3
9. 我担心一些可能让自己恐慌或出丑的场合。	0	1	2	3
10. 我觉得自己对不久的将来没有什么可期盼的。	0	1	2	3
11. 我感到忐忑不安。	0	1	2	3
12. 我感到很难放松自己。	0	1	2	3
13. 我感到忧郁沮丧。	0	1	2	3
14. 我无法容忍任何阻碍我继续工作的事情。	0	1	2	3
15. 我感到快要崩溃了。	0	1	2	3
16. 我对任何事情都不能产生热情。	0	1	2	3
17. 我觉得自己不怎么配做人。	0	1	2	3
18. 我发觉自己很容易被触怒。	0	1	2	3
19. 即使在没有明显的体力活动时，我也感到心律不正常。	0	1	2	3
20. 我无缘无故地感到害怕。	0	1	2	3
21. 我感到生命毫无意义。	0	1	2	3

注：1~7 题为抑郁评估题，8~14 题为焦虑评估题，15~21 题为压力评估题。抑郁得分≤9 分为正常，10 ~ 13 分为轻度，14 ~ 20 分为中度，21 ~ 27 分为重度，≥28 分为非常严重；焦虑得分≤7 分为正常，8 ~ 9 分为轻度，10 ~ 14 分为中度，15 ~ 19 分为重度，≥20 分为非常严重；压力得分≤14 分为正常，15 ~ 18 分为轻度，19 ~ 25 分为中度，26 ~ 33 分为重度，≥34 分为非常严重。[①] 如有心理困扰，应寻求专业心理帮助。

① 龚栩，谢熹瑶，徐蕊，等．抑郁—焦虑—压力量表简体中文版（DASS-21）在中国大学生中的测试报告．中国临床心理学杂志，2010（4）．

（二）小组讨论题

请小组同学讨论，哪些数字设备或行为是最容易导致自制力下降的干扰因素？为什么？应该如何避免它们的影响？

本章实操模拟

自制力提升实践任务

练习目标：

此练习旨在帮助大学生通过具体活动提高自制力，减少在学习时由数字设备造成的干扰。在本任务中，你将通过一系列实践活动来提高自己的自制力。

练习步骤：

第 1 步：设定目标。确定一个你希望在接下来的一个月内实现的目标，它可以是学习、健康、个人成长等方面的目标。

第 2 步：分解目标。将目标分解为若干个具体小任务，并为每个小任务设定截止日期。

第 3 步：评估干扰因素。列出影响你实现目标的干扰因素，如社交媒体、游戏等。

第 4 步：限制干扰因素。为每个干扰因素设定时间限制，如每天只允许在社交媒体上花费 30 分钟。你可以使用时间管理应用程序，如番茄 ToDo 等，来帮助你实现这个目标。

第 5 步：设定奖励和惩罚。为每个小任务的完成设定一个奖励，如允许自己在完成一周的学习任务后观看一集喜欢的电视剧。同时，为未能完成任务设定一个惩罚，如减少休闲时间或增加锻炼时间。

第 6 步：跟踪进度。每周记录一次自己的进度，并在月底进行总结。分析自己的表现，找出需要改进的地方，并调整计划。

第 7 步：反馈和讨论。与同学或老师分享你的自制力提升实践经历，获取反馈和建议。

任务要求：

请在一个月内完成以上任务，并将你的实践经历、遇到的挑战以及收获整理成一篇 500 字左右的报告。在报告中，详细描述你的目标、分解任务、限制干扰因素、奖励和惩罚措施以及进度跟踪方法。同时，分享你的实践经验和感悟，以及如何将这些经验应用到未来的学习和生活中。

本章参考文献

[1] 杨永红 ."互联网 +" 环境下大学生注意力管理的因素分析 . 广西教育学院学报，2017（6）.

[2] 于斌，乐国安，刘惠军 . 自我控制的力量模型 . 心理科学进展，2013（7）.

[3] 高申春 . 自我效能理论评述 . 心理发展与教育，2000（1）.

[4] 桦泽紫苑 . 为什么精英都是时间控 . 郭勇，译 . 长沙：湖南文艺出版社，2018.

第七章
时间的艺术家
——精通数字时代的时间管理

章节结构

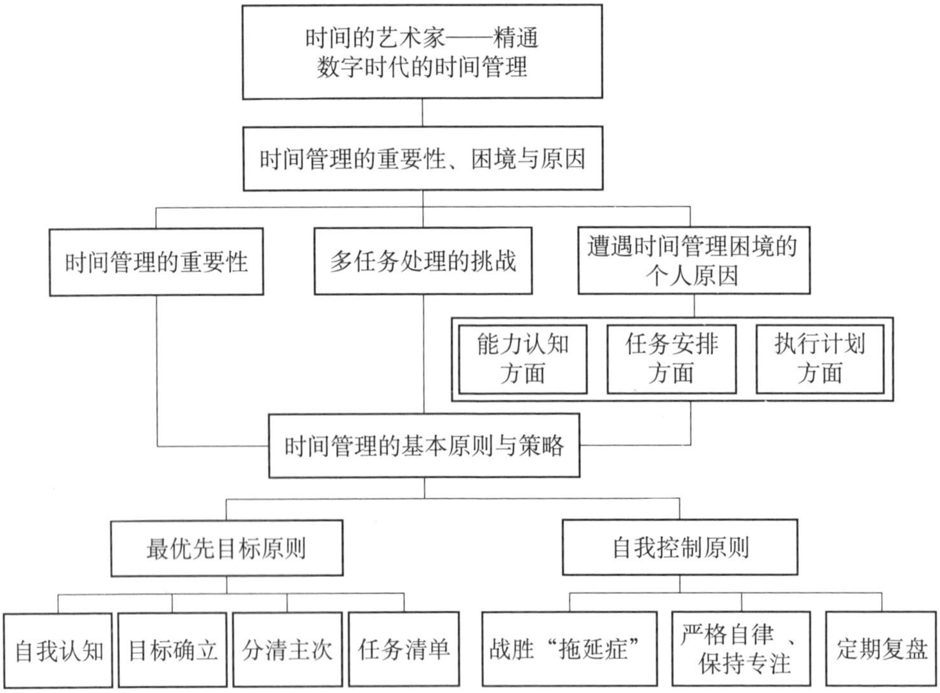

关键词

时间管理　拖延症　二八法则　四象限法则

主题思想

在这个信息如潮又惜时如金的时代，谁掌握了时间管理的秘诀，谁就拥有了对工作和生活的主动权。只有掌握、运用好时间管理的技巧，打败拖延症，养成有条不紊的学习与工作作风，才能提升自己的效率，更好地平衡工作和生活。这一章，我们将详细讲述时间管理的知识与方法。

场景引入

在浓密的梧桐树荫下，一位名叫鲁小帅的大学生正坐在石凳上，眉头紧锁，神情显得尤为焦虑。本学期快要结束了，他需要完成两门必修课的作业以及三门必修课的考试。但是鲁小帅不知道如何在期末周的时间限制内完成这些任务，因此一直拖延。直到距离截止日期只剩一周，他才发现时间已经不够用了。

鲁小帅十分焦急，于是开始写离截止日期最近的一篇作业。经过一天的努力，他终于完成了这项作业。但是，在提交时他却发现，他将两项作业的截止日期记混了，已经完成的这一篇作业的截止日期比另一篇要晚，而另一篇一字未写的作业截止日期就在第二天。

于是，鲁小帅决定当晚熬夜完成第二篇作业。然而，在写作业的过程中，他发现自己频繁分心，每写一会儿便忍不住拿起手机浏览，沉迷于互联网的世界，忘记了还有紧急的作业需要完成，以至于鲁小帅即使熬了通宵也没有完成作业。他只能跟老师说明情况，晚交了一天。这严重影响了鲁小帅的成绩，导致他这学期的排名倒数。

在这个学期末，由于鲁小帅没有安排好休息、复习与完成作业的时间，他不仅没有按时完成作业，每一科考试的成绩也不如人意。你是否有相似的经历？在面对很多待处理的任务时，不知道该先做什么，选择拖延，或直接选择不处理，此类现象都体现了我们对于时间管理问题的疏忽，这种行为对我们的生活、学习、工作都有不利影响。

第一节 时间管理的重要性、困境与原因

如今，时间似乎成了一种最宝贵的资源，每个人都在与时间赛跑，力求在有限的时间里实现更多的价值。随着社会的快速发展和社会竞争的日益激烈，如何高效利用时间、做好时间管理，已成为一个不容忽视的议题。时间管理不仅仅是一种技巧或方法，更是一种生活态度和哲学。做好时间管理不仅能帮助我们更好地掌控生活，提高工作效率，还能让我们在忙碌中找到平衡，享受生活的美好。

案 例 思 考

如果一只杯子中已经装满了鹅卵石，请问，满载的杯子还能装进东西吗?

答案是可以，比如细沙。

如果细沙顺着鹅卵石的缝隙填满角落，杯子再次装满。请问，此刻的杯子还能装进东西吗?

答案依旧是可以，比如清水。

当鹅卵石和细沙占据了所有的空间，一只满满当当的杯子里依然有清水的位置。如果顺序相反，杯子里先注满清水，再放进鹅卵石，会出现什么情况？答案是，仅一粒鹅卵石就能让水溢出。

这只杯子就好比我们一天的时间，鹅卵石是大事要事，沙子是重要但不紧急的事，水是琐碎的事。如果先装大事要事，就有空间装重要但不紧急的事，装完重要但不紧急的事还有空间装琐碎的事。但如果先装满琐碎的事，就再没有空间装大事要事。如果硬要装，这一天就是一片狼藉。

思考问题：

你是否也经常遇到这些问题?

（1）每天一睁眼就面临一大堆作业，但不知如何下手，想想就头大。

（2）手头有多件事情都急着要办，但不知道该先处理哪一件。

（3）每天都累到瘫倒，但还有很多事情没有处理完。

（4）工作时间接近“007”，但还是没有做出成绩来。

（5）没有时间阅读，没有时间健身，没有时间提升个人技能，没有时间休息……

接下来，我们将深入探讨时间管理的重要性、多任务处理的挑战与遭遇时间管理困境的个人原因，以期为大家提供一些有益的启示和帮助。

一、时间管理的重要性

自古以来，关于时间的探索从来没有间断过，中国历代教育家、思想家提出了许多关于时间的感悟。中华民族极重“惜时”，惜时的本质即做好时间管理。我国自古就有通过“强调时间流逝而劝诫人们珍惜当下、做好时间管理”的文化传统，大量有关“时间流逝”的诗词曲赋便是例证，例如“人生天地之间，若白驹之过隙，忽然而已”“逝者如斯夫，不舍昼夜”等。

时间管理是指通过事先规划和运用一定的技巧、方法与工具，实现对时间的灵活有效运用，从而实现个人或组织的既定目标的过程。时间管理本质是自我管理，是为了提高使用时间的效率而进行合理的计划和控制、对时间进行有效运用和管理的过程。时间管理的对象不是时间，而是每一个使用时间的人。

在数字时代，面对着庞杂的信息和无数的任务，时间管理变得更加重要。现代管理学之父彼得·德鲁克（Peter F. Drucker）说过：“时间是最高贵而有限的资源，不能管理时间便什么都不能管理。”由此可见时间管理的重要性。鲁小帅的经历也告诉我们，如果不能做好时间管理，我们就不能按时完成学习任务和工作任务，对未来发展有不利影响。时间管理能力是个人综合能力的体现，我们要学会合理地安排时间，减少时间浪费，提高时间的利用率。时间管理显然是大学生铺垫未来、成就自我的一种必备技能。

进 阶 阅 读

时间管理理论

1989 年，美国时间管理之父阿兰·拉金（Alan Lakein）在《如何掌控自己的时间和生活》中提出了时间管理概念，并将时间管理具体分为明确目的需求、设定目标计划、优先级排序（ABC 排序系统）、安排工作及决策落地方式等几个阶段。

柯维领导中心的创始人史蒂芬·柯维（Stephen Covey）认为时间管理理论经过了四代发展：第一代理论着重研究如何在忙碌中调整分配时间与精力，丝毫没有“优先”的观念；第二代理论强调规划未来的重要性，但对事情没有轻重缓急之分；第三代理论讲求优先顺序，过于强调效率，视野不够开阔；第四代理论强调个人管理是时间管理的基础。基于以上理论，我国相关学者提出了第五代时间管理理论，主张认真工作、幸福生活，劳逸结合，服务社会与享受人生两者均衡，提倡高效、平衡的生活。

资料来源：张燕华．生命教育背景下大学生时间管理教育研究．公关世界，2022（24）．

时间的重要性不言而喻，“一寸光阴一寸金”更是耳熟能详，我们在小时候都接受过惜时教育，在理性层面都能认识到时间管理的重要性。时间管理是自我管理的基础，也是整个管理的基础，一个人管理不好时间，便不可能是一个合格的学习者或者工作者。然而，在现实生活层面，大学生普遍存在拖延、效率低等问题。“摆烂”“磨洋工”“拖延症”“颓废”“最后期限恐慌症”……这些词语爆红于网络也恰恰印证了当今人们普遍存在无法做好时间管理的问题。

那么在数字时代中，作为大学生的我们面临着什么样的时间管理困境与问题？应该怎样去管理时间以达到良好的自我管理甚至是更高层面的管理呢？我们可以从鲁小帅的经历开始思考。

二、多任务处理的挑战

随着互联网的发展，远程协作、网络办公成为现实。互联网改变了人们学习、工作的方式，如今，大部分的学习任务与工作任务都可以使用电脑、手机等设备在联网的条件下完成。“不被打断的时间”越来越成为人们稀有的、珍贵的、难得的片刻。鲁小帅发现，网络为学习、工作与生活带来便利的同时，还使他不得不通过网络同时处理多项任务，这给他带来了严重的困扰。

在数字时代，随着任务之间关联性的增强以及执行效率的提升，个体往往需要同时应对多项任务，这促进了多任务处理环境的发展。永远在线、一心多用、同时处理多项任务的环境正在影响人们学习、工作的效率，压制人们创造、创新的能力，并且使人们更难做出正确的决策。没完没了的网络会议、随时随地的网络社交、各式各样的社团活动、源源不断的消息与邮件……在各种“永远在线的多任务处理”的挑战面前，人们需要努力地同时处理多项任务，试图与涌向自己的信息流保持同步。

进 阶 阅 读

多任务处理

多任务处理是指在给定的时间框架内两项或多项任务争夺一个人的注意

力的程度。该定义一是强调了只包括与工作相关的任务，二是强调了任务在人们头脑中争夺注意力。简而言之，就是一心多用，人们需要投放注意力到两项或多项任务上。

多任务处理是一把双刃剑，针对不同人可能会有不同的效果。对于一些人来说，多任务处理可能是他们应对快节奏生活和工作环境的有效方式；这类人通常具备较强的自我管理能力，能够合理规划和安排任务，确保各项工作能够按时、保质完成。然而，对于大多数人而言，多任务处理可能并不是一个好的选择。人的注意力是有限的，当同时处理多项任务时，我们的大脑可能无法充分专注于每一项任务，导致工作效率下降，甚至可能出现错误。此外，频繁的任务切换也会消耗大量的认知资源，使人感到疲惫不堪。

多任务处理还可能对个体的心理健康产生负面影响。长期处于多任务处理状态的人可能会感到焦虑、压力增大，甚至可能出现注意力不集中、记忆力下降等问题。这些问题不仅会影响工作效率，还可能对个人的身心健康造成长期损害。

因此，我们需要理性看待多任务处理这种工作方式。在某些情况下，如需要快速响应多项紧急任务时，多任务处理可能是必要的。但在大多数情况下，我们应该尽量避免同时处理多项任务，而是应该专注于当前的任务，确保工作质量和效率。同时，我们也需要学会合理规划和安排时间，将复杂的工作分解为若干个小任务，逐步完成，以减轻工作负担和提高工作效率。

总之，多任务处理虽然具有一定的优势，但并非适用于所有人和所有情况。我们应该根据自己的实际情况和需求，合理选择和运用这种工作方式，以实现更高效、更健康的工作和生活状态。

资料来源：季正，徐世勇．多任务处理与员工主动行为：工作意义感、悖论思维与挑战性评估的作用．中国人力资源开发，2023（4）．

多任务处理会给人的身心健康带来一定影响。人类的注意力是有限的精神资源，注意力很难广泛地跨几项任务或者完成功能共享。路透社对管理人员进行的一项调查显示，有三分之二的受访者认为，同时处理多项任务引起的信息超载降低了他人的工作满意度，并损害了自己的私人关系。有三分之一的受访者认为，信息超载已经损害了自己的健康。比如鲁小帅，他在完成作业的同时不断查看社交媒体上收到的消息，注意力被手机上的消息牵绊，很难专注于作业的写作中，导致他即使熬了个通宵，也没有完成作业，最终陷入了深深的焦虑与自责中。

除了身心影响，多任务处理还会使我们的办事效率低下，成效也不如人意。加布里埃尔·温伯格（Gabriel Weinberg）总结了三点多任务处理的弊端。一是从人的大脑结构角度来看，人同一时刻只能集中注意力做一件事。我们的专注力资源是特别稀缺的，当我们做一件事被打断之后，重新回到这件事，恢复专注的时间至少是十分钟。二是多任务处理意味着思维的来回切换，这会付出额外的精神代价，甚至导致不可承受的后果。斯坦福大学的一项研究表明，“多任务处理”比“一次只做一件事”的效率要低，甚至会损伤人的大脑。研究人员发现，经常被多个“信息流”轰炸的人不能集中注意力，不仅无法追溯过去的信息，还会在工作转换方面遇到问题。三是从多任务处理的反面来看，集中注意力可以最大可能地获得更好的表现，以及获得更多具有创造性的成果。

三、遭遇时间管理困境的个人原因

在了解了多任务处理的弊端和时间管理的相关知识后，鲁小帅客观地审视了一下自己之前学习、工作中的时间管理行为，发现了许多问题。

（一）能力认知方面

首先，鲁小帅对自己没有正确的认知。他经常一心二用，边学习边做其他事情，导致学习效率一直很低。做好时间管理首先就要对自己有正确的、足够的认知，只有了解自己的学习、工作的效率与能力，并且将自己的能力与学习、工作任务做好匹配，才能有针对性地安排好时间。在对自己有清楚的自我认知之后，我们才能针对不同的任务合理安排时间。

（二）任务安排方面

鲁小帅面对多项任务没有头绪的另一个原因是，他对学习任务的认知不足，没有记清每一项任务的时间要求，以至于他不能分清每一项任务的重要程度和优先次序，这也就导致他不能合理地安排自己的时间，各项作业都没能保质保量地完成。进入数字时代，我们常常会面对多任务处理的挑战，每个人在同一时间都有许多亟待处理的任务与工作，我们常常难以理清头绪，不能根据任务的轻重缓急安排好时间。

（三）执行计划方面

在执行阶段，鲁小帅很难做到足够自律，更不能完全按照自己的计划执行。做好时间管理最困难的也是最根本的要求就是要足够自律，也就是要学会自我控制。一个人想要管理好自己的时间，首先要拥有对时间的自主控制权。但在数字化社会中，网络上、生活中处处都充满着诱惑，无论是个体还是集体都无法真正做到对时间、对自我的控制，“拖延症”逐渐成为群体问题。从鲁小帅的故事中我们也可以看出，如果一个人在处理任务时难以开始，专注度低，总是走神，那么他的效率一定很低。

除此之外，鲁小帅还发现自己对时间的感知变得模糊了，他总是感到刷视频时时间过得很快，而写作业和学习时时间过得很慢，他总是不由自主地打开手机，漫无目的地浏览各个应用程序中的内容。数字化日益深入日常生活，无处不在的智能设备被嵌入日常生活中，重塑着人们对时间的主观体验。人们甚至可以通过智能设备收集、统计自己的时间使用情况。鲁小帅打开自己的手机查看屏幕使用时间，发现自己在周一有课的情况下使用手机的时间接近 12 个小时，其中近 5 个小时都在抖音上刷短视频（见图 7-1）。

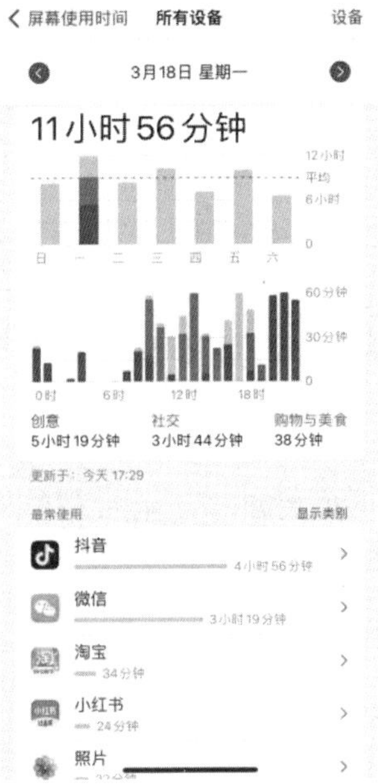

图 7-1 鲁小帅手机屏幕使用时间

在这种普遍联结和永远在线的数字文化下，离线反而成了需要特别付出心智劳动的行为。以微信、微博、抖音、小红书等为代表的社交媒体平台侵占着我们的时间，它们具有娱乐化、便捷化、互动性强等特点，使大学生的时间管理趋向碎片化，大批青年大学生沉迷于网络互动，而忘记自己本应完成的任务。绝大部分大学生能够认识到学习的重要性，但是未必能够抵挡得住网络娱乐信息的诱惑。

时间是赋予每个人的最公平同时也是最宝贵的资源。充分地利用这不可再生的资源，培养良好的时间管理意识，充分地调用时间，在聚焦自己专业的同时，为自己的未来赋能，对于每个大学生的成长和发展都是至关重要的。

小 测 试

请扫描下方二维码，测试一下自己是否有时间管理方面的问题，并思考出现这些问题的原因。

时间管理问题小测试

第二节 时间管理的基本原则与策略

彼得·德鲁克先生曾对时间管理做过非常精辟的论述："有效的管理者往往不是从任务开始，而是从时间开始。他们并不是先制订计划，而是先查明时间的实际去处，然后他们努力管理他们的时间，削减那些无效的时间需求，最后他们尽可能将零散的时间整合成大块的连续的时间单位。"做好时间管理，需要把握好两条原则：最优先目标原则和自我控制原则。

案 例 思 考

马斯克的时间管理秘诀

美国杂志《连线》曾做过一个研究发现，马斯克一年完成了别人八年的工作量。具体来说，他在以下几个方面都超越了常人：

（1）制造汽车：特斯拉对比福特，耗时比为 1∶4。

（2）制造火箭：SpaceX 对比 Blue Origin，耗时比为 1∶6。

（3）登陆火星：SpaceX 对比 NASA，耗时比为 1∶8。

（4）挖高速隧道：The Boring Company 对比正常地铁，耗时比为 1∶14。

马斯克是怎么做到的？他有什么时间管理的秘诀？我们能不能向他学习，提高自己的时间管理能力？

马斯克的时间管理秘诀，可以归纳为以下几个方面：

（1）时间盒子。

（2）二八定律（帕累托法则）。

（3）一次只做一件事。

马斯克的时间管理秘诀，不仅适用于他自己，也适用于任何想要提高时间管理能力的人。如果你想要像马斯克一样，成为一个时间管理大师，那么你可以从现在开始，用这些时间管理技巧来规划你的时间，安排你的任务，执行你的计划，完成你的目标。如果你想要具体了解以上这几个秘诀，请接着往下读。

思考问题：

在你遇到时间管理问题时，你是否会使用类似的方法解决？

进 阶 阅 读

时间盒子

时间盒子（Time Boxing）的核心，是创造一个时间限制，给每项任务分配一个固定的时间段，然后在这个时间段内专注地完成这项任务。时间盒子不是按照“8 点到 10 点做 A 任务，10 点到 11 点做 B 任务”这样的时间线来安排，而是“A 任务我要在 30 分钟内完成，B 任务我则只有 25 分钟”。

时间盒子的好处是：增加紧迫感，提高专注力；提高效率，节省时间；增加成就感，减少压力。

时间盒子的使用步骤：

首先，列出任务，按照轻重缓急和事务性质进行排序。

其次，估算每个任务需要花费的时间。

再次，设置倒计时，尽量在规定的时间内完成。

最后，在任务完成后，记录实际用时，与设定的时间对比，调整计划。

马斯克用时间盒子打破了一般人按部就班的时间管理思维。他对需要完成的任务设定了明确的“时间碎片”，以 5 分钟为单位来安排行程，一天 24

个小时就切成了288个“时间碎片”。马斯克给每项任务安排最少的时间，这样就能让他随时处于面临截止日期的情况，保持最高的效率。

进 阶 阅 读

二八定律

二八定律又称帕累托法则，是指在任何一组事物中，最重要的只占其中一小部分，约20%，而其余的80%虽然占多数，却是次要的。在时间管理中，就是说达成目标80%的进展来自20%的活动。

将二八定律运用于时间管理中，可以让你专注于最有价值的工作，从而提高工作效率，节省你的时间和精力，增加工作幸福感。

在时间管理中使用二八定律的步骤：

（1）使用四象限法则将你的工作分为四类。

（2）按照优先级制定策略或任务清单。

（3）按照计划和拟定的方法开始执行，及时调整策略。

（4）在完成工作后记录收获，复盘过程与结果。

马斯克用二八定律优化了他的工作内容，提高了他的工作价值。他将他的工作分为两类：高价值的和低价值的。马斯克将80%的时间和精力投入到高价值的工作中，只留下20%的时间和精力来处理低价值的工作。

正如马斯克所说：“不要把时间花在低价值的事情上，而是要把时间花在高价值的事情上。”

进 阶 阅 读

一次只做一件事

一次只做一件事（Single-tasking）是指在任何时候，只专注于一项任务，而不是同时进行多项任务。一次只做一件事可以避免分散注意力，提高工作的质量和速度。一次只做一件事还可以让你轻松地处理一项任务，不会因为同时处理多项任务而感到压力。

马斯克用一次只做一件事消除了他的工作干扰，提高了他的工作专注度。他认为同时进行多项任务是一种错误的时间管理观念，会导致工作效率下降、工作质量降低、工作压力增大。他认为，人的大脑是不可能同时处理多项任务的，只能在不同的任务之间快速切换，这样就会造成注意力分散，甚至产生工作失误。

一、最优先目标原则

时间管理的本质是时间分配。认真完成所有的事情对一个人来说十分困难，并且常常会遇到时间缺乏的问题，但分清主次，把重要的事情完成，往往并不困难。为了能够在学习和生活中对时间进行有效管理，提高时间利用效率，鲁小帅搜寻了一些基本的时间管理技能和方法，最优先目标原则就是其中最重要的方法之一。

最优先目标原则即首先制订目标计划，再根据轻重缓急对工作与生活中的各种活动进行分类，确定处理事务的优先顺序，将个人或组织有限的时间、精力加以分配，尽可能产生最好效果和最高效率的时间优化方法。但最优先目标原则并不处处讲究效率至上，而是给每个计划都留有一定自由支配的时间，使计划实施起来相对灵活，消除人们过高的心理压力和刻板的工作模式，满足人们正常的交流情感、享受生活的需要。

实施最优先目标原则有两个前提：一是自我认知，二是目标确立。自我认知是时间管理的前提，只有自我意识到自己是如何使用一天 24 个小时的时间的，才有可能进行时间管理。如果我们不了解自己是如何花费时间的，就没有能力有效地管理时间。日记是帮助我们完成自我认知的很好的工具。目标确立就是根据自我认知和现状来确立自己的目标。从现状出发到实现自己的目标，中间可能有好几个步骤。只要开始对实现目标的途径进行思考，那就说明我们至少已开始了解实现目标所需要做的事情；通过设想目标的实现，可以完成心理暗示，强化实现目标的信息，从而有助于建立正向反馈；通过明确具体步骤和时间要求，我们会再次确认自己实现某一目标的意愿。目标管理为时间管理的执行提供了可行的路径。

进 阶 阅 读

SMART 目标管理原则

管理学大师彼得·德鲁克认为，管理者一定要防止陷入“活动陷阱”，在工作中不能只顾低头拉车，而不抬头看路，最终忘了自己的主要目标。

在《管理的实践》一书中，他提出了 SMART 目标管理原则，分为以下五个方面：

- S（Specific，具体的）：目标必须是具体、明确的，要能用具体的语言准确地描述出要达到的行为标准。
- M（Measurable，可衡量的）：目标必须是可衡量的，可以用明确的数据衡量目标是否达到，如果无法用数据衡量，就无法判断目标是否已实现。
- A（Attainable，可实现的）：目标必须是可实现的。目标定得太高或者太低都是不可行的。
- R（Relevant，相关的）：目标必须是紧密相关的。如果制定一个目标，但这个目标与其他目标并无关联，或者关联度很低，那么这样的目标即使实现了也意义不大。
- T（Time-bound，有时限的）：目标必须是有时限要求的。因此，在制定目标时，一定要根据工作任务的轻重缓急，确定完成目标的具体时间要求，同时要定期检查目标完成的进度，并根据进展情况及时调度或调整目标。

个人可以运用 SMART 目标管理原则来管理自己的时间，从而提升工作效率和学习效率。

有了较为准确的自我认知，并且明确了自己的学习目标和生活目标，这时候就需要分清楚日常活动中哪些是重要的，哪些是不重要的，也就是要分清主次。优先处理重要的紧急的事情，至于不重要的琐碎的事情，就留着等重要的事情处理完之后再处理。比如鲁小帅根据时间管理的四象限法则，确定每天的任务的优先级，按照 ABC 的优先级次序给每个任务进行标注，形成任务清单。他每天按照任务清单的排序，优先完成 A 级的重要任务，然后再完成 B 级的一般任务，最后完成 C 级的不重要任务。经过一段时间的实践，鲁小帅发现自己完成任务的效率和质量都大大地提高了。

进阶阅读

四象限法则

美国管理大师史蒂芬·柯维用“重要”和“紧急”两个维度把事情分为四类：重要且紧急、重要不紧急、不重要但紧急、不重要也不紧急。这就是时间管理的四象限法则（见图 7-2）。

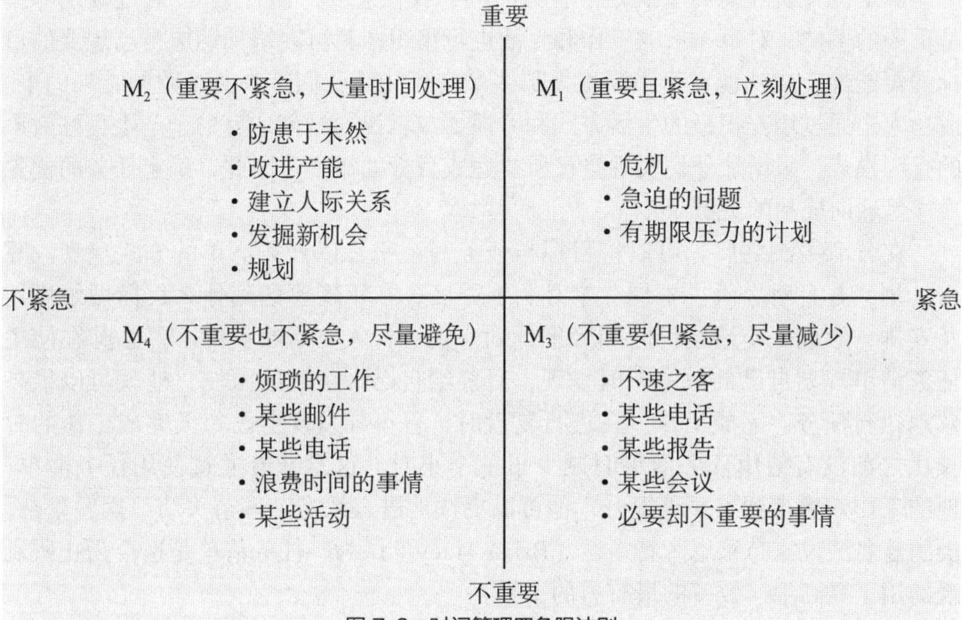

图 7-2 时间管理四象限法则

第一象限（M_1）中包含的是一些重要且紧急的事情，这一类事情往往比较紧急，价值也很大，必须在第一时间优先解决掉。

第二象限（M_2）的事情也非常重要，但是从时间上来说，不具有紧急性。

第三象限（M_3）包含的是一些不重要但紧急的事情。

第四象限（M_4）的事情大多是琐碎的杂事，没有时间的紧急性，也根本不重要。从某种程度上来说，这类事情就是在浪费我们的时间。

时间管理四象限法则的核心就是应该把大量的时间（70% 左右）花在第一、二象限的事情上。这与二八定律不谋而合。

表 7-1 是鲁小帅根据四象限法则做的任务优先级四象限列表，通过此表他可以快速地将任务与其优先级对应起来，列出合理的任务清单。

表 7-1 鲁小帅的任务优先级四象限表

	紧急	不紧急
重要	即将到来的考试 即将到来的各种竞赛 即将到达最后期限的作业	建立人际关系 期末考试 有规律的复习计划 锻炼身体
不重要	突然到访的不速之客 快递包裹 父母交代的某些任务 学校举办的自愿参加的活动	玩游戏 看电视剧 和朋友打电话闲聊 其他娱乐活动

确定优先次序意味着决定“什么时间”我们想要“做什么”。通过确定哪些是重要的事情，对每一天的工作和生活进行组织，就可以增加达成自己想要的目标的可能性，成功就在于不断地做那些最有可能给我们带来所希望的结果的事。成功人士通过培养积极的生活方式和习惯，或者说通过创造有助于产生良好效果的行为模式，来增加他们实现自己所要达成目标的概率。因此，确定任务的优先次序是通向成功的关键一步。

在分清主次之后，可以将目标与任务写下来，以任务清单的方式呈现。写出计划，并且对今天、本周、本月、本季度、本年度要达到什么目标做好规划及安排，形成一个恰当的时间管理计划一定会让人有所收获的。鲁小帅在使用任务清单规划自己的每一天时发现，只要给自己一个时间限制，他就可以很高效地执行任务，完成工作。在进行复盘时，鲁小帅发现自己每天完成工作的时长比之前没有使用任务清单时减少了三个小时。这意味着通过使用任务清单，他的工作效率得到了显著提升，他可以更快地进入状态、理清头绪、摆脱繁杂。美国著名演说家布莱恩·特雷西（Brian Tracy）认为，任务清单是迄今为止所发现的用于提高生产效率的最有力的工具。

二、自我控制原则

在确立好亟待完成的任务与目标之后，就进入执行的环节了。在执行过程中，个人就需要面对来自各个方面的诱惑，这时自我控制就成为时间管理的重点。

首先就是战胜“拖延症”。“拖延”已经成为影响现代人做事效率的根本原因之一。2019 年，中国高校传媒联盟面向全国 199 所高校的大学生展开调查，调查结果显示，97.12% 的大学生认为自己有或偶尔有“拖延症”。中国社科院的一项调查显示：50% 的受访者不到最后一刻绝不开始工作；13% 的受访者如果没有人催促，便不能完成工作。“拖延症”已经成为大学生群体中十分常见、十分严重的群体性行为，这对个人的成长与发展有极大的不利影响。我国著名作家史铁生曾说：“拖延的最大坏处不是耽误，而是使自己变得犹豫甚至丧失信心。不管什么事，决定就立刻去做，这本身就能使人生机勃勃，保持一种主动和快乐的心情。”

进阶阅读

拖延症

心理学家乔治·哈里森（George Harrison）表示：“拖延是一种不能按照

自己的本来意愿行事的精神状态，是缺乏意志力的表现。”拖延症主要分为四种类型。

● 期限性拖延。一些限期完成的作业或者工作，例如周三要交的报告、周一要交的作业等，因截止时间明确，会给人一种错觉——还有很多时间可用来完成它们。等到那个时间点即将来临时，人们就会焦躁不安，匆匆补救。

● 认知障碍拖延。这是指完美主义和畏难情绪等认知方面的障碍所导致的拖延。

● 分心拖延。我们每天都浸泡在信息的海洋里，当你打开手机想看一篇文章或处理一件事情时，一条你感兴趣的新闻映入眼帘，这时你会怎么办？假如你点击查看了这条新闻，原本想做的事情就被拖延了。

● 自设障碍拖延。这表现为因不想做某事而凭空为自己想象出无数困难，或为推迟完成任务而为自己找到诸多客观原因。自设障碍拖延者的主要表现是随时随地牢骚满腹，然后心安理得地推迟学习和工作任务。

比如说，如果我们需要学习一项新技能，却在即将开始学习时选择了拖延，那么我们就会失去宝贵的时间优势，最终达成目标的机会变得更少。有学者曾说："世上 93% 的人都因拖延的陋习而一事无成，这是因为拖延能杀伤人的积极性。”当把一项任务推迟到最后期限时，我们会感到紧张和焦虑，变得不自信，认为自己无法完成，这就是网络上经常提到的“最后期限恐慌症”。更严重的是，长期的拖延会导致我们感到失望、沮丧、焦虑和愤怒，进而影响到我们的心理健康。而这些负面情绪可能会进一步助长拖延的习惯，使我们越来越不想去面对困难的任务。

鲁小帅在大学校园中发现了很多和他有着同样困境的同学。仔细观察后，他发现其中有很多人原本有能力高质量地完成某些任务，但由于拖延，最终任务完成的结果让人大失所望。究其原因，在于长期的拖延习惯，导致大脑预先将任务判定为“困难”乃至“极其困难”，然后选择逃避。其实，当我们行动起来就会发现，事情并不像想象中那么可怕。我们在拖延上消耗的意志力和能量，远远超过真正去做一件事所消耗的能量。

如果我们想要有所改变，就必须采取一些措施来战胜“拖延”。心理学上有个著名的“两分钟定律”，指的是如果你想做一件事，那么最好在两分钟之内就去做，否则这件事可能会拖延很久，甚至最终成为空谈。当然，这里的“两分钟”是泛指，强调的是“立刻去做”的重要性。

在任务开始后，我们必须严格自律、保持专注，远离各种诱惑与陷阱，如手机的诱惑、晚睡晚起的渴望、朋友的邀约，以及任何会对你造成干扰、影响你达成目标的事情。比如鲁小帅就选择在上课时关闭信息通知，远离手机，尤其是娱乐软件；但是这时鲁小帅常常会担心接收不到重要信息，因此，他设定了一个时间，在下课或者休息时统一处理这些消息。在写作业时选择使用时间盒子模式，给自己的任务分配好时间段，并在固定时间段内完成任务。

如果自控能力不行，我们还可以借助外力（比如时间管理软件）来控制自己，诸如 Forest、番茄 ToDo 这样的时间管理软件已经被广泛运用于学习和工作之中。我们可以通过使用时间管理软件设置专注模式或锁机模式，来帮助自己实现某种程度上的断联，通过外力控制迫使自己专注于一件事，从而提高专注力。相比于传统方式，应用软件是数字时代量化自我的最新形式——它在计时、追踪、量化统计的同时，嵌入打卡、排名、积分兑换等多种游戏化“技术剧本”，将身体、设备及其产生的数据共同组成一个复杂的集合体。例如，Forest 这款软件就采用游戏化的种树机制，专注时长可转化为软件中种的虚拟树，种树赚得的分值可用于解锁新品种的树木，它还可以帮助我们提高学习效率、提升工作质量、培养良好习惯、增强自我控制能力、减轻压力和焦虑。

除这类将“时间长度”视觉化的时间管理软件之外，还有一些以“任务时间表”为主要功能的应用软件，在设计上会更强调游戏化的“任务—奖励”逻辑。这类应用软件以“勇者打怪升级”的传统 RPG 游戏叙事方式和规则框架组织起来，只不过“游戏任务”变成了日常生活中的各种事务。时间管理软件为个人时间管理带来了极大的便利，但也会给个人带来一些心理压力，这种媒介化的时间管理实践也并不能真正从根本上帮助个人走出数字时代中时间管理的种种困境。

解决个人时间管理问题的最根本途径，就是明确个人目标，增强自控能力。在日常生活中，我们可以通过规律化的生活、合理的饮食、适当的运动，增强自己的精力和能力。除此之外，冥想和专注训练也是提升自我判断能力和个人精力的方式。冥想有助于减少焦虑和抑郁，放松身心，促进更好地睡眠，从而缓解疲劳，提高生活质量；冥想能够提高个人的觉察力与专注度，使思维更加清晰；冥想还有助于深入了解自身，更好地控制身体和思维。专注训练可以提高信息加工的能力和记忆力。鲁小帅在了解到注意力可以通过训练提升后，进行了一些专注训练，他切实体会到了专注训练能够帮助他更好地专注于学习任务，提升学习效率，加深理解和记忆，他的学习成绩也有所提高。

最后，我们需要定期复盘自己的时间管理行为。阶段性复盘相当重要，一般来说可以以每天、每周、每月、每季度为单位进行复盘。一来可以明确自己计划的进度，每个人都需要一些反馈和激励，适当地总结自己的战果相当有必要，并且很有帮助；二来可以提醒自己不要忘了自己的计划，时刻关注计划的完成程度，并根据自己的实际情况调整计划。

本章扩展资源

（1）克瑙斯．终结拖延症．陶婧，于海成，卢伊丽，等译．北京：机械工业出版社，2015.

（2）柯维．高效能人士的七个习惯：30 周年纪念版．高新勇，王亦兵，葛雪蕾，译．11 版．北京：中国青年出版社，2020.

（3）巴德．认知控制．方庆华，译．北京：国际文化出版公司，2022.

（4）布莱克．只要会呼吸，就能做冥想．陈芳芳，译．北京：中国广播电视出版社，2012.

（5）任务管理类应用，如滴答清单，见 https://dida365.com/home。

本章思考与讨论

（一）个人思考题

你是否了解过其他时间管理策略或原则？请分享一下。

（二）小组讨论题

请小组内成员分享自己的时间管理经历，讲讲自己的时间管理感受。

本章实操模拟

制作一份学期任务清单

练习目标：

此练习旨在帮助学生通过具体活动提高时间管理能力。

任务要求：

请根据本学期的课程制作一份学期任务清单。

练习步骤：

第 1 步：课程梳理。列出本学期所有课程的名称，并查阅每门课程的教学大纲或课程介绍，了解每门课程的主要学习内容和教学目标。

第 2 步：任务分解。针对每门课程，根据教学内容划分出主要的学习模块或章节。针对每个学习模块或章节，列出具体的学习任务，如阅读指定教材、完成课后习题、参与课堂讨论等。

第 3 步：任务时间规划。根据课程的进度安排，为每个学习任务设定预计完成的时间节点。考虑个人的学习习惯和效率，合理分配每天或每周的学习时间，确保任务能够按时完成。

第 4 步：任务清单整理。将所有课程的学习任务按照时间顺序整理成一份任务清单。在清单中注明每项任务的截止日期和重要性，以便提醒自己优先完成紧急且重要的任务。

第 5 步：定期回顾与调整。在学习过程中，定期回顾任务清单，检查任务完成情况。根据实际情况调整学习计划和任务安排，确保学习进度与课程要求保持一致。

本章参考文献

[1] 季正，徐世勇 . 多任务处理与员工主动行为：工作意义感、悖论思维与挑战性评估的作用 . 中国人力资源开发，2023（4）.

[2] 杨建锋，谢鹏，王丹阳，等 . 多任务处理对员工创造力的双刃剑效应：成就导向与认知评估的作用 . 科技进步与对策，2022（9）.

责 任 篇

第八章

数字守护者

——数字安全保护与伦理规范

章节结构

- 数字守护者——数字安全保护与伦理规范
  - 网络攻击
    - 什么是网络攻击
    - 网络攻击需承担的法律责任
    - 网络攻击的危害
    - 如何防范网络攻击
  - 网络暴力
    - 什么是网络暴力
    - 网络暴力的成因
    - 实施网络暴力需承担的法律责任
    - 如何应对网络暴力
  - 网络诈骗
    - 什么是网络诈骗
    - 网络诈骗的常用手段
    - 实施网络诈骗需承担的法律责任
    - 如何防范网络诈骗
  - 网络谣言
    - 什么是网络谣言
    - 传播网络谣言需承担的法律责任
    - 网络谣言的危害
    - 如何应对谣言传播
  - 个人信息保护
    - 什么是个人信息保护
    - 侵犯个人信息需承担的法律责任
    - 个人信息泄露的危害
    - 如何保护个人信息
  - 知识产权
    - 什么是知识产权
    - 知识产权的重要性
    - 侵犯知识产权需承担的法律责任
    - 如何保护知识产权

关键词

网络攻击　网络暴力　网络诈骗　网络谣言　个人信息保护　知识产权

主题思想

在加速发展的数字时代，人们在享受便利的同时，也面临着各种数字安全风险。从社交媒体到在线学习平台，从电子邮件到云端存储，大学生的数字足迹无处不在，因此必须增强数字安全素养，提高自我保护意识。本章详细剖析大学生面临的常见数字安全威胁，并解析相关法律规范，为其提供切实可行的数字安全保护方案，帮助大学生在数字时代更加安心地生活与学习。

场景引入

小安是一名在科技公司实习的大三学生，每天工作之余喜欢上网放松身心。某天，小安收到了一封看起来像是来自公司内部的电子邮件，邮件内容称他需要紧急更新个人账户信息，以确保公司系统正常运行。邮件中还提到，若不能在24小时内完成更新，将会影响他的工资发放和员工福利。

小安急于遵循邮件中的规定，迅速点击邮件中的链接并填写了个人信息。然而，他并没有意识到，这封邮件实际上是一个网络诈骗陷阱，他的个人信息因此被黑客窃取。不久之后，小安在社交媒体上接连收到恶意言论和人身威胁，似乎有人在故意破坏他的声誉，小安就此陷入了网络暴力的旋涡。

与此同时，网络上开始传播小安的虚假信息，严重影响了他的工作和生活。这些网络谣言给他的生活带来了极大的困扰，让他认识到数字世界并非绝对安全。正当小安试图解决这一切问题时，他的实习公司突然卷入了一起知识产权纠纷案件。公司的一项重要软件被未经授权的机构盗用，引发了法律争议。这次事件也让小安深刻认识到维护知识产权的必要性。

鉴于小安的经历，本章将深入探讨网络攻击、网络暴力、网络诈骗、网络谣言、个人信息保护、知识产权等议题，揭示数字安全的重要性和复杂性。在信息繁杂的互联网时代，大学生需要全面了解数字安全及法律法规知识，学会有效保护自己在网络空间的权益。

案 例 思 考

2022 年 11 月 8 日 13 时 30 分，刚毕业的大学生魏某某在自己家中使用笔记本电脑，侵入了榆林市某有限公司 OA 自动化办公系统腾讯云服务器并植入木马病毒，将系统内的数据破坏，导致该公司 OA 自动化办公系统腾讯云服务器瘫痪无法使用，造成直接经济损失 3.5 万元。法院审理认为，魏某某违反国家规定，对计算机信息系统功能进行删除、干扰，造成计算机信息系统不能正常运行，后果严重，其行为触犯《中华人民共和国刑法》第二百八十六条，应当以破坏计算机信息系统罪追究其刑事责任。

资料来源：榆阳检察："黑客"入侵他人电脑，被依法公诉！.（2023-12-10）[2024-05-18].https：//mp.weixin.qq.com/s/0voViVxyPt2_GB3o6RPZ9w.

思考问题：

大学生应如何平衡技术能力与法律道德约束，在使用数字技术时避免对他人或社会造成危害？

第一节 网络攻击

一、什么是网络攻击

大学生群体中存在部分类似魏某某的人，他们或多或少有一些计算机基础，但由于心智尚未成熟、缺少法律常识等，会对学校、企业甚至政府等机构的公共网络进行攻击。网络攻击，即对计算机信息系统、基础设施、计算机网络或个人计算机设备所做的任何类型的进攻动作。在没有得到授权的情况下偷取或访问、破坏、披露、修改任何一台计算机的数据，使软件或服务失去功能，都被视为对计算机和计算机网络的攻击。

网络攻击的常用技术手段主要有四种。[①]

其一，利用系统漏洞。

计算机系统接入网络后会面临网络中的各种风险。如果操作系统或系统的应用软件存在设计上的缺陷或是编写错误，导致系统运行过程中存在逻辑缺陷，就

① 庄建斌．针对当前网络攻击技术对网络安全防护体系分析．电脑知识与技术，2022（5）．

容易出现缺陷被黑客利用的情况，造成系统中的信息与资料被窃取。

其二，计算机木马。

计算机木马是一种远程控制软件，可以伪装成其他软件入侵计算机窃取信息，甚至获得计算机的控制权。计算机木马的结构包括服务器端和控制器端两大部分，有些木马程序为了避免被计算机识别，会专门增加跳板模块，作为服务器端和控制器端沟通的桥梁。计算机被木马程序攻击后，木马程序会利用跳板和控制器端联系，实现对计算机的远程控制，或者监测计算机的运行状态。

其三，网络嗅探。

网络嗅探即网络监听，利用计算机网络共享技术捕获数据，利用网络共享通信通道完成数据监听。IP/ TCP 协议的弊端会使用户容易受到监听。

其四，通过物理介质传播。

公用 U 盘等储存介质容易感染病毒并在电脑之间传播，储存病毒、木马的 U 盘插入其他电脑后，就会导致该电脑受到木马影响，可能会被不法人员远程控制。如果插入重要的涉密计算机，就会导致秘密泄露，出现机密文件自动上传的情况，窃密者也能有机会借助系统漏洞完成远程的秘密窃取。

二、网络攻击需承担的法律责任

魏某某的“黑客”身份看似很酷，实则已对社会造成了严重危害。“黑客”一词原本指热心于并精通计算机编程和设计等方面内容的人员，如今已被用于泛指电脑系统的非法入侵者。对于经常接触计算机，甚至掌握计算机编程等信息技术的大学生来说，也许所谓的“测试游戏”实际上已半只脚踏入了法律禁区。

本章开头“案例思考”中的魏某某已经构成了破坏计算机信息系统罪。《中华人民共和国刑法》（2023 年修正，后文所引皆为此版本）第二百八十六条规定：“违反国家规定，对计算机信息系统功能进行删除、修改、增加、干扰，造成计算机信息系统不能正常运行，后果严重的，处五年以下有期徒刑或者拘役；后果特别严重的，处五年以上有期徒刑。”“违反国家规定，对计算机信息系统中存储、处理或者传输的数据和应用程序进行删除、修改、增加的操作，后果严重的，依照前款的规定处罚。”“故意制作、传播计算机病毒等破坏性程序，影响计算机系统正常运行，后果严重的，依照第一款的规定处罚。”

技术能力的提升应当伴随着对伦理法规的深刻理解。数字时代中，信息安全是社会的重要底线，任何未经授权的入侵都可能承担法律责任。大学生在学习技术的同时，必须树立正确的伦理观念，用技术的力量造福社会，而非滥用它来危害他人。高校务必要加强网络安全教育，以确保大学生了解并遵守数字技术的伦理与法律底线。

进阶阅读

除破坏计算机信息系统罪，网络攻击涉及的罪名还有下列几类。

1. 非法侵入计算机信息系统罪

《中华人民共和国刑法》第二百八十五条规定：违反国家规定，侵入国家事务、国防建设、尖端科学技术领域的计算机信息系统的，处三年以下有期徒刑或者拘役。

2. 非法获取计算机信息系统数据、非法控制计算机信息系统罪

《中华人民共和国刑法》第二百八十五条规定：违反国家规定，侵入国家事务、国防建设、尖端科学技术领域以外的计算机信息系统或者采用其他技术手段，获取该计算机信息系统中存储、处理或者传输的数据，或者对该计算机信息系统实施非法控制，情节严重的，处三年以下有期徒刑或者拘役，并处或者单处罚金；情节特别严重的，处三年以上七年以下有期徒刑，并处罚金。

3. 提供侵入、非法控制计算机信息系统程序、工具罪

《中华人民共和国刑法》第二百八十五条规定：提供专门用于侵入、非法控制计算机信息系统的程序、工具，或者明知他人实施侵入、非法控制计算机信息系统的违法犯罪行为而为其提供程序、工具，情节严重的，处三年以下有期徒刑或者拘役，并处或者单处罚金；情节特别严重的，处三年以上七年以下有期徒刑，并处罚金。

三、网络攻击的危害

网络攻击除了涉嫌违法犯罪，还会给个人及社会造成许多危害，最直接的影响是造成经济与财产损失。黑客可以获取用户的个人账户、信用卡信息和其他敏感数据，进行非法转账和消费，给用户带来不可估量的财产损失。企业的商业机密和核心竞争力也面临着泄露风险，网络攻击会使企业系统瘫痪、停工停产等，进而造成巨大的经济损失。

网络攻击会侵犯个人隐私，造成个人信息泄露。通过网络攻击，黑客可以窃取个人的身份信息、通信记录、照片和其他个人隐私，进行隐私贩卖、敲诈勒索等。与此同时，网络攻击会给受害者带来心理健康问题。当个人隐私被侵犯、个人财产受损时，受害者会感到极度恐惧、愤怒和沮丧。若受害者长期受到网络攻击的困扰，很可能会丧失对网络安全的信任，甚至出现抑郁、焦虑等心理问题。

此外，网络攻击会影响社会稳定并对国家安全造成威胁。企业和政府部门的重要机密可能会被黑客窃取，给国家安全带来极大的风险。黑客还可能会破坏国家的关键基础设施，如金融、电力、交通系统等，造成社会秩序混乱和人员伤

亡。此外，黑客还可能窃取国家机密和军事情报，损害国家的形象与利益。

数字技术利弊兼具，一旦被用来实施违法犯罪行为，其破坏性会呈几何级数增长。大学生务必要合理使用互联网工具，遵守法律法规，以合法的用户身份进入计算机信息系统，尊重他人的权利。此外，无论是企事业单位还是个人，都应该做好安全防范措施，及时完善、修补系统漏洞，以免让不法分子有机可乘。

四、如何防范网络攻击

第一，启用多因素身份验证（Multi-Factor Authentication，简称 MFA）是防范网络攻击的重要一步。建议大学生在设置网络账户时开启 MFA 功能，MFA 意味着除了密码之外，在登录账号时还需提供另一个验证信息，如手机验证码或面部识别等。这种方式增加了黑客攻击的难度。

第二，使用反恶意软件也是必不可少的。大学生需要为电脑安装一款可靠的杀毒软件，并定期更新病毒库，帮助系统有效地防御病毒、木马等恶意软件的攻击。这些恶意软件可能会窃取、破坏个人数据，甚至控制个人电脑进行非法活动。

第三，时常更新系统也是保护网络安全的重要措施。操作系统、浏览器和各类应用程序的更新版本通常包含对新发现的安全漏洞的修复。如果不及时更新，可能会有被黑客利用漏洞进行攻击的风险。因此，建议大学生定期更新电子设备，以确保安全性。

第四，传输敏感信息时务必使用加密通信方式。这样可以确保信息在传输过程中不会被窃取或窜改。要注意避免在公共网络上进行敏感操作，如网银交易、登录重要账号等。公共 Wi-Fi 可能存在安全风险，容易被黑客利用。

第五，学习网络安全知识是提升网络安全意识的关键。利用课余时间学习网络安全知识，了解常见的网络攻击手段和防御方法，可以帮助大学生更好地保护自己的账号数据。

第二节 网络暴力

案 例 思 考

1. 寻亲男孩刘学州事件

2021 年 12 月 6 日，河北石家庄法商职业学校的一名大学生刘学州在网络上发布寻亲视频。但寻亲成功后，刘学州却因住房问题被生母拉黑。在其发布的与生母通话的电话录音中，生母指责他向亲生父母索要房产。舆论瞬间压向刘学州，有人说他是自导自演炒作，还有人对他进行诽谤侮辱。2022 年 1 月 24 日，刘学州在三亚海边发布了一封遗书，之后服药结束了年轻的生命。

资料来源：被告当庭否认侵权，刘学州被网暴致死案将择期宣判 .（2023-09-25）[2024-05-18]. https：//m.gmw.cn/2023-09/25/content_1303524485.htm.

2. 粉发女孩郑灵华事件

2022 年 7 月，在浙江读书的大学生郑灵华拿到了华东师范大学的研究生录取通知书。收到录取通知书后，郑灵华第一时间赶到医院与 84 岁的爷爷分享这份喜悦。在看望爷爷时，她拍下了照片发到社交平台留作纪念。没想到照片流出后，她因染粉色头发而遭遇大规模网暴。2023 年 2 月 19 日，有网友爆出消息，郑灵华因抑郁自杀去世。

资料来源：心痛！那个被网暴的女孩走了 .（2023-02-20）[2024-05-18].https：//m.gmw.cn/baijia/2023-02/20/1303289439.html.

思考问题：

社交平台和公众在维护网络秩序和伦理方面应承担哪些责任？

小 测 试

随着社交媒体的普及，网络暴力现象日益受到社会关注。在本部分课程内容开始前，希望通过以下量表了解你在网络环境中的行为和感受（见表 8-1）。本量表中包含多个问题，请根据实际情况，在每一道题后面打分，用于衡量你的行为频率或感受程度。其中 1~5 分表示的强度如下：

1. 从不：表示你从未有过该行为或从未感受到该情况。
2. 很少：表示你很少出现该行为或很少感受到该情况。
3. 有时：表示你有时会出现该行为或有时会感受到该情况。
4. 经常：表示你经常出现该行为或经常感受到该情况。
5. 几乎总是：表示你几乎总是出现该行为或几乎总是感受到该情况。

表 8-1　网络环境中行为态度评估表

维度	评价内容	强度标准				
		1	2	3	4	5
网络受害	● 有人在社交媒体群组中嘲笑我或发表关于我的负面言论。 ● 我被无故从社交媒体群组中踢出或排斥。 ● 有人未经我允许就在社交媒体上分享了我的尴尬照片或信息。 ● 有人在社交媒体上威胁或侮辱我。					

续表

维度	评价内容	强度标准				
		1	2	3	4	5
网络欺凌	● 我在微信、微博或 QQ 等社交媒体上威胁或侮辱他人，以让他们感觉糟糕。 ● 我在社交媒体上排挤或侮辱他人，以让他们感觉难受。 ● 我未经允许就在社交媒体上分享了他人的尴尬照片或信息，以让他们难堪。 ● 我创建了专门的社交媒体群组或话题，以嘲笑或羞辱某人。					
网络防御	● 当我看到有人在社交媒体上受到欺凌时，我会站出来为他们辩护或保护他们。 ● 当我看到有人在社交媒体上受到欺凌时，我会选择不介入。 ● 我被邀请加入了一个社交媒体群组，群组的主要目的是嘲笑或羞辱某人，但我并没有积极参与。 ● 当看到有人在社交媒体上受到威胁或侮辱时，我没有采取任何行动。					
被动旁观	● 我在社交媒体上目睹了欺凌行为，但我没有采取任何行动。 ● 我是某个社交媒体群组的一员，但当我看到群组中存在欺凌行为时，我没有采取任何行动。 ● 我被邀请加入了一个社交媒体群组，群组的主要目的是取笑或嘲笑某人，但我只是旁观。 ● 我看到有人在社交媒体上受到威胁或侮辱，但我选择了沉默或不采取任何行动。					

资料来源：POZZOLI T, GINI G. Behavior during cyberbullying episodes: initial validation of a new self - report scale. Scandinavian journal of psychology, 2020(1).

一、什么是网络暴力

互联网的普及和社交媒体的兴起为人们带来了广阔的沟通空间，使得信息交流更加方便迅速。然而，网络暴力问题逐渐成为一种备受关注的社会现象。网络暴力，即以网络为媒介，通过诽谤侮辱、煽动滋事、公开隐私等人身攻击方式，侵害他人人格权益、危害网络空间正常秩序的失范行为。网络暴力背后往往涉及人肉搜索、诽谤侮辱、谣言传播等各种不当行为，它不仅伤害了受害者的个人尊严和心理健康，也对社会和谐造成潜在威胁。网络暴力并不局限在特定社会群体或地区中，而是一个全球性的问题、挑战，需要人们正视并加以防治。

二、网络暴力的成因

匿名化、虚拟化的网络环 境会让一部分在现实生活中遵纪守法的人丧失自我约束力和规范性。网民身份看似不需要承担任何代价，因此降低了一部分人的道德水平和法律意识。针对社会热点事件，部分大学生容易突破道德底线，表达个人的情绪化观点，逞一时的口舌之快而不计后果。同时，大学生价值观不成熟、不稳定等因素也一定程度上助长了大学生群体中的网络暴力现象。

网络暴力看似很遥远，实则就隐藏在你我身边。专业调研机构“调研工厂”在全国范围内向 3 591 名受访者发布了一份《有关网络暴力认知态度网络调查问卷》，调查显示，超过六成受访者自称经历过网络暴力（见图 8-1）。

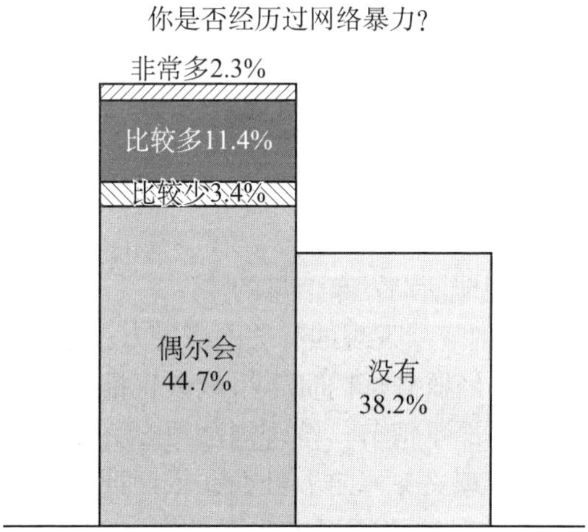

图 8-1　网络暴力调查数据

资料来源：调研数据表明：六成人经历过网络暴力 .（2023-03-14）[2024-05-18].https://www.thepaper.cn/newsDetail_forward_22289974.

三、实施网络暴力需承担的法律责任

2023 年 9 月 20 日，针对网络暴力现象，最高人民法院、最高人民检察院、公安部联合发布了《关于依法惩治网络暴力违法犯罪的指导意见》，根据刑法和相关司法解释规定，对网络暴力行为的性质认定做了指引性规定。

（1）在信息网络上制造、散布谣言，贬损他人人格、损害他人名誉，情节严重，符合刑法第二百四十六条规定的，以诽谤罪定罪处罚。在信息网络上采取肆意谩骂、恶意诋毁、披露隐私等方式，公然侮辱他人，情节严重，符合刑法第二百四十六条规定的，以侮辱罪定罪处罚。《中华人民共和国刑法》第二百四十六条规定：“以暴力或者其他方法公然侮辱他人或者捏造事实诽谤他人，情节严重的，处三年以下有期徒刑、拘役、管制或者剥夺政治权利。”

（2）组织“人肉搜索”，违法收集并向不特定多数人发布公民个人信息，情节严重，符合刑法第二百五十三条之一规定的，以侵犯公民个人信息罪定罪处罚；依照刑法和司法解释规定，同时构成其他犯罪的，依照处罚较重的规定定罪处罚。《中华人民共和国刑法》第二百五十三条之一规定："违反国家有关规定，向他人出售或者提供公民个人信息，情节严重的，处三年以下有期徒刑或者拘役，并处或者单处罚金；情节特别严重的，处三年以上七年以下有期徒刑，并处罚金。"

（3）基于蹭炒热度、推广引流等目的，利用互联网用户公众账号等推送、传播有关网络暴力违法犯罪的信息，符合刑法第二百八十七条之一规定的，以非法利用信息网络罪定罪处罚；依照刑法和司法解释规定，同时构成其他犯罪的，依照处罚较重的规定定罪处罚。《中华人民共和国刑法》第二百八十七条之一规定："利用信息网络实施下列行为之一，情节严重的，处三年以下有期徒刑或者拘役，并处或者单处罚金：（一）设立用于实施诈骗、传授犯罪方法、制作或者销售违禁物品、管制物品等违法犯罪活动的网站、通讯群组的；（二）发布有关制作或者销售毒品、枪支、淫秽物品等违禁物品、管制物品或者其他违法犯罪信息的；（三）为实施诈骗等违法犯罪活动发布信息的。"

（4）网络服务提供者对于所发现的有关网络暴力违法犯罪的信息不依法履行信息网络安全管理义务，经监管部门责令采取改正措施而拒不改正，致使违法信息大量传播或者有其他严重情节，符合刑法第二百八十六条之一规定的，以拒不履行信息网络安全管理义务罪定罪处罚；依照刑法和司法解释规定，同时构成其他犯罪的，依照处罚较重的规定定罪处罚。《中华人民共和国刑法》第二百八十六条之一规定："网络服务提供者不履行法律、行政法规规定的信息网络安全管理义务，经监管部门责令采取改正措施而拒不改正，有下列情形之一的，处三年以下有期徒刑、拘役或者管制，并处或者单处罚金：（一）致使违法信息大量传播的；（二）致使用户信息泄露，造成严重后果的；（三）致使刑事案件证据灭失，情节严重的；（四）有其他严重情节的。"

（5）实施网络侮辱、诽谤等网络暴力行为，尚不构成犯罪，符合治安管理处罚法等规定的，依法予以行政处罚。

四、如何应对网络暴力

大学生在面对网络暴力时，首先应当保持冷静和理性，避免被对方的情绪影响，从而过度回应或卷入无休止的争吵，加剧矛盾。

大学生如果遭遇了网络暴力，特别是涉及威胁、骚扰或其他违法行为时，务必要收集并保存相关证据，如截图、录音及聊天记录等，这些证据将会成为向公安机关举报或采取法律行动的有力支撑。

同时，大学生要利用好社交媒体平台提供的举报功能，及时举报网络暴力内容或用户，并选择拉黑或屏蔽攻击者，以减少进一步的骚扰。

此外，在应对网络暴力的过程中，寻求支持是非常重要的。大学生可以与家人、朋友或信任的人分享困境，寻求情感上的支持和安慰。此外，如果需要专业帮助，可以寻求咨询师或心理健康专家的协助，他们可以提供有针对性的建议和应对策略。

如果网络暴力行为严重到涉及违法行为，请寻求法律援助。可以向当地的执法机构或律师咨询，了解个人权益和可行的法律途径，以便能够正确、合法地维护自身的权益和尊严。

第三节 网络诈骗

案例思考

2016 年，准大学生蔡某接到一个陌生号码的电话，对方声称她中了一笔巨额奖金，但需要支付一定的手续费才能领取。蔡某相信了对方的话，按照要求转账支付了 9 800 元。发现被骗后，她无法接受自己被诈骗的现实，最终选择结束了自己年轻的生命。法院审理认为，诈骗团伙以非法占有为目的，采取虚构事实的方法骗取他人财物，其行为已构成诈骗罪，分别判处被告人无期徒刑、有期徒刑十五年至二年六个月不等，并处罚金。

资料来源：电信诈骗致女生自杀 7 人获刑主犯判无期 .（2017-12-29）[2024-05-18].https://baijiahao.baidu.com/s?id=1588054177353041170&wfr=spider&for=pc.

思考问题：

在遭遇诈骗或发现他人被骗时，应如何采取合理的应对措施，同时避免因情绪失控而做出极端选择？

一、什么是网络诈骗

2022 年 8 月，中国青年报社针对 1 507 名青年进行的一项调查显示，71.7%

的受访青年表示自己曾遭遇过网络诈骗。[①]大学生由于社会经验少、触网时间长，对日益翻新的诈骗手段辨识能力不足，很容易成为网络电诈分子的目标。网络诈骗，即以非法占有为目的，通过互联网采用虚构事实或者隐瞒真相的方法，骗取数额较大的公私财物的行为。许多人会觉得诈骗离自己很遥远，认为头脑足够聪明就不会落入骗局，但并非高学历和高智商的人就一定不会被诈骗。事实上，有些人之所以被骗恰恰是因为过于自信。因此，大学生必须摒弃侥幸心理，严格防范网络诈骗。

二、网络诈骗的常用手段

网络诈骗的手段层出不穷，变换速度极快，需要大学生谨慎识别。常见的网络诈骗手段可分为八大类。[②]

（一）仿冒身份类诈骗

（1）虚假网络贷款：诈骗分子制作假冒的网络贷款 App，以“低利息、高额度、不看征信”等噱头吸引受害人前来贷款，待提现时以交会员费、输错提现账号交解冻费、刷流水提高征信等理由诈骗钱财。

（2）冒充客服：诈骗分子非法获取受害人信息后，冒充客服人员拨打受害人电话，谎称快递丢失、商品有问题要退赔，或者实习生失误给受害人办理了会员要取消等，诱骗受害人按照操作将钱转给骗子。

（3）冒充公检法：诈骗分子冒充公检法工作人员，谎称受害人涉嫌诈骗、洗钱、非法出入境等违法犯罪行为，要求受害人配合调查，诱骗受害人将钱转到“安全账户”进行资金清算等实施诈骗。

（4）冒充老师收费：诈骗分子偷偷进入家长群，复制班主任老师的头像和信息，在老师上课的时间段，以收取学杂费为由，假冒班主任在群内发二维码或者银行卡诱骗家长转账。

（5）假冒名校培训班：诈骗分子冒充在外读书的孩子，以正在上课、手机丢失为由，通过校讯通、QQ 等向父母发消息，称想报名参加国内顶尖大学教授举办的培训班，再冒充老师收取培训费、器材费等实施诈骗。

（6）冒充领导：诈骗分子冒充党政领导身份，添加受害人为好友，关心其工作和生活，给其一种受到领导器重的感觉。然后，“领导”以不方便使用自己的账户转账等为由找受害人帮忙向他人转账，制作向受害人转账的假凭证，

① 网络诈骗套路深 超七成受访青年表示遇到过 .（2022-08-11)[2024-05-18].https://news.youth.cn/sh/202208/t20220811_13911089.htm.

② @所有人，远离诈骗，警惕八大类 40 种诈骗手法！ .（2023-09-07）[2024-05-18].https://baijiahao.baidu.com/s?id=1776344334774466123&wfr=spider&for=pc.

谎称钱已经转给受害人，由受害人将钱转给指定的他人，诱骗受害人往其提供的账户转账。

（7）冒充老板：诈骗分子建立一个公司老板、股东群，然后将财务人员拉进群内，假装在群内谈业务，然后以支付货款、退款等为由，要求财务人员将钱转到诈骗分子的银行账户。

（二）利益诱惑类诈骗

（1）刷单返利：诈骗分子通过朋友圈、地推、送礼品、小卡片等，引诱受害人加群兼职、做任务，轻松完成点赞、关注等任务，先让其获得小额金钱回报，待受害人投入大额金钱后再不能提现，从而进行诈骗。

（2）虚假投资理财：诈骗分子制作虚假的投资理财平台，通过多种渠道引诱受害人到平台进行投资，刚开始获得高额收益并且可以提现，最后不能提现，或者通过平台后台控制涨跌假装将钱全部亏空。

（3）民族资产解冻：诈骗分子伪造中央、部委公文，打着国家、民族旗号，虚构精准扶贫、慈善富民等项目，声称只要交少量的钱就可以领取巨额福利，诱骗老年人投资。

（4）买卖游戏装备账号：诈骗分子假称要购买受害人的游戏装备或者账号，诱骗受害人到指定的虚假交易平台进行交易，然后以账户资金被冻结、缴纳保证金等为由诱使受害人转账。

（5）红包返利：诈骗分子以明星过生日、粉丝福利等为由，称只要发红包就可十倍返还，诱骗未成年人进入“红包群”。开始时用小额红包真实返利，后续加大金额后，以联单、账户冻结、保证金等为由实施诈骗。

（三）网络交友类诈骗

（1）网恋诈骗：诈骗分子复制他人图片打造虚假社交账号，与受害人网恋，然后以资金周转、生病、生日、节日等各种理由诈骗受害人的钱财。

（2）异国情缘：诈骗分子假冒外籍军官、维和士兵等身份，通过社交平台结识受害人，通过聊天与受害人建立感情后，谎称要将一笔资金交给受害人保管，以支付邮递费、通关费等为由诱骗受害人转账。

（3）“杀猪盘”：诈骗分子虚构社交平台账号，通过婚恋网站、社交平台寻找单身、离异的受害人，每日嘘寒问暖迅速建立恋爱关系，以带受害人赚钱为由诱骗受害人在虚假平台上投资，最后不能提现。

（4）裸聊敲诈：诈骗分子通过社交平台添加受害人为好友后，提出裸聊要求，并以观看直播为由诱骗受害人下载木马软件，从而获取受害人的手机通讯录。获得受害人裸聊视频后，以发送视频给通讯录好友为由威胁受害人多次转账。

（5）直播打赏：诈骗分子物色女主播在前台直播，男运营则冒充女主播和粉丝聊天，通过暧昧聊天制造温柔陷阱，以完成直播任务、PK 打榜等为由诱骗受害人打赏。

（四）虚假消费类诈骗

（1）虚假购物：诈骗分子通过朋友圈发布紧俏商品的虚假广告，诱骗受害人缴纳定金或者支付货款，最后将受害人拉黑或者拖延不发货。

（2）虚假招嫖：诈骗分子通过互联网或线下小卡片发布招嫖信息，并且通过修改手机定位显示在受害人周边位置，然后以交会员费，支付打车费、保证金等为由诱骗受害人多次转账。

（3）海外代购：诈骗分子通过朋友圈发布海外代购广告，诱骗受害人购买海外商品，然后以商品被海关扣留需要付开箱查验费、补缴税款、支付保证金等为由诈骗钱财。

（4）虚假采购：诈骗分子冒充军队、武警、消防部队工作人员或者学校老师等，打电话给商户假称要购买物资或者订餐，其中一些物资或食材指定到某处购买，需要由商户先垫付资金，诱骗商户将钱款转到骗子的账户。

（5）“卖茶女”：诈骗分子虚构一个“美女”的社交平台账号，添加男性好友聊天，逐步透露家中爷爷种茶、炒茶，然后假称爷爷生病、茶叶滞销，勾起男性的保护欲，诱其高价购买劣质茶叶。

（五）“钓鱼”类诈骗

（1）谎称 ETC 升级：诈骗分子冒充“ETC 中心”“高速管理中心”“交管 12123”等管理平台，给车主发送短信，称其 ETC 过期，需要重新认证或者升级，引导其点击短信内的诈骗链接，填写银行卡号、密码、验证码等信息后实施盗刷。

（2）谎称机票退改签：诈骗分子通过非法渠道获取乘客的购票信息后，发短信给乘客，称航班因机械故障、天气等原因需要退改签，并可以领取补偿，诱骗受害人点击链接填写银行卡支付信息进行盗刷。

（3）谎称医保卡、社保卡升级：诈骗分子向受害人发送短信，称其医保卡或者社保卡已经停用，需要完善信息重新激活，诱导受害人点击短信中的链接，打开一个仿冒“国家医疗保障局”或者“人社局”的网页，填写银行卡支付信息进行盗刷。

（4）中奖诈骗：诈骗分子在网上广发广告引诱受害人抽奖，受害人轻松获奖，奖品丰厚，但是领奖先要进行公证、缴税等，诱骗受害人转账。

（5）谎称领取工资补贴：诈骗分子入侵企业邮箱，向企业员工发送邮件，通知员工限时领取工资补贴，诱导员工点击邮件中的链接，填写银行卡号、密码、验证码等进行盗刷。

（6）领取游戏皮肤、装备：诈骗分子在游戏中发布广告，称可以免费领取皮肤或装备，引诱未成年学生添加好友，然后以其父母涉嫌犯罪为由恐吓，诱骗受害人使用父母手机向骗子转账。

（六）维权类诈骗

（1）谎称 P2P 网络借贷产品回款：诈骗分子在网上发布虚假公告，或者非法获取受害人投资 P2P 网络借贷产品的信息，声称之前投资暴雷的 P2P 网络借贷产品可以清退回款了，然后以缴税、刷流水对冲、账户冻结等为由诱骗受害人转账。

（2）冒充培训机构退费：诈骗分子冒充网络培训机构，向受害人发送退费信息，引诱受害人下载涉诈 App，然后以投资返利、认购国债等方式进行“退费”，诱导受害人投入大额资金。

（3）冒充网警维权：诈骗分子在网上发布“国家反诈中心”“反诈骗中心”的虚假诈骗网站、QQ 号码，引诱被骗的受害人前去“报案”，然后声称受害人的银行账户不安全，要受害人将钱转到“安全账户”，或者称已经帮受害人追回钱款，要受害人转钱进去解冻账号，从而实施诈骗。

（4）冒充律师维权：诈骗分子制作虚假的律师事务所的网站，诱骗受害人点击进去维权，然后以支付建档费、被骗资金追回需要激活等为由诱骗受害人转账。

（5）冒充黑客维权：诈骗分子冒充黑客发布 QQ 号，引诱被骗的受害人前来求助，然后假称已经帮助追回被骗款，但先要交 10% 的手续费、技术破解服务费等，诱骗受害人转账。

（七）征信类诈骗

（1）冒充购物平台客服诈骗：诈骗分子冒充购物平台客服拨打受害人电话，称需要关闭其购物平台相关业务，否则会影响征信。诈骗分子诱导受害人共享手机屏幕，以“保护账户资金安全”“审查账户资金”为由，诱骗受害人转账。

（2）注销校园贷：诈骗分子获取大学毕业生学籍信息，冒充网贷平台客服拨打受害人电话，谎称根据国家政策，需注销校园贷，然后以资金核查、确认本人操作为由，诱骗受害人贷款并将钱转到“认证对接账户”“安全账户”。

（八）其他诈骗

（1）冒充好友借款：诈骗分子利用其他渠道获取或模拟受害人的语音，然后盗取受害人微信，向其好友借钱，并将受害人的语音发给好友，打消好友的疑虑，从而实施诈骗。

（2）虚假绑架：诈骗分子先用冒充公检法等手段控制在海外留学的学生，然后打电话给学生父母，假称学生被绑架，并发来剪辑拼接的虚假绑架视频，威胁恐吓学生父母转账。

（3）虚假招聘：诈骗分子冒充中介机构发布招聘广告，诱骗受害人前来应聘，再以交体检费、办证费、培训费等为由让受害人交钱，甚至骗其贷款。

（4）手工活诈骗：诈骗分子在网上发布手工活回收的广告，诱骗受害人在网上签订合同，购买机械设备和原材料回去组装。组装完成交货时，却鉴定产品不合格，不予回收，从而实施诈骗。

（5）兼职诈骗：诈骗分子制作虚假的兼职平台，引诱大学生、宝妈等群体兼职做任务，发布的任务为注册社交平台账号、提供银行卡进行转账等内容。这些账号和银行卡被诈骗分子用来诈骗，受害人无意中成了骗子的帮凶，可能涉嫌“帮信罪”。

三、实施网络诈骗需承担的法律责任

蔡某的悲惨结局一方面是由于自身防范不慎，轻易相信诈骗分子的话术，另一方面是由于诈骗分子狡猾的犯罪手法。诈骗罪，是指以非法占有为目的，使用欺骗方法，骗取数额较大的公私财物的行为。诈骗团伙洞悉人性弱点，抓住人的贪心和不甘心，利用各种心理效应布下陷阱，这是诈骗的底层逻辑。

《中华人民共和国刑法》第二百六十六条规定：“诈骗公私财物，数额较大的，处三年以下有期徒刑、拘役或者管制，并处或者单处罚金；数额巨大或者有其他严重情节的，处三年以上十年以下有期徒刑，并处罚金；数额特别巨大或者有其他特别严重情节的，处十年以上有期徒刑或者无期徒刑，并处罚金或者没收财产。”大学生在遇到网络诈骗时，要及时保留证据，利用法律武器保护自己，同时也要严格遵守法律法规，避免沦为诈骗分子或其帮凶。

四、如何防范网络诈骗

为防范网络诈骗，大学生需牢记“8631”防骗口诀，即“八个凡是”“六个一律”“三个绝对不可能”和“一个绝对不要做”。[①]

（1）“八个凡是”包括：

- 凡是自称公检法要求汇款的，不能相信。
- 凡是让你汇款到“安全账户”的，不能相信。
- 凡是通知中奖、领奖让你先交钱的，不能相信。

① 牢记这个口诀，帮你击破那些让人防不胜防的诈骗手段 .（2020-07-20）[2024-12-27]. https://mp.weixin.qq.com/s/2eGyDdFWYzwSjKltIPPSuA.

- 凡是通知“家属”出事要先汇款的，不能相信。
- 凡是在电话中索要银行卡信息及验证码，或是让你开通网银接受检查的，不能相信。
- 凡是声称提供无担保、低息贷款，让你先交手续费的，不能相信。
- 凡是声称领导要求汇款的，不能相信。
- 凡是陌生网站要求登记银行卡信息的，不能相信。

（2）“六个一律”包括：

- 陌生电话，一谈到转接公检法的，一律挂掉。
- 陌生电话，一提到“安全账户”的，一律挂掉。
- 陌生电话，一谈到银行卡的，一律挂掉。
- 所有短信，但凡让点击链接的，一律不点。
- 微信、QQ 不认识的人发来的链接，一律不点。
- 网络交易平台使用非官方平台的，一律拒绝。

（3）“三个绝对不可能”包括：

- 警方绝对不可能在电话中向你通报案情。
- 警方绝对不可能通过手机向你发送警官证。
- 警方绝对不可能通过微信向你发送通缉令。

（4）“一个绝对不要做”包括：

- 所有电话、QQ、微信中陌生人要求转账汇款的，绝对不要做。

进 阶 阅 读

国家反诈中心 App

国家反诈中心 App 由公安部刑事侦查局组织开发，是一款能有效预防诈骗、快速举报诈骗内容的软件。国家反诈中心 App 的宗旨是帮助用户维护电信网络安全，为用户建立电信网络涉案举报渠道，增强防范宣传，致力于构建良好的电信网络环境。

用户无须担心在使用过程中会泄露个人信息，因为它严格遵照《中华人民共和国网络安全法》及相关法律法规的规定，坚决严密保护公民隐私安全。从技术上和管理上说，它有着合理有效的信息安全技术及管理制度，可以防止用户信息泄露或被窜改，保证用户的个人信息安全无虞。国家反诈中心 App 的作用有：

（1）可以免费为用户提供防骗保护，当收到涉嫌诈骗的电话、短信、网址或者安装涉嫌诈骗的 App 时，可以智能识别骗子身份并及时预警，极大地降低受骗可能性。

（2）用户可对非法可疑的电信网络诈骗行为进行在线举报，为公安提供更多的反诈线索。在使用手机的过程中，如果发现可疑的手机号、短信，赌博、钓鱼网站，以及诈骗 App 等信息，可以在“我要举报”模块进行举报，后台会及时封杀它们。

（3）定期推送防诈文章，曝光最新诈骗案例，提高防骗意识。同时会根据不同年龄、职业人群的特点，测试其被骗风险指数，防患于未然。

第四节 网络谣言

案例思考

2024 年 4 月 7 日，湘潭大学在读研究生张某某因身体不适到医院就医，疑似被人投毒，于 4 月 13 日不治身亡。在此期间，网络上充斥着“某学生经常丢外卖，所以在外卖里投毒”的谣言信息，将矛头指向受害人张某某，暗示其因偷盗而误食有毒外卖造成自身死亡。2024 年 4 月 12 日，湘潭市公安局雨湖分局接到报警，介入调查。侦查发现，与张某某同寝室的周某某有重大作案嫌疑，打破了网络谣言。公安机关提醒，网络不是法外之地，请广大网民不信谣、不传谣、不造谣。

资料来源：湘潭大学研究生被投毒？湖南警方：其室友有重大嫌疑 .（2024-04-20）[2024-05-18].https://m.gmw.cn/2024-04/20/content_1303717277.htm.

思考问题：

大学生在面对突发社会事件时，如何提高自身的信息鉴别能力，避免成为谣言的传播者？

一、什么是网络谣言

随着社交网站的蓬勃发展，各类自媒体层出不穷。这些新兴传播渠道在为人们带来便捷体验的同时，其传播的信息也变得鱼龙混杂，不少谣言掺杂其间。网络谣言，即通过网络介质传播的没有事实根据的传闻。网络谣言的内容主要涉及突发事件、公共卫生、食品药品安全、政治人物等领域。

网络谣言让人难以分辨真伪，背后有多重原因。从信息的客体角度而言，谣言内容模糊且具有迷惑性是重要因素。网络谣言常以碎片化的文字、模糊的图片视频等形式出现，这些材料难以辨别真伪。造谣者善于利用这种模糊不清的信息，通过精心编造的标题和内容引发公众的关注。此外，网络谣言常使用“绝密”“内部消息”“知情人士透露”等降低人的警惕性的词语，再加上网络空间的匿名性，使消息来源不易查清。

从受众的主体角度而言，信息过载和认知偏差是导致公众难以分辨网络谣言的重要原因。在数字时代，人们每天面对大量的信息，很难对所有信息进行逐一核实。同时，由于认知偏差的存在，人们更容易接受符合自己已有观念或情感倾向的信息，而对与自己观念不符的信息产生抵触情绪。这使得公众在面对网络谣言时，更容易产生误判和误解。

好奇心理同样是人们相信并传播谣言的原因。人类天然地对奇特的东西充满好奇，网络谣言恰好满足了人们的这种心理。对于受众来说，网络谣言的文本远比事实更精彩新奇，并且网络谣言文本还能让人们随意地更改、添加内容，这为信谣传谣者提供了“添油加醋”的创作空间，使谣言更易“激活”人们的情绪，从而造成谣言的强传播力。

人类的安全心理也会导致谣言的传播。当社会处于危机状态的时候，人们容易产生恐惧和紧张情绪。网络谣言通常具有“重大性”与“切身性”特点，越重大、越与自身相关的话题就越会被公众关切，而当这些话题出现“模糊性”特征时，出于安全心理的需求，公众会更倾向于相信谣言。此外，当共享一个话题时，人们会产生在人群中的归属感，为满足自身的安全心理需求，人们也会主动去分享这一谣言话题。

二、传播网络谣言需承担的法律责任

传播网络谣言要承担相应的法律责任。从民事责任来讲，依据《中华人民共和国民法典》第一千一百九十四条规定，“网络用户、网络服务提供者利用网络侵害他人民事权益的，应当承担侵权责任”。从行政责任来讲，散布谣言，谎报险情、疫情、警情或者以其他方法故意扰乱公共秩序的，公然侮辱他人或者捏造事实诽谤他人，尚不构成犯罪的，依据《中华人民共和国治安管理处罚法》等规定给予拘留、罚款等行政处罚。

从刑事责任来讲，《中华人民共和国刑法》第二百九十一条之一规定：“编造虚假的险情、疫情、灾情、警情，在信息网络或者其他媒体上传播，或者明知是上述虚假信息，故意在信息网络或者其他媒体上传播，严重扰乱社会秩序的，处三年以下有期徒刑、拘役或者管制；造成严重后果的，处三年以上七年以下有期徒刑。”

进 阶 阅 读

《最高人民法院、最高人民检察院关于办理利用信息网络实施诽谤等刑事案件适用法律若干问题的解释》规定，利用信息网络诽谤他人，具有下列情形之一的，应当认定为《中华人民共和国刑法》第二百四十六条第一款规定的“情节严重”，可构成诽谤罪：

（一）同一诽谤信息实际被点击、浏览次数达到五千次以上，或者被转发次数达到五百次以上的；

（二）造成被害人或者其近亲属精神失常、自残、自杀等严重后果的；

（三）二年内曾因诽谤受过行政处罚，又诽谤他人的；

（四）其他情节严重的情形。

此外，“一年内多次实施利用信息网络诽谤他人行为未经处理，诽谤信息实际被点击、浏览、转发次数累计计算构成犯罪的，应当依法定罪处罚”。

三、网络谣言的危害

首先，网络谣言会加剧社会恐慌。网络谣言传播速度快、范围广，极易蛊惑人心，破坏社会正常秩序，危害公共安全、损害公众利益。一旦危言耸听的谣言形成一定规模，就会引发广大网民的恐慌，从而造成社会的不稳定。

其次，网络谣言也会引发社会信任危机。网络谣言总是偏好负面信息，将社会的阴暗面不断放大，将矛盾不断激化，使人们对所处的社会失去信心。网络谣言一旦扰乱人的思想、心理和行为，使人失去理智，丧失批判性思维能力，人们就会从内心深处觉得谣言是真的，一传十、十传百，到最后严重影响社会稳定。

最后，网络谣言会破坏政府公信力，损害国家利益。近年来，各地经济都在稳定发展，社会建设步伐逐渐加快。但在利益的驱使下，一些专门从事发帖活动的“水军”有组织地散播谣言，既有对公民个体和社会组织的诽谤，也有针对公共事件的捏造，这不仅侵害了个体权益，也破坏了政府公信力。

四、如何应对谣言传播

大学生要明白谣言止于智者，自觉抵制网络谣言，避免听信、传播谣言。

首先，持有理性客观的态度至关重要。面对网络上流传的谣言，不要轻易被情绪左右，不要盲目相信未经证实的信息，也不要急于传播未经核实的内容，盲目转发和传播谣言。转发和传播谣言不仅可能误导他人，还可能对自己造成不良影响。因此，在转发信息时，要仔细核实信息的真实性，确保自己不会成为传播谣言的帮凶。

其次，提高信息辨别能力是关键。学会识别谣言的特征，如内容模糊、细节丰富但难以查证、使用降低警惕性的词语等。在接收信息时，要仔细分析信息的来源、内容的逻辑性和可信度，以避免被虚假信息误导。

再次，当发现网络谣言时，可以积极参与辟谣工作。比如，向相关部门举报谣言、在社交媒体上发布辟谣信息、向朋友和家人宣传辟谣知识等。通过积极参与辟谣工作，可以帮助更多的人识别谣言，减少谣言对社会的危害。

最后，在使用网络时，要加强自我保护意识。不要轻易泄露个人信息和隐私，避免成为网络诈骗的目标。同时，要遵守网络道德规范，不发布和传播虚假信息，共同维护网络空间的清朗和秩序。

第五节 个人信息保护

案例思考

2023 年 7 月 1 日，网传中国人民大学硕士毕业生马某某在读研期间，利用专业技术盗取学校部分学生个人信息，包括照片、姓名、学号、籍贯、生日等，并搭建了给全校学生颜值打分的网站。马某某还曾在其个人社交账号上发布动态公开此事。随后，北京海淀公安分局通报，嫌疑人马某某（男，25 岁，该校毕业生）涉嫌非法获取该校部分学生个人信息等违法犯罪行为，已被海淀公安分局依法刑事拘留。

资料来源：北京警方刚刚通报：中国人民大学毕业生马某某（男，25岁），刑拘！.(2023-07-03)[2024-05-18].https：//baijiahao.baidu.com/s?id=1770375540452307677&wfr=spider&for=pc.

思考问题：

结合本案例，思考非法获取和使用他人个人信息可能带来的社会危害，以及如何树立正确的数字伦理观。

一、什么是个人信息保护

随着社会的不断进步和科技的飞速发展，个人信息安全已成为人们普遍关注的焦点。人们的生活离不开互联网和数字化设备，但与此同时，人们也面临着个人信息泄露的威胁。个人信息保护，即对个人信息进行采集、使用、存储、传输、删除等活动的监管与保护，保护个人信息免受网络攻击、泄露、剽窃、滥用等侵害行为。这一概念旨在维护个人的隐私权和信息安全，防止个人信息被非法获取、使用或泄露，从而保护个人权益不受侵犯。

毫无疑问，学校是个人信息密集之地。从小学开始，大家就会填写各种表格，包括家庭住址、家庭成员情况、过往求学经历等信息。这些信息的填报会从小学持续到大学，它们有些会变成学籍信息，有些会填入个人档案。在数字时代，这些信息很多又会被转化成电子数据，以便存储和管理。一旦个人信息被不法分子利用，造成的后果将不堪设想。

进 阶 阅 读

你知道哪些信息属于个人信息吗?

（1）基本信息。包括姓名、性别、年龄、身份证号码、电话号码、Email 地址及家庭住址等在内的个人基本信息，有时甚至会包括婚姻状况、信仰、职业、工作单位、收入、病历、生育状况等相对隐私的个人基本信息。

（2）设备信息。主要是指所使用的各种计算机终端设备（包括移动和固定终端）的基本信息，如位置信息、Wi-Fi 列表信息、Mac 地址、CPU 信息、内存信息、SD 卡信息、操作系统版本等。

（3）账户信息。主要包括网银账号、第三方支付账号、社交账号和重要邮箱账号等。

（4）隐私信息。主要包括通讯录信息、通话记录、短信记录、IM 应用软件聊天记录、个人视频、个人照片等。

（5）社会关系信息。主要包括好友关系、家庭成员信息、工作单位信息等。

（6）网络行为信息。主要是指上网行为记录，包括在网络上的各种活动信息，如上网时间、上网地点、输入记录、聊天交友、网站访问行为、网络游戏行为、账号注册行为等个人信息。

二、侵犯个人信息需承担的法律责任

马某某的行为涉嫌侵犯公民个人信息罪，面临被追究刑事责任的法律风险。侵犯公民个人信息罪，是指向他人出售或者提供公民个人信息，情节严重的行为，或者是将在履行职责或者提供服务过程中获得的公民个人信息，出售或者提供给他人的行为。

《中华人民共和国刑法》第二百五十三条之一规定："违反国家有关规定，向他人出售或者提供公民个人信息，情节严重的，处三年以下有期徒刑或者拘役，并处或者单处罚金；情节特别严重的，处三年以上七年以下有期徒刑，并处罚金。"对于量刑标准，非法获取行踪轨迹、通信内容、财产信息 50 条以上的，非法获取住宿信息、通信记录、健康生理信息、交易信息等其他可能影响人身、财产安全的公民个人信息 500 条以上的，均达到情节严重的认定标准，可以追究刑事责任。

三、个人信息泄露的危害

首先，个人信息一旦被泄露，最直接的危害之一就是财务损失。窃取个人信息的不法分子可以利用受害人的个人信息（如银行账户信息、手机号码等）进行非法交易、盗刷信用卡，甚至办理贷款。这不仅会导致受害人遭受经济损失，还会给受害人带来长时间的经济纠纷和信用修复问题。

其次，个人信息泄露会严重侵害个人隐私。被泄露的家庭地址、成员信息等可能会被不法分子用来进行骚扰、跟踪甚至敲诈。特别是大学生，可能会收到伪装成学校、银行或其他可信机构的钓鱼邮件或短信，诱使他们泄露更多敏感信息或进行财务转账。由于钓鱼攻击越来越具有欺骗性，很多大学生难以识别，从而上当受骗。

再次，被泄露的个人信息可能被用于各种非法活动。例如，个人照片和视频可能会被恶意利用、合成或传播，甚至被用于网络欺凌或勒索。此外，个人数据还可能被不法分子用来进行虚假身份注册，涉及犯罪活动，给受害人带来法律风险和声誉损害。

最后，个人信息泄露还可能对大学生的学术和职业前景造成不利影响。学业成绩、学籍信息、求职申请等信息泄露后，可能会被不法分子用来冒名顶替或进行不当操作，影响到个人的学术评价和职业机会。

四、如何保护个人信息

为了保护个人隐私和信息安全，大学生需要采取一系列的措施来确保自身的安全。

首先，要做到不随意泄露个人信息。在注册网站或使用 App 时，应该仔细阅读用户协议和隐私政策，并在确定安全性之后再填写个人信息。此外，在社交媒体上发布个人信息和照片时，应该注意隐私设置，避免被陌生人获取个人信息。

其次，养成定期更改密码和加强密码强度的习惯。为了保护个人账户的安全，大学生需要定期更改密码，并且设置强密码，包括大小写字母、数字和符号的组合，密码长度最好在 8 位以上。同时，不要使用相同的密码或者简单的密码，以免密码被破解。

再次，尽早安装杀毒软件和定期备份数据。为了防止恶意软件和病毒的攻击，大学生需要及时安装杀毒软件并定期更新。同时，也要定期更新操作系统的补丁，以避免已知漏洞被攻击。为了防止数据丢失和被攻击，大学生需要定期备份个人数据。在备份时，也需要注意数据的安全性，避免备份数据被窃取。

最后，要时刻注意保护个人设备安全。在使用个人设备时，大学生需要注意设备的安全问题。不要随意打开未知来源的文件和软件、陌生的邮件或短信等，避免下载病毒或恶意软件。在离开个人电脑、平板电脑和手机时，切记及时关闭个人的电子信息设备，避免给心怀不轨之人可乘之机。大学生也需要安装防盗软件和开启设备锁屏功能，避免设备被盗或者丢失。

进阶阅读

个人信息泄露的基本途径

● 病毒、木马和黑客破坏或盗取：病毒、木马和黑客攻击是当今互联网受到的主要威胁，它们也直接危害个人信息安全，可以盗取个人账号、密码，直接导致个人经济损失。

● 网站采集：网站采集个人信息主要有 4 种方式，即用户注册填写信息、在线调查活动中填写个人信息、Cookies 收集用户上网信息以及其他采集方式。个人在注册网站账户填写信息时，也是在传递个人信息，如果网站没有正当使用，则会导致个人信息泄露。

● 个人发布：Web 3.0 为个人自由发布图片、视频等信息提供了许多途径。微信、抖音、微博等社交软件的繁荣使自媒体发布信息更为容易。因此，个人在自媒体上发布信息也是个人信息泄露的重要途径之一。

第六节 知识产权

案例思考

2021 年 12 月，云南昆明的缠花手工艺人于先生在短视频平台发布声明称，自己花费两年时间独立设计并制作的缠花作品《夏姿》被某高校学生赵某抄袭并入围赛事。于先生要求赵某公开道歉，但赵某并未回应。于是于先生将赵某告上法庭，要求赔偿经济损失 1 元。法院审理后判定赵某侵权，于先生索偿 1 元的诉讼请求得到了支持。

资料来源：云南昆明一大学生毕设作品涉嫌抄袭，原创者索赔一元获法院支持 .（2022-07-20）[2024-05-18].https：//new.qq.com/rain/a/20220720A0AYWM00.

思考问题：

考虑到抄袭和侵权行为，大学生在发表、引用他人作品时应如何平衡创作自由与数字伦理，以确保合法合规？

一、什么是知识产权

大学生在学术研究、创作表达、社交互动等方面都深受数字化的影响。随着数字创作的激增，知识产权问题也愈发凸显。侵权、盗版、抄袭等问题层出不穷，给知识产权保护带来了严峻挑战。大学生需要正视并积极应对数字环境中的知识产权问题，维护自身创作的合法权益。

知识产权，是基于创造成果和工商标记依法产生的权利的统称。最主要的三种知识产权是著作权、专利权和商标权，其中专利权与商标权也被统称为工业产权。知识产权是一种无形的财产权，包括人身权利和财产权利，也称为精神权利和经济权利，与房屋、汽车等有形财产一样，都受到国家法律的保护，都具有价值和使用价值。知识产权不仅仅表现为实体、可见的物质形式，也体现在精神领域。

随着大数据时代的来临及信息化技术的发展，知识产权的内涵也有所拓展，一些知识和产品信息内容被嵌入互联网数据之中，增加了知识产权范围的界定难度，诱发了更多的侵权行为。

二、知识产权的重要性

大学生在日常学术和创作活动中，如果对知识产权不够重视，将可能面临一系列严重的危害。这些危害不仅影响个体发展，还可能波及整个学术和创作生态。

大学生在科研过程中若涉及侵权，将对学术声誉造成严重影响。原创性和独创性是学术界的核心价值，一旦被发现存在抄袭或盗用他人作品的情况，不仅会导致论文、报告被拒绝发表，还可能引发学术不端的指责，损害个人未来的学术发展。

大学生的创作和创新能力对职业发展至关重要。一旦其作品被发现侵权，则不仅会减缓其职业晋升的步伐，还可能使其面临法律责任。雇主在招聘过程中可能会要求求职者提供作品集和论文，而侵犯他人知识产权的记录将成为职业生涯的绊脚石，影响未来职场发展。

此外，当前国与国之间的竞争已经从传统的资源和制造业转向了知识和创新领域。大学生是国家创新力量的重要组成部分，其知识产权意识和行为对于国家的竞争力具有直接影响。通过重视知识产权保护，可以增强国家的创新能力和竞争力。

三、侵犯知识产权需承担的法律责任

大学生如果意识不到侵犯知识产权的严重性，则可能会触犯法律红线，付出巨大代价。侵犯知识产权罪，是指违反知识产权保护法规，未经知识产权所有人许可，非法利用其知识产权，侵犯国家对知识产权的管理秩序和知识产权所有人的合法权益，违法所得数额较大或者情节严重的行为。侵犯知识产权罪属于《中华人民共和国刑法》第二编第三章“破坏社会主义市场经济秩序罪”中第七节的内容，一共涉及八个罪名。

（一）假冒注册商标罪

假冒注册商标罪是指违反国家商标管理法规，未经注册商标所有人许可，在同一种商品、服务上使用与其注册商标相同的商标，情节严重的行为。《中华人民共和国刑法》第二百一十三条规定：“未经注册商标所有人许可，在同一种商品、服务上使用与其注册商标相同的商标，情节严重的，处三年以下有期徒刑，并处或者单处罚金；情节特别严重的，处三年以上十年以下有期徒刑，并处罚金。”

（二）销售假冒注册商标的商品罪

销售假冒注册商标的商品罪是指销售明知是假冒注册商标的商品，违法所得数额较大或者有其他严重情节的行为。《中华人民共和国刑法》第二百一十四条规定：“销售明知是假冒注册商标的商品，违法所得数额较大或者有其他严重情节的，处三年以下有期徒刑，并处或者单处罚金；违法所得数额巨大或者有其他特别严重情节的，处三年以上十年以下有期徒刑，并处罚金。”

（三）非法制造、销售非法制造的注册商标标识罪

非法制造、销售非法制造的注册商标标识罪是指违反商标管理法规，伪造、擅自制造他人注册商标标识或者销售伪造、擅自制造的注册商标标识，情节严重的行为。《中华人民共和国刑法》第二百一十五条规定：“伪造、擅自制造他人注册商标标识或者销售伪造、擅自制造的注册商标标识，情节严重的，处三年以下有期徒刑，并处或者单处罚金；情节特别严重的，处三年以上十年以下有期徒刑，并处罚金。”

（四）假冒专利罪

假冒专利罪是指违反专利管理法规，假冒他人专利，情节严重的行为。《中华人民共和国刑法》第二百一十六条规定：“假冒他人专利，情节严重的，处三年以下有期徒刑或者拘役，并处或者单处罚金。”

（五）侵犯著作权罪

侵犯著作权罪是指以营利为目的，未经著作权人许可复制发行、通过信息网络向公众传播其文字、音像、计算机软件等作品，出版他人享有专有出版权的图书，未经制作者许可复制发行、通过信息网络向公众传播其制作的音像制品，制作、出售假冒他人署名的美术作品，违法所得数额较大或者有其他严重情节的行为。《中华人民共和国刑法》第二百一十七条规定：“以营利为目的，有下列侵犯著作权或者与著作权有关的权利的情形之一，违法所得数额较大或者有其他严重情节的，处三年以下有期徒刑，并处或者单处罚金；违法所得数额巨大或者有其他特别严重情节的，处三年以上十年以下有期徒刑，并处罚金：（一）未经著作权人许可，复制发行、通过信息网络向公众传播其文字作品、音乐、美术、视听作品、计算机软件及法律、行政法规规定的其他作品的；（二）出版他人享有专有出版权的图书的；（三）未经录音录像制作者许可，复制发行、通过信息网络向公众传播其制作的录音录像的；（四）未经表演者许可，复制发行录有其表演的录音录像制品，或者通过信息网络向公众传播其表演的；（五）制作、出售假冒他人署名的美术作品的；（六）未经著作权人或者与著作权有关的权利人许可，故意避开或者破坏权利人为其作品、录音录像制品等采取的保护著作权或者与著作权有关的权利的技术措施的。”

（六）销售侵权复制品罪

销售侵权复制品罪是指以营利为目的，销售明知是侵犯他人著作权、专有出

版权的文字作品、音乐、电影、电视、录像、计算机软件、图书及其他作品以及假冒他人署名的美术作品，违法所得数额巨大或者有其他严重情节的行为。《中华人民共和国刑法》第二百一十八条规定："以营利为目的，销售明知是本法第二百一十七条规定的侵权复制品，违法所得数额巨大或者有其他严重情节的，处五年以下有期徒刑，并处或者单处罚金。"

（七）侵犯商业秘密罪

侵犯商业秘密罪是指以盗窃、利诱、胁迫或者其他不正当手段获取权利人的商业秘密，披露、使用或者允许他人使用以盗窃、利诱、胁迫或者其他不正当手段获取的权利人的商业秘密，违反约定或者违反权利人有关保守商业秘密的要求，披露、使用或者允许他人使用其所掌握的商业秘密，给商业秘密的权利人造成重大损失的行为。《中华人民共和国刑法》第二百一十九条规定："有下列侵犯商业秘密行为之一，情节严重的，处三年以下有期徒刑，并处或者单处罚金；情节特别严重的，处三年以上十年以下有期徒刑，并处罚金：（一）以盗窃、贿赂、欺诈、胁迫、电子侵入或者其他不正当手段获取权利人的商业秘密的；（二）披露、使用或者允许他人使用以前项手段获取的权利人的商业秘密的；（三）违反保密义务或者违反权利人有关保守商业秘密的要求，披露、使用或者允许他人使用其所掌握的商业秘密的。明知前款所列行为，获取、披露、使用或者允许他人使用该商业秘密的，以侵犯商业秘密论。"

（八）为境外窃取、刺探、收买、非法提供商业秘密罪

《中华人民共和国刑法》第二百一十九条之一规定："为境外的机构、组织、人员窃取、刺探、收买、非法提供商业秘密的，处五年以下有期徒刑，并处或者单处罚金；情节严重的，处五年以上有期徒刑，并处罚金。"

四、如何保护知识产权

面对知识产权可能引发的伦理和法律争议，大学生群体需从多个方面增强知识产权保护意识，防止侵权行为的发生。[①]

（一）专利权保护

理工类专业的同学需要增强专利保护意识。有些同学急于将完成的实验成果以论文形式发表，这样做可能会公开实验信息，导致研究成果进入公有领域，无

① 【普法教育】大学生知识产权知多少 .（2015-01-20）[2024-12-27]. https://mp.weixin.qq.com/s/g2ZO1VOj2426jeBNbo075A.

法成功申请专利。为了使申请的专利满足新颖性要求，同学们要牢记在论文发表前先进行专利申请。参加“挑战杯”等各种竞赛的大学生也应当对自己的研究成果及时进行保护。

（二）著作权保护

设计类专业同学的图纸可能成为受《中华人民共和国著作权法》保护的作品，他人随意使用的行为会对其著作权构成侵权。计算机类专业的同学需要关注软件著作权，建议对所开发的程序或软件进行著作权的登记。大学生在参加各类竞赛时需要注意主办方宣传册或者协议上的措辞，避免将自己的知识产权以低廉的价格甚至无偿转让给主办方。此外，无论是主修哪个专业的大学生，一旦抄袭论文都将涉嫌侵犯他人的著作权。如果在论文写作中引用了他人的文献内容，一定要将相关内容列为参考文献并标注好引用来源。

（三）商标权保护

自主创业的同学，要及时向商标局申请品牌商标注册，以免自身的利益受到侵害。注册商标保护期限为 10 年，10 年后可多次续展。商标注册有下列好处：

（1）在全国范围内受保护。声誉良好的注册商标是一种可以流传后世、永续存在的无形资产，可以转让、继承，作为财产投资、抵押等。

（2）产品容易进入大商场或超市销售，越来越多的大商场或超市只允许有注册商标的商品进入。使用注册商标，诚信经营，注重商品和服务品质，可以凝聚商誉，赢得消费者的信任。

（3）及早申请商标，方便拓展商业活动，避免他人抢先注册商标。在同种或类似商品上以相同或近似的商标申请注册的，国家知识产权局商标局核准“申请在先”的商标申请，在后申请人不能获准注册，且擅自使用可能侵犯他人商标权，须承担法律责任。

本章扩展资源

（1）聚焦网络安全的电视新闻专题片《第 5 空间》，见 https://www.bilibili.com/bangumi/play/ss24021。

（2）未成年人网络素养提升系列短片《拒绝网络暴力》，见 https://mp.weixin.qq.com/s/BRK0WfzmhIu1r4Ut1VD8hw。

（3）未成年人网络素养提升系列短片《防范网络诈骗》，见 https://mp.weixin.qq.com/s/tiU-Iq_AWFZqh53NF14-Kw。

（4）未成年人网络素养提升系列短片《防范个人信息泄露》，见 https://mp.weixin.qq.com/s/46sysHmXxxk09bUQiGsa-g。

（5）“昆明网警”发布《网络谣言到底有多可怕？》，见 https://haokan.baidu.com/v?pd=wisenatural&vid=15071757785974530762。

（6）《互联护苗：知乎保护版权知识小课堂》，见 https://www.zhihu.com/zvideo/1670859443041603584?utm_id=0。

本章思考与讨论

（一）个人思考题

（1）为什么网络暴力在匿名环境下更容易发生？网络暴力对受害者有哪些短期和长期的影响？

（2）为什么网络购物诈骗在节假日期间更容易发生？诈骗分子通常采用哪些策略来提升诈骗成功的概率？

（3）为什么网络谣言在社交媒体上特别容易传播？哪些因素会增加人们相信和传播谣言的概率？

（二）小组讨论题

（1）请列举近年发生的一起网络攻击事件，谈谈它的危害以及今后如何改进防御措施。

（2）为什么在使用社交媒体时保护个人信息尤为重要？思考个人信息泄露可能带来的风险和后果。

（3）选择一个国际知名的知识产权侵权案例，分析该案例的背景、争议点及此案对相关行业和国际贸易的影响。

本章实操模拟

数字安全保护与伦理规范实践任务

假设你是一名大学生，近期你在社交媒体平台上发布了一篇原创文章或一段视频，之后发现有人未经授权转载或修改了你的内容，并且没有标明原创作者。你认为此行为是否构成知识产权侵权？如果是，侵权行为表现在哪些方面？

选择应对措施：针对上述侵权行为，请列出 3 种你可以采取的合法措施来保护自己的创作权益，并解释每种措施的实施步骤和预期效果。考虑到社交平台的规定和法律框架，提出具体可行的解决方案。

评估伦理风险：分析如果你未能及时采取措施，可能会对个人创作、职业声誉和个人未来产生哪些负面影响。请评估相关的伦理风险，并讨论如何避免这些风险。

任务要求：请在一周内完成以上任务，并将你的实践经历、解决方案以及遇到的挑战整理成一篇 500 字左右的报告。在报告中，详细描述你的分析过程、采取的措施、撰写的投诉信及伦理风险评估。同时，分享你的实践经验和感悟，以及如何将这些经验应用到未来的数字创作和社交平台使用中。

本章参考文献

[1] 庄建斌 . 针对当前网络攻击技术对网络安全防护体系分析 . 电脑知识与技术，2022（5）.

[2] POZZOLI T，GINI G. Behavior during cyberbullying episodes：initial validation of a new self-report scale. Scandinavian journal of psychology，2020（1）.

[3] 网络诈骗套路深 超七成受访青年表示遇到过 .（2022-08-11）[2024-05-18]. https：//news.youth.cn/sh/202208/t20220811_13911089.htm.

[4] @ 所有人，远离诈骗，警惕八大类 40 种诈骗手法！ .（2023-09-07）[2024-05-18].https：//baijiahao.baidu.com/s?id=1776344334774466123&wfr=spider&for=pc.

[5] 牢记这个口诀，帮你击破那些让人防不胜防的诈骗手段 .（2020-07-20）[2024-12-27]. https://mp.weixin.qq.com/s/2eGyDdFWYzwSjKltIPPSuA.

[6]【普法教育】大学生知识产权知多少 .（2015-01-20）[2024-12-27]. https://mp.weixin.qq.com/s/g2ZO1VOj2426jeBNbo075A.

专业发展篇

第九章
科研魔法师
——学习科研的数字化资源与工具探索

章节结构

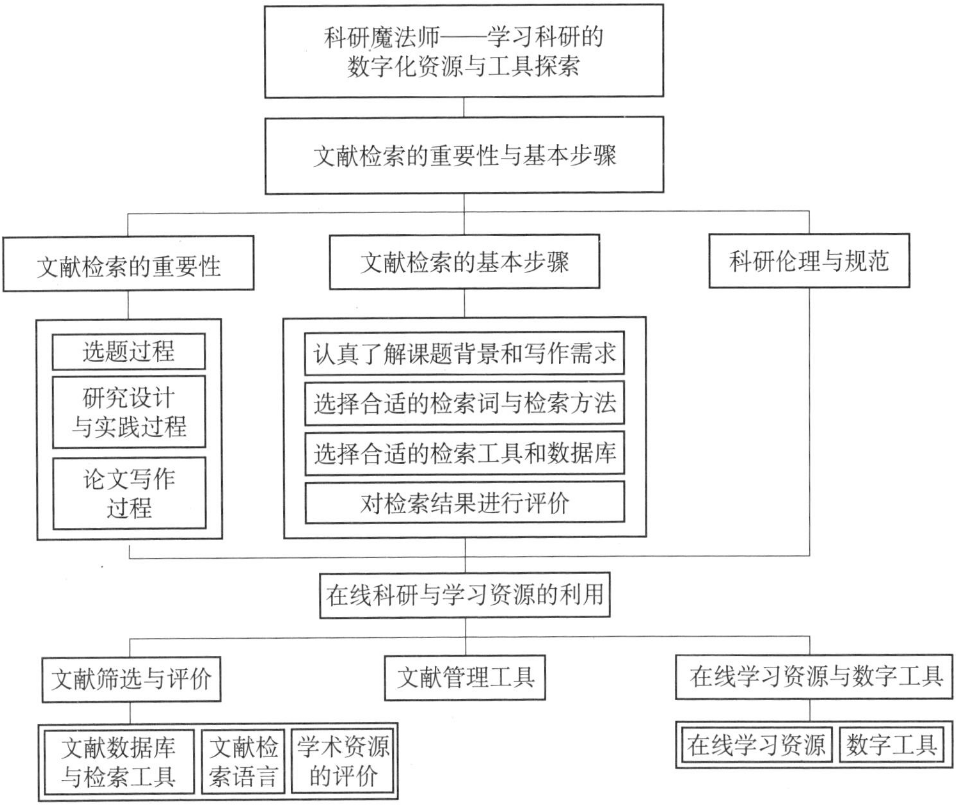

关键词

文献检索　科研伦理　数据库　在线学习

主题思想

在当今信息爆炸的时代，科研人员面临着前所未有的挑战与机遇。文献检索作为科研的基石，不仅是获取知识的途径，更是创新思维的起点。大学生在接触科研初期，常常会遇到许多问题，例如文献查不到、查不准、查不全。科研伦理，作为学术研究的道德指南，确保了科研活动的诚信与责任。而数字资源工具，作为现代科研的得力助手，极大地拓展了我们探索知识的边界，提高了研究的效率与质量。本章旨在引导读者在数字化浪潮中掌握文献检索的技巧，坚守科研伦理与规范，充分利用数字资源工具，以期在科研的道路上成为既精通技术又具备道德责任感的科研达人。

场景引入

大学生小吴正坐在图书馆的自习室里发愁。他需要在一周内完成一项结课论文的大作业。论文须含有文献综述，并且标明引用，交作业时还要标明自己的查重率——不能超过10%，论文主题是“传统美学的现代融合”。

小吴最先使用百度搜索“传统美学的现代融合”，找到了一些文章与新闻报道，却发现这些内容并不是论文，难以清晰呈现这个领域最新的研究进展。于是他去向学长请教，学长告诉他，查找论文需要在专门的文献数据库中搜索，这样搜索的结果才符合科研要求。

在了解到文献有专门的检索工具后，小吴在中国知网直接搜索“传统美学的现代融合”，得到的结果不仅很少，大部分也与主题不相关，他的文献检索陷入了困境。于是，小吴在中国大学MOOC（慕课）上找到了文献检索课程，并且进行了学习。学习后，他发现在文献检索时需要选择合适的关键词，并以检索式的方式呈现，才能做到“查全”“查准”。不断尝试后，小吴终于找到了30篇与这个领域息息相关的文献。

检索完成后，他开始进行文献综述的撰写。为了快速完成作业，他使用人工智能软件生成了一篇文献综述，在仔细阅读后他发现这篇综述与他选择的论文结果不同，他还是要亲笔写作文献综述。在写作过程中，他又发现了新的问题，比如不知道怎么引用文献。他写一点，再从文献中复制粘贴一点，靠着笨方法完成了作业，进入了查重阶段。一查才发现，自己的重复率高达 48%，他需要降重才能满足作业要求。在降重修改、查重的过程重复了 N 次之后，他终于将重复率降到了 9.9%。

由于小吴不了解文献检索技巧和科研规范，其作业的完成情况不如人意。很多大学生与小吴有着相似的经历，在面对一个具体的研究主题或方向时，有的人选择使用百度搜索，有的人虽然知道要使用专门的文献网站，但不知道该怎么精确检索到自己需要的内容，这种种现象都体现了我们在文献检索与科研伦理及规范方面存在的不足。

案例思考

阅读“场景引入”中小吴的故事，并设想自己面对一个新的研究课题或者新的研究方向。请思考以下问题：

（1）你知道如何快速了解其研究背景、研究现状、研究范围以及研究趋势吗？

（2）你知道如何查找学术前沿、高被引文献及热点文献、权威学者、权威机构吗？

（3）你知道如何给定关键词、构造专业检索式、确定检索策略吗？

（4）你知道如何快速阅读检索到的文献并判断它们是否对当前的研究课题有用吗？

思考问题：

你对于文献调研的困惑是否主要集中在以下两方面？

（1）如何才能查到有效的文献（查准）？

（2）如何确定调研的文献是全面的（查全）？

如果你有以上困惑，请继续阅读本章。

第一节 文献检索的重要性与基本步骤

初入大学，文献检索是我们每一个大学生都需要学习和掌握的核心技能。它不仅是获取新知识、紧跟前沿的重要工具，更是我们构建终身学习体系、不断提升个人能力的关键环节。下面，我们将探讨文献检索的重要性，并介绍文献检索的基本步骤。

一、文献检索的重要性

数字时代，信息呈爆炸式增长，信息是促进社会经济、科学技术以及人类生活向前发展的重要因素。高效获取所需要的信息已经成为人们的最终诉求。谁能充分掌握最新消息，把握住时代的脉搏，谁就能站在高点。大学生必须学会在信息洪流中获取知识的方法，拥有高效获取信息的能力。

科技的迅速发展使知识的总量呈指数级增长，知识的更新速度也明显加快，这就要求人们必须具有终身学习的能力。获取知识是学习的第一步，因此，终身学习的能力在很大程度上就是获取新知识的能力，就是对新知识的敏感力和接受力。文献是记录知识的载体，文献检索就是获取知识的方法，也是终身学习的基础。

进 阶 阅 读

文献的分类

按照文献的出版形式划分，文献可分为 11 大类。

- 图书：图书具有品种多、数量大、范围广的特点。
- 期刊：期刊具有出版周期短、数量大、信息内容新等特点。学术期刊是一种定期出版的刊物，通过报道科学研究的一些新进展，来促进科学研究的交流与进步。
- 报纸：报纸的特点是报道及时、受众面广，具有群众性和通俗性。
- 学位论文：学位论文内容较为系统，具有一定的深度和创造性。
- 会议文献：会议文献的特点是及时快速反映新技术新成果，专业性强，能较全面地反映某一技术领域或学科发展水平、动态和趋势。
- 专利文献：专利文献具有详尽、新颖、实用、报道及时等特点。
- 标准文献：标准文献指按规定程序制定，经公认权威机构（主管机关）批准的一整套在特定范围（领域）内必须执行的规格、规则、技术要求等规范性文献。它是一种具有约束力的规定性和法律性的文献。
- 科技报告：科技报告具有单独成册、出版日期不定、内容专深、报道迅速、多为保密内容、控制发行等特点。
- 政府出版物：政府出版物是由政府机构、国际组织和各国中央政府及省或州、市、乡等地方政府组织，以及它们拥有的官方或半官方机构所发表、出版的各种文献资料，其内容可以分为行政性文件和科技性文件两大类。

● 产品资料：产品资料主要是厂商为了推销产品而出版发行的一种商业性宣传资料，包括厂商介绍、产品目录、产品样本和产品说明书等。

● 其他文献：包括技术档案、工作札记、广播、电视、剪报、复印资料等。

资料来源：王立诚 . 科技文献检索与利用 . 6 版 . 南京：东南大学出版社，2020.

文献检索就是以科学的方法，利用检索工具和检索系统，从有序的文献集合中检出所需信息的一种方法。在以创新为目标的学术科研活动中，有效地获取文献并且高效利用文献是每一个从事学术科研活动的人必备的能力。文献是传递科学信息的一种重要渠道，是人类为了合理地分发信息和充分地利用信息而采取的一种重要的交流方式。文献检索是大学生学术成长的过滤器和风向标，是一切科研工作的出发点，其重要性体现在选题、研究、论文撰写的全过程。

在选题过程中，提出一个问题往往比解决一个问题更重要。通过检索、阅读文献，了解前人曾经做过哪些相关课题的研究工作，存在哪些没有解决或者尚有争议的问题，我们可以梳理出需要解决的问题，确定合适的研究课题，避免重复研究、走弯路。在研究设计与实践过程中，通过检索、阅读文献，我们可以借鉴他人的技术方法，开阔研究视野，使研究设计更符合客观规律，使实验手段、方法步骤更为有效。尤其是当研究遇到意想不到的问题或陷入困境时，可以通过检索、阅读相关文献，从他人的研究中获得经验借鉴，求得解决问题的方法。在论文写作过程中，通过检索、阅读文献，我们可以理清学术源流，把最新的研究成果，包括新理论、新技术、新方法、新数据充实到论文中，使其更好地反映所研究问题的最新情况。另外，通过检索、阅读文献，我们还可以学习他人的写作方法。

当今这个时代是一个科学技术高速发展的信息时代，也是一个充满竞争、充满挑战的知识经济时代，能够有效获取和利用信息的人，会在各行各业脱颖而出。学会和善于运用数字化技术与手段搜集、积累与整理文献，就可以主动、源源不断地挖掘无限的知识宝藏，提高学习、工作乃至生活的效率，最终促进自主学习能力和研究能力的提高。对大学生来说，文献检索是培养自学能力、研究能力、思维能力、表达能力和组织管理能力的重要途径，小吴的经历也告诉我们文献检索能力对于学业发展极为重要。

二、文献检索的基本步骤

小 测 试

你是否在文献检索时遇到了下面这些问题？

- 搜索结果过多或过少：如果搜索关键词过于宽泛或者过于具体，会导致搜索结果过多或者过少，使得筛选符合要求的文献变得困难。
- 文献质量不高：搜索到的文献可能质量不高，缺乏学术性和可信度，或者与其他相关文献内容重复度过高，浪费时间和精力。
- 文献来源有限：某些领域的文献较少，或者某些来源机构的数据库没有收录所需文献，使得获取全面和最新的文献变得困难。
- 搜索引擎限制：有些搜索引擎存在一些限制，例如只能搜索特定类型的文献或者不能覆盖所有数据库，这会限制搜索结果的多样性。
- 信息筛选困难：面对大量的搜索结果，需要花费大量时间筛选出符合自己需求的文献，而且有时候难以判断哪篇文献更相关或者更有价值。
- 知识领域局限：每个人掌握的知识领域都有局限性，会因为缺乏某些专业领域的知识而难以搜索到相关文献。

文献检索是一项实践性很强的活动。它要求人们善于思考，并通过经常性的实践，逐步掌握文献检索的规律，从而迅速、准确地获得所需文献。随着互联网技术的发展，文献检索的步骤和技术也在不断地变化。过去文献检索通过手工检索进行，现代文献检索则通过数字化的技术进行。现代文献检索一般是使用电脑在数据库内进行检索。面对浩如烟海的文献库和各种资料，如何能够在茫茫文海中查找到需要的文献呢？

我们需要思考以下几个问题：

第一，我们选择的检索词合适吗？专业词汇的中英文翻译如何准确转换？

第二，我们应该去哪里搜索文献？

第三，搜索结果太多，如何使用高级检索精确找到相关文献？如何评价与选择相关文献？

第四，查找到的文献没有办法下载，如何下载付费文献？

我们可以从小吴的经历来了解文献检索的基本步骤。首先，小吴需要认真了解课题背景和写作需求。需求分析是整个检索的出发点，也是整个检索工作效率高低和成败的关键。在小吴的文献检索过程中，他对老师给出的课题没有明确的认知，更没有认真了解课题背景和写作需求，导致他没有形成系统的检索计划，检索结果令人大失所望。

接下来，小吴需要分析课题涉及的概念，选择合适的检索词与检索方法，构建检索式。文献检索最重要的一步就是找到合适的检索词。检索词要准确、全面地表达课题内容，范围不能太大也不能太小。确定检索方法是检索过程中重要的环节之一。方法正确，会收到事半功倍的效果。根据信息检索需求和检索系统、工具的不同，可以采用不同的检索方法，构建不同的检索式。在小吴的文献检索过程中，他没有使用合适的检索式进行检索，得到的检索结果不是过多就是过少。

在构建好检索式之后，就要选择合适的检索工具和数据库。文献检索工具和网站很多，我们不可能也不必要使用所有的检索工具，只需要选择那些与需求相关的、符合各方面要求（如时间、质量）的检索工具。小吴最初使用百度进行检索，但是由于百度不是专业的文献数据库，所以他的检索结果中含有很多无用信息。在换到专业的文献数据库中进行检索后，检索的结果就更加学术化、专业化了。

检索完成后，需要对检索结果进行评价。对于检索得到的结果要仔细阅读，判断所检索出的信息是否符合检索要求。如果检索的结果符合要求，则进入最后一个阶段；如果检索结果不满意，则应调整检索策略，必要时要重新选择检索方法，甚至要重新选择检索系统和工具。结果太多或太少时，应在前次检索的基础上缩小或扩大检索范围。这一过程不断进行，直到得到“又全又准”的检索结果为止。

面对浩如烟海的文献，文献检索提供了文献的题目、摘要、来源期刊等信息，根据这些内容我们可以大致判断一篇文献是否值得认真阅读。评判文章质量的重要标准之一就是文献来源期刊的水平，一般来说，来自核心期刊的文献更值得阅读。如果文献值得认真阅读，我们就需要下载文献，进行下一步的消化与吸收。小吴在阅读文献后的输出过程中，没有合理利用人工智能进行写作，同时也没有关注到学术科研的严谨性与写作伦理，导致自己的查重率很高。鉴于此，在消化与吸收阶段，我们可以利用人工智能帮助我们消化理解，同时应关注学术科研的严谨性与写作伦理，避免查重率过高。

进阶阅读

核心期刊

目前评价学术水平的通用指标是文献是否发表在核心期刊上、文献被引用次数、文献所载期刊的影响因子等。那么什么是核心期刊呢？

核心期刊原指发表某一专业文献比较集中的那部分期刊，现在则指被权威数据库或评价系统收录的学术水平较高的刊物。被科学引文索引（SCI）、社会科学引文索引（SSCI）、艺术与人文科学引文索引（A&HCI）和工程索引（EI）数据库收录的期刊被公认为是核心期刊。国内的核心期刊系统主要有以下几个：

- 中文核心期刊要目总览，由北京大学图书馆编制。
- 中国科技期刊引证报告（CJCR）（核心版），由中国科学技术信息研究所编制。
- 中国科学引文数据库（CSCD），由中国科学院文献情报中心编制。
- 中文社会科学引文索引（CSSCI），由南京大学中国社会科学研究评价中心编制。

通过小吴的文献检索过程，我们可以看到文献检索的基本步骤和注意事项。在进行文献检索时，我们需要认真了解课题背景和写作需求，选择合适的检索词与检索方法，选择合适的检索工具和数据库，并对检索结果进行评价。在消化与吸收阶段，我们需要合理利用人工智能进行写作，同时关注学术科研的严谨性与写作伦理。只有这样，我们才能更好地利用文献资源，提高科研效率和质量。

三、科研伦理与规范

科技对社会发展的影响力是无法估量的，正是由于这种强大的影响力，世界上经济发达的国家都非常重视对科研的投入。然而，学术界不时会出现一些学术不端行为，这些行为破坏了学术的公正和诚信，损害了学术界的声誉。

案 例 思 考

翟天临学术门

2019 年 1 月 31 日，知名演员翟天临晒出北京大学的博士后录用通知书，却在 2019 年 2 月 8 日的直播中回答网友提问时不知“知网”为何物。人们由此质疑其学术资质，并很快查出他论文抄袭、违规获得学历的问题。

翟天临学术门是一个引起广泛关注的学术不端事件，引发了社会对学术不诚信等学术不端行为的关注和反思。为遏制此类行为，国内外科研人员还研制出了一批学术不端行为检测软件。对毕业论文进行文字复制比检测，已成为毕业论文答辩前的一项例行工作。

思考问题：

你如何理解学术诚信的重要性？在你看来，学术不端行为对个人、学术界乃至整个社会有哪些负面影响？

作为大学生，我们需要了解学术研究的规范和要求，尽最大努力避免出现学术不端行为。我们应该尊重学术研究，严格遵守学术规范，认真对待每一个研究环节，确保研究结果的真实性和可靠性。我们还应该树立正确的学术道德观念，严格遵守学术道德，这是我们从事学术研究的基本要求。学术道德是正确处理人与自然、人与人、人与社会、人与国家之间关系的行为规范，它要求我们遵循道德规范和行为准则，树立正确的价值观和研究态度。同时，我们也要做到学术诚信，诚实守信地进行学术研究和交流活动。这要求我们坚持科学研究的基本伦理原则，对科学真理负责，对人类负责，对社会负责，对生态环境负责。

大学生在写作论文时，有时会无意中出现学术不端行为，其中最常见的原因是不了解引文注释的规范。在学术界，采用引文注释是为了尊重他人的知识产权，同时确保学术研究的真实性和可靠性。在引用他人的观点、结论、数据、图表等内容时，必须注明出处，尊重他人的知识产权。如果复制他人的作品未注明出处，或者没有给予他人工作足够的承认，就属于抄袭或剽窃。国家版权局版权管理司认为，《中华人民共和国著作权法》所指的抄袭和剽窃是同一个概念，都是指将他人作品或其片段窃为己有并发表。这种行为包括未注明出处地复制整篇作品，大量复制作品内容但未注明出处，照搬作品句子、段落或插图，不恰当地复述作品整页或整段内容，以及虽注明出处但复制很大一部分作品内容。

为了防止学术不端行为发生，大学生应该深入了解引文注释的规范，尊重他人的知识产权，严格遵守学术道德和学术规范。在学术写作中，引用他人作品是常见且必要的做法，其中正确使用脚注、尾注对参考文献进行标注至关重要。脚注主要用于直接引用作品的原文表述、观点、数据、图表等具体内容时。在这种情况下，我们需要对参考文献的出处、来源进行详细说明，以便读者或审稿人能够轻松查证。相比之下，尾注则适用于仅引用他人作品以支持自己的论述，而没有引用很具体的内容时。在这种情况下，我们可以用尾注的形式简要标明出处，而无须在文中做过多说明。

无论使用脚注还是尾注，都需要注意控制引用篇幅。我们应尽可能使用自己的语言对被引用作品的内容进行概括和转述，避免大面积直接摘录原文。当然，在某些情况下，如果直接引用原文更能准确说明问题或表达原作者的观点，那么可以适当直接引用，但需注意控制引用篇幅。总之，正确引用是学术写作的基本要求之一。通过合理使用脚注和尾注，并控制引用篇幅，我们可以有效避免抄袭或剽窃的问题，同时提高论文的质量和可读性。

第二节 在线科研与学习资源的利用

互联网的出现降低了信息资源获取的门槛，绝大多数互联网用户都有过利用搜索引擎查找信息的经历，也懂得运用一些检索工具，但检索效率却各不相同。一些人可能通过一次检索就获得了相关信息，另一些人则可能花了大量的时间仍不得其要，造成二者区别的主要原因在于是否能够合理地利用在线信息资源，尤其是学习资源。

本节主要介绍与科研和学习相关的文献筛选工具及学术资源评价方法、文献管理工具以及在线学习资源与数字工具。

进 阶 阅 读

在线信息资源

从信息利用的角度考察，在线信息资源主要由互联网信息、信息工具及网络通信渠道三方面构成。互联网信息包括数据库、电子出版物、网页信息、软件及各种格式的文件等；信息工具主要包括浏览器、Email、搜索引擎等；网络通信渠道是指网络提供的信息交流渠道。

一、文献筛选与评价

针对专业性信息，靠普通搜索引擎查找，在网络世界“海选”信息，就如同大海捞针，费力费时，效果十分不理想。特别是搜索学术信息时，许多普通搜索引擎难以奏效。因此，我们需要掌握常见的文献数据库、文献检索工具与文献检索语言，对相关文献进行评价，如此才能快速找到所需要的学术资源和一手资料。

（一）文献数据库与检索工具

人们使用文献数据库的主要目的是获取文献全文。常用文献数据库包括全文数据库和检索工具数据库两种。全文数据库一般具有很强的检索功能，可以作为检索工具使用，也是获取文献全文的主要途径。专门用作检索工具的数据库一般不提供文献全文，使用这类数据库的主要目的是获取文献线索。

进 阶 阅 读

数 据 库

数据库是可以共享的某些具有共同存取方式和一定组织方式的相关数据的集合。它主要由文档、记录和字段构成。

● 文档（File）：是数据库中一部分记录的集合。相当于文件夹，包括很多记录。

● 记录（Record）：是文档的基本单元，是对某一文献的全部相关属性进行描述的结果。在数据库中，一条记录就是一篇文章或题录，在全文数据库中就是一篇完整的文献。

● 字段（Field）：每一个记录一般由若干个描述性的字段构成，如标题字段、作者字段、文章字段、来源字段、主题词字段等。

1. 常见的中文全文数据库

（1）搜索社会科学、人文科学、经济学等领域的文献：中国知网（见图 9-1）。

中国知网的检索结果多，学科覆盖广，内容齐全。中国知网即中国知识基础设施工程 (China National Knowledge Infrastructure，CNKI)，简称知网，是由清华大学、清华同方从 1999 年开始建设的大型综合性文献数据库。知网的特点有：

● 数据量极大，覆盖各个学科领域，包括期刊论文、学位论文、会议论文等。

● 检索方式丰富，支持关键词、主题、分类等多种检索方式，结果可以按照相关性、时间、权威性等多种方式排序。

● 学科领域覆盖面广，尤其在社会科学、人文科学、经济学等学科领域较为突出。

● 提供知识网络体系，计算机化程度高。

图 9-1 中国知网首页截图

（2）搜索自然科学、工程技术、医学、农业等领域的文献：万方数据（见图 9-2）。

万方数据专业性较强，现刊收录十分齐全。万方数据是由中国科学技术信息研究所等机构合作开发的大型文献信息数据库，集成期刊、学位、会议、科技报告、专利、标准、科技成果、法规、地方志、视频等十余种知识资源类型。其中，国内期刊 8 500 余种，国外期刊 40 000 余种。万方数据的特点有：

● 数据量较大，主要收录了自然科学、工程技术、医学卫生、农业科学等领域的文献，包括中文期刊和部分学位论文。

● 自有特色数据库较多，如地方志、科技视频、中国医学会期刊等。

● 服务企业的商务信息数据库是其一大特色，提供企业信息、市场研究报告等信息服务。

● 检索方式相对简单，主要支持关键词和主题检索。

图 9-2 万方数据首页截图

（3）搜索自然科学和工程技术领域的文献：维普期刊（见图 9-3）。

维普期刊由重庆维普资讯有限公司开发，收录文献总量达 7 500 余万条（截至 2024 年 4 月）。维普期刊的特点有：

- 数据量较大，主要覆盖自然科学和工程技术领域，收录了大量中文期刊和部分中文图书。
- 特色数据库包括中外专利、科技成果、新方志、法律法规等。
- 检索方式相对简单，主要支持关键词检索和主题检索。
- 标引较为规范，关键词标引采用了受控词标引，提高了检索的专业性和精确度。

图 9-3　维普期刊首页截图

值得注意的是，中国知网、万方数据、维普期刊三个数据库收录的文献范围高度重叠，特别是中文期刊的重复率非常高，但也存在一定的互补关系。所以，当一个数据库无法访问或无法找到某种期刊的时候，可以访问另外两个数据库。中国知网、万方数据两个数据库不仅收录大量相同的中文期刊文献，在学位论文、会议论文、专利、标准等方面也有很多重叠。

（4）搜索图书：中国国家图书馆网站（见图 9-4）。

中国国家图书馆网站是由国家图书馆联合国内多家公共图书馆合作开发的、专门提供移动阅读服务的数字图书馆，资源包括图书、期刊、报纸、论文、古籍、工具书、音视频、数值事实、征集资源等，其中电子图书 4 万多册、电子期刊上千种。只要成为注册用户，就可以免费阅读全文。

图 9-4　中国国家图书馆网站首页截图

（5）搜索专业报告：皮书数据库（见图 9-5）。

皮书数据库以社会科学文献出版社的“皮书系列”图书为基础，全面收录改革开放以来中国经济社会发展年度报告，完整记录中国的发展变迁，包括中国社会发展数据库、中国经济发展数据库、中国行业发展数据库、中国区域发展数据库、中国文化传媒数据库、世界经济与国际关系数据库。

图 9-5　皮书数据库首页截图

（6）寻找专业数据：搜数网（见图 9-6）。

搜数网是北京精讯云顿数据软件有限公司开发的专业数据服务网站，数据来源于国家及各省市地方统计局的统计年鉴及海关统计、经济统计快报、中国人民银行统计季报等月度及季度统计资料，覆盖全国各省、自治区、直辖市、特别行政区，还有部分海外地区的统计数据，内容涉及 44 个行业，统计资料达 12 000 多本，统计数据超过 5 亿个（截至 2024 年 4 月），可以下载 Excel 格式的统计表格。

图 9-6 搜数网首页截图

2. 常见的外国全文数据库

（1）搜索科学、技术和医学领域的外文文献：ScienceDirect（见图 9-7）。

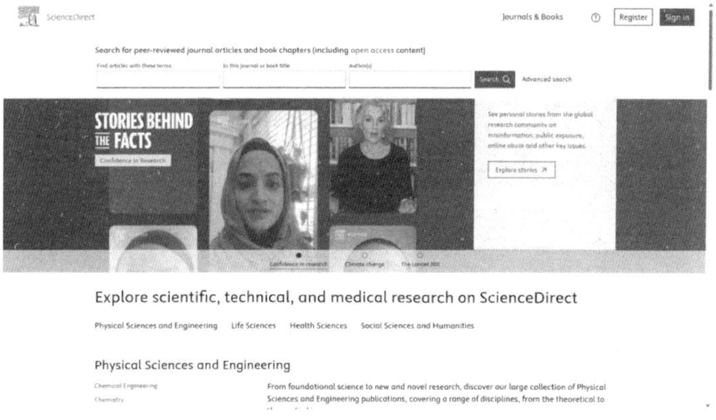

图 9-7 ScienceDirect 首页截图

ScienceDirect 是荷兰爱思唯尔（Elsevier）公司的全文数据库检索平台。截至 2023 年，数据库收录了 2 900 种同行评审的技术、健康、科学期刊，800 种开放获取期刊，43 000 种电子书。

（2）搜索自然科学、医学和工程技术领域的外文文献：Springer Nature Link（见图 9-8）。

Springer Nature Link 是德国施普林格 · 自然集团（Springer Nature）的网络数据库检索平台。Springer Nature Link 让用户能够快速、准确地访问超过 1 600 万份科学文献。平台每天都会新增内容，每年增加大约 1.2 万本电子图书、3 000 份实验室指南以及超过 30 万篇期刊论文。

图 9-8　Springer Nature Link 首页截图

（3）搜索人文科学、社会科学、自然科学和工程学的外文文献：Wiley Online Library（见图 9-9）。

Wiley Online Library 是美国约翰威立国际出版集团（John Wiley & Sons，简称威立）的在线学术资源平台。截至 2024 年 1 月，数据库共收录 1 600 多种同行评审期刊、200 多种参考工具书、20 000 多种电子书，内容覆盖 17 个学科大类。

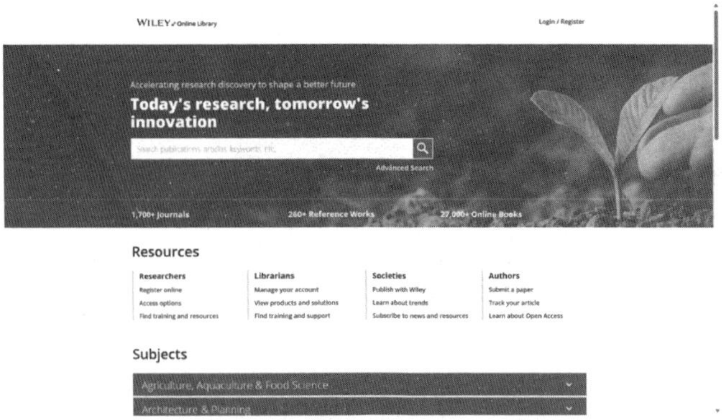

图 9-9　Wiley Online Library 首页截图

（4）搜索商业经济、人文社会科学、自然科学、医学等领域的外文文献：ProQuest（见图 9-10）。

ProQuest 提供期刊全文、学位论文、原始档案、英美政府文献、古典图书、国际报刊等系列数据库，除综合学科数据库之外，还提供经济与管理、科学技术、健康医学、社会科学、人文艺术与语言、历史学等多个学科的专门数据库。

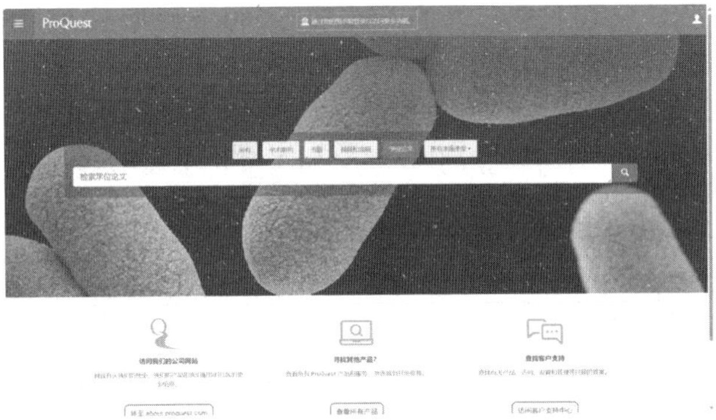

图 9-10 ProQuest 首页截图

3. 常见的引文索引检索工具

1955 年，美国著名情报学家和科学计量学家尤金·加菲尔德（Eugene Garfield）在《科学》（*Science*）杂志上发表论文，提出了引文索引的设想，并于 1961 年创建了科学引文索引（Science Citation Index，SCI），相继出版了印刷版、光盘版和网络版。网络版不受容量的限制，因而比印刷版、光盘版收录的期刊种类更多，并且收录了全部的参考文献，功能得到加强，因而被称为科学引文索引扩展版（Science Citation Index Expanded，SCIE）。

进 阶 阅 读

引文索引数据库 VS. 全文数据库

引文索引数据库与全文数据库的区别在于信息的组织方式不同。

引文索引数据库，如 Web of Science 等，主要用于检索学术论文中的引文信息，包括作者、引文出处、被引文献等信息，是利用文献的引用和被引用关系建立起来的一种新型索引，可以帮助用户了解某个主题的学术发展历程、跟踪研究动态、评价学术成果等。

全文数据库，如爱思唯尔、施普林格、威立等的电子期刊数据库，以及超星数字图书馆等，则提供了学术论文的完整内容，用户可以通过检索找到相关的学术论文，并进行阅读和学习。这些数据库一般按照学科领域进行分类，覆盖了各个学科领域的知识，提供了丰富的学术资源。

（1）搜索 SCI、SSCI、A&HCI 的外文文献：Web of Science（见图 9-11）。

Web of Science 是科睿唯安（Clarivate）公司旗下的数据库访问平台，整合了一些非常重要的检索工具，包括 Web of Science 核心合集 BIOSIS Previews、Inspec、MEDLINE，部分国家和机构的数据库如中国科学引文数据库、韩国学术期刊数据库、俄罗斯科学引文数据库、科学电子图书馆等。其中，Web of Science 核心合集包括 8 个引文索引数据库和 2 个化学索引数据库。

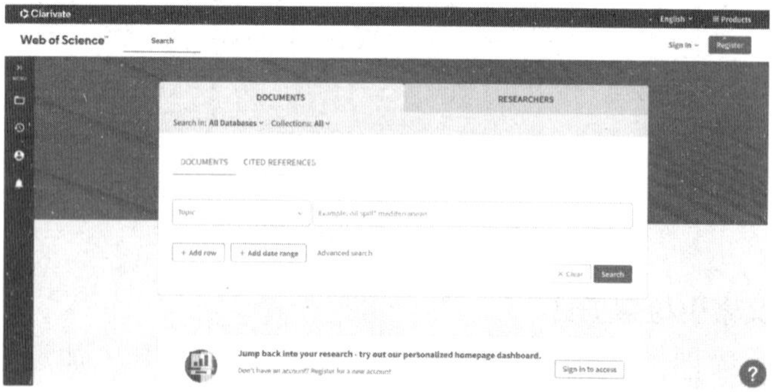

图 9-11　Web of Science 首页截图

（2）在更广的范围内搜索外文文献：Scopus Preview（见图 9-12）。

Scopus Preview 是荷兰爱思唯尔公司开发的引文数据库，收录了 7 000 多家出版机构的 28 300 多种期刊，其中同行评审期刊超 20 000 种（截至 2024 年 7 月），还收录了丛书、会议录、专利文献等。与 Web of Science 平台上的数据库相比，Scopus Preview 收录的欧洲及亚太地区的文献更丰富。

图 9-12　Scopus Preview 首页截图

（3）搜索中国科学文献及引文：中国科学引文数据库（见图 9-13）。

中国科学引文数据库（Chinese Science Citation Database，CSCD）由中国科学院文献情报中心于 1989 年开发成功，被称为中国的 SCI。收录我国数学、物理、化学、天文学、地学、生物学、农林科学、医药卫生、工程技术、环境科学和管理科学等领域出版的中英文科技核心期刊和优秀期刊 1 341 种（2023—2024 年度），已经被整合进 Web of Science 平台。

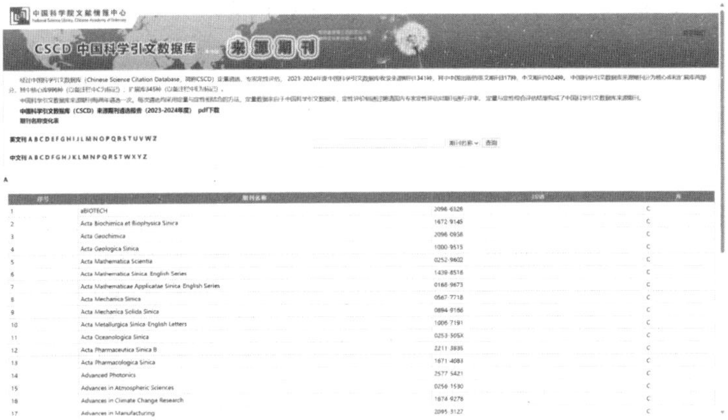

图 9-13　中国科学引文数据库首页截图

（4）搜索中文社会科学文献及其引文：中文社会科学引文索引（见图 9-14）。

中文社会科学引文索引（CSSCI）由南京大学中国社会科学研究评价中心开发，运用引文分析与同行评审相结合的方法选取期刊，所选社会科学领域的学术期刊被很多机构认定为核心期刊，通常被称为 C 刊。

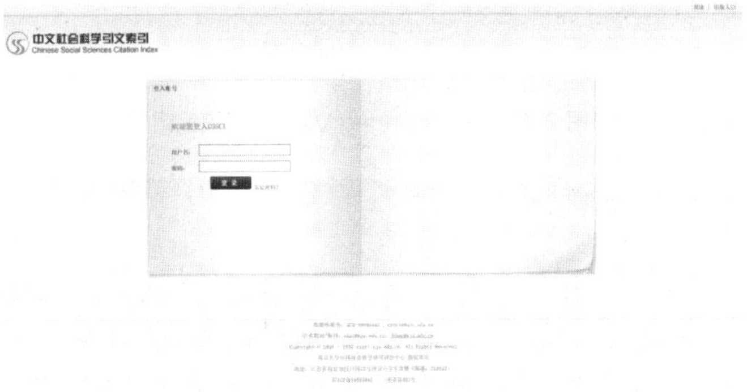

图 9-14　中文社会科学引文索引网站登录页面

（5）中国引文数据库（见图 9-15）。

中国引文数据库（Chinese Citation Database）依托中国知网庞大的数据资源，不仅可以提供多种形式的被引分析，还能够自动生成引证报告。

图 9-15　中国引文数据库首页截图

4. 常见的其他检索工具

（1）搜索工程技术领域的文献：Engineering Village（见图 9-16）。

Engineering Village 是荷兰爱思唯尔公司运营的一个检索平台，整合了工程索引（Engineering Index，EI）数据库及 Inspec-IET、GEOBASE、GeoRef-AGI、EnCompassLIT & EnCompassPAT、NTIS、PaperChem、Chemical Business NewsBase、Chimica、Knovel 等数据库。

图 9-16　Engineering Village 首页截图

（2）搜索化学、生物化学、化学工程、材料科学等领域的文献：SciFinder（见图 9-17）。

SciFinder 是由美国化学学会下属的美国化学文摘社（Chemical Abstracts Service，CAS）提供的检索平台，是世界上规模最大的权威化学相关学科文献、物质和反应信息检索工具，覆盖的学科领域包括化学、生物、医药、工程、农学、物理等，文献类型有期刊、专利、会议论文、学位论文、图书、技术报告、评论和网络资源等。

（二）文献检索语言

随着文献数据库的不断发展，其检索功能已日趋强大。在众多的检索功能

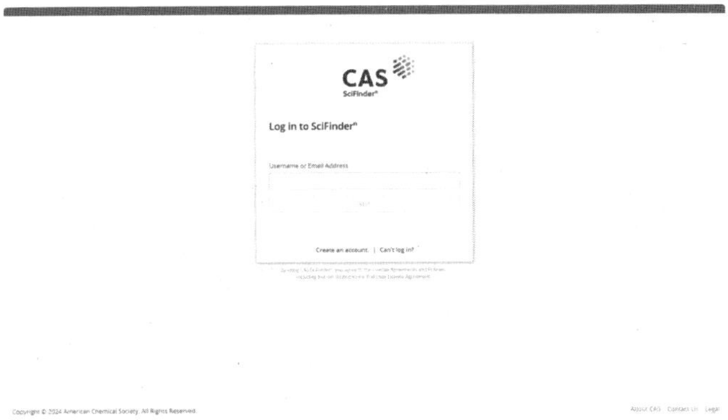

图 9-17 SciFinder 首页截图

中，高级检索和专业检索因其高效和精准的特点，成为用户的首选。在进行高级或专业检索时，我们通常将多个检索关键词通过逻辑运算符进行连接，以构建更为精确的检索式，精细地筛选和组合信息，从而更加精准地定位所需内容。

一开始，小吴对检索系统不太熟悉，只会简单地使用关键词进行检索。但很快他发现，高级检索和专业检索更加高效和精准。为了更好地进行高级检索和专业检索，小吴开始学习逻辑运算符的使用。他了解到，布尔逻辑运算法是利用逻辑“与”、逻辑“或”、逻辑“非”三种运算符将关键词连接起来，进行逻辑组合的运算方法。例如，在写论文时，小吴想要找到关于“人工智能”和“机器学习”两个主题的文献，于是他使用了逻辑“与”运算符“AND”，构建了“人工智能 AND 机器学习”的检索式进行检索。在写论文的过程中，小吴需要找到关于“深度学习”的文献，但同时他还需要排除掉关于“图像处理”方面的文献。于是，他使用了逻辑“非”运算符“NOT”，构建了“深度学习 NOT 图像处理”的检索式进行检索。

此外，小吴还学会了截词检索。因为他的论文涉及“计算机科学”领域，所以他使用了“COMPUT*”进行检索，这样就能够把所有以“COMPUT”开头的单词都检索出来。除了这些检索技巧外，小吴还学会了位置检索和加权检索等高级技巧。他利用位置算符来限定词与词之间的位置关系，例如使用“(W)”算符表示该算符两边的检索词按前后顺序排列。同时，他还可以通过给检索词加上“+”或“-”来限定某个词在结果中的影响程度，实现加权检索。通过不断学习和实践，小吴逐渐掌握了各种文献检索技巧，并且能够更加高效地利用文献数据库进行学术研究。

进 阶 阅 读

学术数据库中的高级搜索指令

请回看本书第二章第二节“三、掌握高级搜索语法”部分的进阶阅读板块，了解学术数据库中的高级搜索指令。

案 例 思 考

如果你需要检索“人工智能对大学生就业的影响及应对策略”这一主题相关的中文文献资源，你需要这样做（见图 9-18）：

1 明确检索需求

本课题有两个关键词：“人工智能”和“就业”。检索的时间范围不限。
由于是较为专业的检索需求，检索的文献类型限制为期刊、会议或学位论文。检索的语种类型为中文。

2 选择检索系统

对于这种学术性、专业性较强的检索课题，可以在中国知网、维普期刊等数据库中进行检索。

3 确定检索词，构造检索式

由于对关键词的了解并不多，因而无法给出同义词、近义词等相关词进行检索。为此，本案例直接使用“人工智能+就业”在“篇名”中进行检索，构造检索式为：篇名=人工智能+就业。

4 分析检索结果，调整检索策略，进行扩检或缩检

若检索结果过少，则采取在主题中进行检索的方式来实现扩检的目的，即将检索式修改为：主题=人工智能+就业。若检索结果过多则需要提高检准率，采取在篇名字段、关键词字段、摘要字段同时进行检索的方法来进行缩检。检索式修改为：（篇名=人工智能+就业）or（关键词=人工智能+就业）or（摘要=人工智能+就业）。

5 评价检索结果，选择文献进行精读

根据检索出来的结果数量和质量来判断这次的检索是否成功。若成功，则输出检索结果，结束检索；若不成功，则返回第4步。

图 9-18　检索策略

思考问题：

请参考图 9-18，思考如何检索得到与“AIGC 对大学生学习能力的影响及应对策略”这一主题相关的中文文献资源。

（三）学术资源的评价

在学术研究过程中，我们往往需要从浩如烟海的文献资源中汲取知识养分，而这一过程绝非简单的信息堆砌。面对海量的学术信息，高效且精准地筛选、评估并选用适宜的资料，是每一位学者必须掌握的重要技能。相较于普通网络信息和社交媒体内容，学术出版物因其深厚的发展历史、鲜明的学术性和专业性，已形成一套严谨的评价体系。评价学术资源的核心目标在于考量其可靠性、先进性与适用性。

（1）可靠性，即资料的真实性、准确性与权威性。这要求我们考察文献的数据来源是否可信、研究方法是否科学、实验数据是否翔实、论证过程是否严谨、逻辑推理是否严密，以及最终结论是否经得起推敲。只有确保文献的可靠性，才能为学术研究提供坚实的知识基础。

（2）先进性，即文献在所属领域的创新程度与突破性贡献。这要求我们考察文献是否引入了全新的理论框架或研究视角，是否在已有知识体系上提出了新颖的观点、有了新发现或修正，是否在技术层面提供了革新性的方案、工艺、设备或措施，是否成功将既有的技术和经验应用于新的研究领域。先进性体现了学术资源在知识积累与科技进步中的引领作用。

（3）适用性，即文献与特定研究课题的契合度以及其在实际应用中的价值。这要求我们考察文献所针对的应用领域是否与研究主题相符，其内容是否具有时效性，能否解决当前研究中面临的实际问题，以及其成果是否易于转化为实践指导。适用性决定了学术资源对特定研究工作的实用价值和指导意义。

在具体评价学术资源时，我们可以从文献内容特征和文献外部特征两个维度展开。

文献内容特征是评价的核心环节，着重审视文献的研究内容与结构。第一，研究方法是否科学、恰当，直接关系到研究结果的可靠性。第二，数据图表是否翔实、准确，反映了研究的严谨程度与扎实程度。高质量的学术文献应提供翔实、准确的原始数据，并以恰当的图表形式呈现，便于读者理解和验证。第三，论证过程是否逻辑严密、推理有力，决定了结论的说服力。第四，还要考虑原创性与独创性，关注文献与其他资料的重复程度，以避免纳入冗余信息。优秀的学术资源应具备独到见解，避免简单重复已有的研究成果。第五，结论是否基于充分的证据、严谨的推理得出，是否具备理论意义与实践价值，是衡量文献质量的关键指标。

文献外部特征提供了评估文献背景与价值的额外线索。第一，文献出处，如期刊的影响力、是否为核心期刊、影响因子等，能反映文献发表平台的权威性与学术地位。第二，作者信息，包括作者的学术背景、工作经历、所属机构及其在领域内的影响力（如 H 指数），有助于判断作者的专业水平与研究信誉。第三，出版目的，明确文献是学术研究成果、科普读物还是个人观点表述，有助于我们对其深度与专业性做出预期。第四，发表时间，可用于评估文献内容的时效性。不同学科领域的知识更新速度各异，因此需要结合具体学科特点，审视文献发表或更新的时间，判断其内容是否仍处于学科前沿，是否已遭淘汰或被后续研究超越。第五，资源的获取与使用限制，要考虑获取全文的便利性、成本（如是否免费、是否需要订阅或付费）、版权许可条件等，确保所选文献在实际研究中易于获取和合法使用。第六，参考文献的丰富度与权威性，这反映了作者对前人研究成果的熟悉程度与尊重态度，以及其研究的深度与广度。

进 阶 阅 读

H 指数

H 指数（H-index），又称 Hirsch 指数或 H 因子，是由美国物理学家赫希（J.E.Hirsch）于 2005 年提出的用于量化评价研究人员学术产出数量与影响力的复合指标。该指数通过一种巧妙的方式将学者的论文发表数量与论文被引用次数相结合，具体表现为：一位学者的 H 指数等于其已发表论文中，至少有 H 篇论文各自被引用了 H 次及以上，其余论文的被引用次数均未达到或超过 H 次。举例来说，若某研究者的 H 指数为 10，这意味着他已发表了至少 10 篇论文，且这 10 篇论文每篇至少被引用了 10 次，但可能存在更多被引用次数未达 10 次的论文。

H 指数的优势在于其兼顾了学术产量与质量，避免了仅以论文数量或总被引次数单一评价学者的片面性，同时也具有较高的稳定性，不易受个别高被引或低质量论文的影响。其数值形式使不同学者之间的学术影响力得以相对便捷地比较。在科研评价体系中，H 指数被广泛应用于科研人员的招聘、晋升、奖励评定，科研机构的实力评估，科研基金申请的资格审查，以及学科发展态势的宏观分析等多个层面。

然而，H 指数并非完美的评价工具，它存在一些局限性。例如，它无法细腻区分单篇论文影响力的差异，对于论文发表年限较短或从事新兴研究领域的年轻学者可能不够公平，且易受不同学科领域平均引用率差异及引文习惯等因素影响。因此，尽管 H 指数在学术评价中具有重要参考价值，但在实际应用中应结合其他评价指标，如论文质量、研究项目的影响力、学术服务与领导力等，以及考虑学科特性和个体研究生涯阶段等具体情境，进行更为全面、深入的评估。

对学术资源进行全面、深入的评价，不仅有助于我们筛选出最具价值的信息，更能提升研究工作的效率与质量，确保学术成果的科学性与创新性。在实际操作中，应灵活运用上述评价维度，结合具体研究需求，对各类学术资源和研究者进行客观、精准的评估。

进阶阅读

影响因子

影响因子（Impact Factor, IF）是衡量学术期刊影响力的一种重要指标，它由美国科学信息研究所（ISI）创始人尤金·加菲尔德博士在 20 世纪 60 年代提出，并通过汤森路透（现科睿唯安）的期刊引证报告（Journal Citation Reports, JCR）予以公布。影响因子主要通过统计特定年份内期刊所发表论文在随后一段时间内被引用的频次，来反映该期刊在学术界的活跃度、受关注程度以及其所载文献对科学研究产生的影响。

具体计算方法如下：以某一年为基准年，影响因子（IF）等于该期刊前两年所发表的论文在该基准年内被引用的总次数，除以该期刊前两年发表的论文总数。例如，某期刊 2022 年的 IF 计算公式为：IF（2022 年）= 该期刊 2020 年和 2021 年发表论文在 2022 年被引用的总次数 ÷ 该期刊 2020 年和 2021 年发表的论文总数。这样计算得到的影响因子数值，直观展示了期刊平均每篇论文在特定时间段内的被引用频次，数值越高，通常表示该期刊的影响力越大，其所刊载论文在学术界被同行重视和引用的可能性也更高。

尽管影响因子被广泛应用于期刊评价、科研人员绩效考核、科研项目申报等诸多领域，作为衡量学术成果质量和影响力的重要参考，但其局限性也不容忽视。例如，影响因子无法直接反映单篇论文的质量，容易受到期刊自我引用、合作引用、热点话题集中引用等现象的影响，且不同学科领域的期刊缺乏可比性，一些新兴或小众学科的期刊可能因为学科本身引用率较低而使影响因子偏低。因此，在实际应用中，应当结合其他评价指标，如论文质量、同行评议、期刊声誉、开放获取政策等，并考虑学科特点和研究领域的具体情况，对期刊影响力进行更为全面、客观的评估。

二、文献管理工具

完成筛选和评价后，我们进入了一个重要环节——使用文献管理工具来保存和管理文献。这些工具像是一个便捷的收纳箱，让我们能轻松地将文献归类和整理。通过添加标签和分类，我们能快速找到所需的资料。同时，这些工具提供了强大的搜索和引用功能，使我们在撰写论文或报告时能够更加便捷地引用文献，省去了手动操作的烦琐。

文献管理工具不仅提高了工作效率，还使我们能够更好地利用宝贵的文献资源，在研究道路上更加得心应手。这些工具不仅能帮助我们整理、归类和存储海量的文献资源，还能使我们在需要时迅速找到并引用相关的文献资源。例如，通过这些工具，我们可以按照主题、作者、发表年份等多种维度对文献进行分类，便于快速定位到所需的资料。此外，一些高级的工具还提供了文献分析、引用导出等功能，极大地简化了写作过程中引用文献的步骤。

常用的文献管理工具有以下几种。

（1）EndNote。

作为 SCI 的官方软件，EndNote（见图 9-19）在学术界享有很高的声誉，拥有庞大的用户群。它支持 3 000 多种国际期刊的参考文献格式和几百种写作模板，几乎覆盖了所有领域的杂志。可以直接访问大多数数据库，并方便地将文献导出为 rtf、html、xml、txt 等格式，方便共享。内置的引文模板可以自动更新，减少了手动编辑的工作量。系统资源占用小，即使在管理大量文献时也不易导致计算机死机。

图 9-19　EndNote 宣传海报

（2）Zotero。

Zotero（见图 9-20）与其他的文献管理软件相比更像是一个知识管理软件，它不仅可以对文献进行管理，还可以实现对知识的整合。Zotero 插件众多，很多功能都可以通过安装插件来实现，还可以自己设计插件。Zotero 不仅能在中国知网、PubMed 上抓取文献，还能在知乎、百度上抓取数据。另外，Zotero 也支持 RSS 订阅追踪期刊的最新文章。Zotero 跨平台兼容性好，可以在多种操作系统和设备上使用，实现多设备间的同步和共享，具有强大的搜索和筛选功能，用户能够快速找到所需的文献。Zotero 支持多种引用格式，如 APA、MLA、Chicago 等。

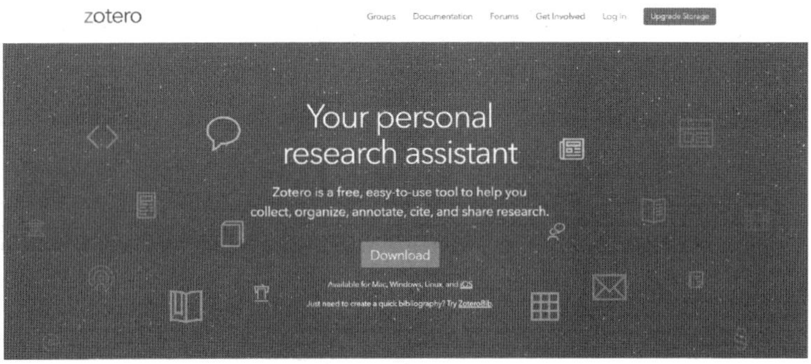

图 9-20 Zotero 官方网站首页截图

（3）Mendeley。

Mendeley（见图 9-21）是一款免费的文献管理软件，也被称为学术社交网络平台。使用 Mendeley 需要注册爱思唯尔账号，注册后在官网进行登录，系统会推荐相关文献和相同领域的研究者，并且可以创建不同等级的小组，来和不同的人分享文献。Mendeley 支持从 EndNote、Zotero 等其他文献管理软件导入文献，并提供了强大的 PDF 信息识别功能，可以自动提取文献的关键信息，且具有 PDF 标记和注释功能，方便阅读者直接在软件中阅读和编辑文献。

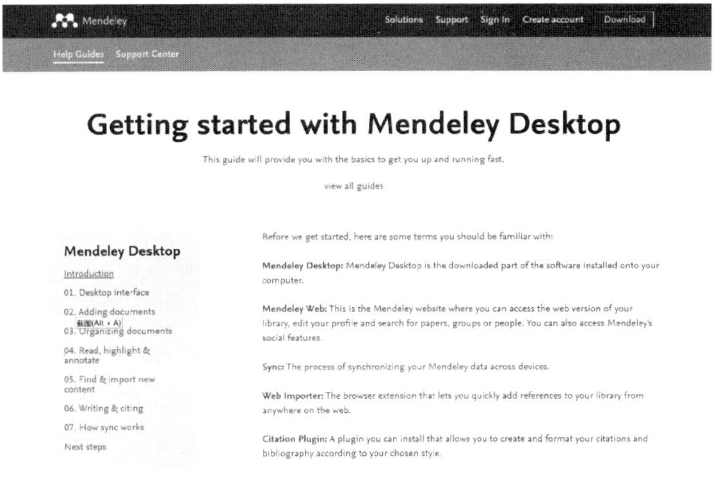

图 9-21 Mendeley 官方网站首页截图

（4）NoteExpress。

NoteExpress（简称 NE，见图 9-22）是一款文献管理软件，由北京爱琴海乐之技术有限公司开发研制，可以进行文献管理、写作投稿等工作。对中文文献的支持程度很高，对以阅读中文文献为主的同学来说，NE 是一款很好的软件。NE 支持从多个数据库（如知网、万方、维普等）检索和下载文献，还提供了文献分析功能，包括文献信息统计和关键词词频统计等，有助于快速了解研究方向的最新进展。支持在 MS Word 等编辑器中自动完成参考文献引用的格式化，有助于提高写作效率。NE 提供了笔记功能，方便用户记录科研心得和论文草稿等隐性知识。

图 9-22　NoteExpress 官方网站首页截图

这四款软件各有特点，用户可以根据自己的需求选择合适的文献管理软件。如果需要处理大量英文文献并遵循国际期刊的引用格式，EndNote 可能是更好的选择；如果更注重知识的整合和跨平台使用，Zotero 可能更适合；如果需要免费的学术社交网络平台，Mendeley 是一个不错的选择；而如果需要一款对中文文献支持程度高的国产软件，NoteExpress 则是理想的选择。

为了合理使用这些工具，我们需要根据自己的研究需求和习惯选择最适合自己的工具。同时，定期维护和更新文献库也是非常重要的，以确保数据的准确性和完整性。在使用过程中，我们还可以利用工具提供的笔记和标签功能，对重要文献进行深入的阅读和思考，并记录下自己的见解和发现，为后续的研究工作提供有力的支持。

三、在线学习资源与数字工具

随着科技的飞速发展，我们的学习方式也在经历着一场深刻的变革。近年来，在线学习以其独特的魅力和优势，逐渐在教育领域崭露头角，成为越来越多人的选择。就比如小吴，他通过在中国大学 MOOC 上学习信息检索技术，能力得到了极大的提升。在使用过程中，小吴发现了在线学习的一些优点。

在线学习能够打破时空限制，随时随地开启学习之旅。它使学生不再受地理位置和固定时间的限制，随时随地都可以进行学习。无论身处何地，只要有网络，就可以学习。这种灵活性极大地提高了学习的便利性，让学习不再受地理位置和时间的限制。

在线学习具有丰富的课程资源，能够满足个性化学习需求。互联网的强大资源整合能力让在线教育内容极为丰富，涵盖了各种领域和层次的学习需求。无论是专业技能培训、兴趣爱好培养还是学术知识学习，都能找到相应的课程资源。这为大学生提供了更广泛的学习选择，可满足不同人群的个性化学习需求。

在线学习能够锻炼自主学习能力，培养终身学习习惯。在没有老师现场监督的情况下，学生需要学会自我管理、自我驱动。这种模式有助于培养学生的独立思考和独立解决问题的能力，为终身学习打下坚实的基础。在线学习鼓励学生主动探索和发现知识，培养自主学习的习惯和能力。

在线学习能够降低学习成本。相较于传统的面对面授课，在线学习的成本相对较低。这使更多人能够负担得起高质量的教育资源，缩小了地域和贫富差距所导致的学习机会不平等问题。在线学习的低成本使更多人有机会接受优质教育，促进了教育公平。

由于具有以上这些优点，在线学习已经成为许多大学生培养兴趣爱好、学习专业知识的首要选择。大学生可以通过网络资源进行自我提高，利用在线课程、论坛、社交媒体等工具进行自主学习和交流。善于利用网络学习资源，不仅有利于大学生的自主学习和个性化学习，而且有利于大学生视野的拓展和创造力的培养，只有提高大学生网络学习资源利用效率，才可以提高新时代背景下个人的能力。

（一）在线学习资源

为了有效地进行在线学习并最大化网络学习资源的利用效率，我们需要深入探索并利用各种学习资源。以下是五类资源，它们对于提升在线学习体验和资源利用率至关重要。

1. 在线数据库

在线数据库是经过精心组织和结构化的数据集合，为学术研究提供丰富的资源。图书馆目录和各种专业数据库，如会议文献库、学位论文库等，都是学习的宝贵资料。掌握高级检索技巧，如运用布尔逻辑运算符、精确短语搜索等，以更准确地定位所需信息。同时，关注数据库的更新动态，可以获取最新研究成果。文献数据库是在线数据库中的一种。

2. 新闻组与电子公告板

新闻组为学习者提供了一个实时讨论的平台，主题广泛。电子公告板则方便张贴文章和进行实时讨论，资料按主题分类，便于查找。大学生可以通过新闻组与电子公告板积极参与讨论，分享观点和经验。通过参与不同的讨论组，大学生可以拓宽视野，结识志同道合的学习伙伴。

3. 电子期刊

电子期刊包括电子报纸、杂志、新闻和信息服务，成本低且易于传播。它们为学习者提供了丰富的学术和时事内容。大学生可以定期订阅相关电子期刊，养成阅读习惯，利用电子期刊的高级检索功能，快速定位关键信息。

4. 电子书

电子书是计算机化的学习材料，方便携带和检索。电子百科全书、人物传记、历史资料等都是电子书的内容。大学生可以选择符合自己阅读习惯的电子书阅读器，制订阅读计划，并利用书签、注释等功能加深理解。

5. 教育网站与在线课程网站

教育网站与在线课程网站提供大量的补充材料和学习资源，如课程讲义、学生作业、在线课程等。大学生可以根据个人需求选择合适的在线课程，参与互动讨论和实时问答。同时，关注教育机构的更新动态，获取最新学习资料。

（二）数字工具

在进行在线学习时，除了丰富的在线学习资源外，数字工具同样发挥着无可替代的关键作用。这些工具不仅极大地丰富了学习体验，还使学习过程更加高效、便捷和个性化。掌握并利用这些工具，无疑将为在线学习者带来显著的优势和收获。

1. 开发合作工具

在现代的软件开发领域，开源社区为软件开发提供了一个高效的合作平台。开源本身具有的“创新、开放、自由、共享、协同”等特性，与教育的目标不谋而合。GitHub（见图 9-23）作为全球最大的开源社区平台之一，同时也是一个以代码托管、版本控制为基本特征的软件项目远程协作开发平台。它吸引了世界各地大量的开发人员，并承担了数以千万计的项目托管任务。GitHub 最大的优势在于程序员可以与他人分享自己的项目，互相学习、协同合作。GitHub 的开放、社会化属性为软件开发类课程的实践教学带来了新机会，有助于建立实时交流、高效协作、体验良好的实践教学新模式。

在 GitHub 中，每个项目团队创建各自的项目仓库（Repository），使用分支（Branch）功能来管理团队成员的分工，利用合并请求（Pull-Request）机制实现各组员代码的合并，从而保证开发过程的高效性与并行性。学生在使用 GitHub 的过程中可以学习到基本的协作方法与技能，促进协作能力与自我管理能力的提高。学生团队项目的任务进展和各成员的贡献是透明的，学生可以从中感受高效顺畅的开源共创文化，增强创作责任感和能动性。指导老师定期检查 GitHub 中的项目数据，可以随时掌握项目的进展状况，与学生进行线上线下交流，提供具体的支持和指导。

GitHub 倡导社会化编程（Social Coding）文化，程序员以一种社交化、民主化的形式进行代码协作。学生可以关注和参与其他团队的开源项目，学习他人解决问题的方法、优秀的设计思想和先进的技术，还可以进行二次开发，为开源项目做出贡献。学生通过与其他团队的合作交流，可以快速提高个人学习能力，在协同开发和创作的过程中，将对知识的理解应用到问题的解决中，促进技术的学习和知识的转化。

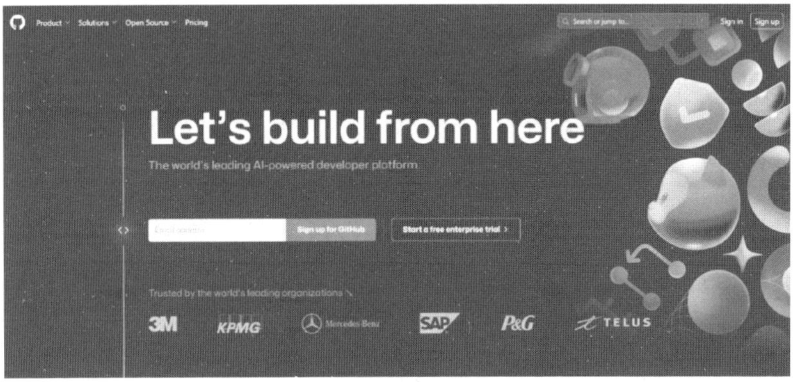

图 9-23 GitHub 官方网站首页截图

2. 在线协作工具

（1）金山文档（见图 9-24）。

金山文档是由珠海金山办公软件有限公司发布的一款可多人实时协作编辑的文档创作工具软件，支持多人实时协作编辑文档，填写表单、工作记录等。可以支持多人同时在线修改文档，实时保存历史版本，随时恢复到任何一个历史版本，让文档编辑更高效、更自由。

金山文档电脑版采用云端文件加密存储设置，发起者可指定协作人，还可以设置查看 / 编辑的权限。金山文档允许直接编辑 Office 文件，没有转换格式流程，确保内容不丢失。

金山文档的协作功能全面兼容多平台操作，如微信小程序、钉钉、企业微信、网页端，无论是安卓系统还是 iOS 系统，只需登录一个账号，就能实时同步所有文档。只需扫一扫，便能快速编辑协作文档，体验真正的云端办公。

图 9-24　金山文档官方网站首页截图

（2）腾讯文档（见图 9-25）。

腾讯文档是支持随时随地创建、编辑的多人协作式在线文档工具，拥有打通 QQ、微信等多个平台编辑和分享的能力。腾讯文档支持导入导出 Office 文件，无缝兼容。拥有一键翻译、实时股票函数、语音输入转文字、图片 OCR 文字提取、表格智能分裂、查看历史修订记录等特色功能，支持本地文档导入、在线文档导出为本地文件，并提供信息收集、打卡签到、考勤、在线办公、在线教育、简历等免费模板。

图 9-25　腾讯文档官方网站首页截图

（3）石墨文档（见图 9-26）。

石墨文档是一款支持多人实时协同的云端 Office 办公软件，提供文档、表格、幻灯片、企业网盘等全套云协同办公产品。

石墨文档的云办公产品支持多人、多端高效协作共享，这让跨组织、跨地域的文件协同编辑成为可能。借助石墨文档，企业可以灵活搭建知识库，实现文件集中存储、知识沉淀和文化传承。石墨文档还拥有强大的安全管控功能，通过多层级的权限设置、精细化的行为管控，能够有效降低内容泄露风险。此外，石墨文档可以在企业微信、钉钉等办公平台中快速使用。支持标准的 API 或 SDK 与企业办公系统深度集成，还支持特定功能的定制部署。

图 9-26　石墨文档官方网站首页截图

（4）飞书（见图 9-27）。

飞书是字节跳动旗下的先进企业协作与管理平台，集即时沟通、日历、音视频会议、云文档、云盘、工作台等功能于一体，一站式无缝办公协作。

飞书文档支持多人、多设备同时编辑，内容自动保存到云端；支持插入图片、表格、文件、视频、任务列表、投票、代码块等丰富的内容，超越传统文档成为真正的电子文档；文档里可以邀请他人、发表评论，对方可在飞书上收到消息提醒，并直接进行回复，还可以给优质的文档点赞；通过演示模式，文档可秒变幻灯片，无须花费大量时间制作演示文档。借助飞书文档，用户可以将散落各处的知识通过知识库结构化沉淀，全局搜索，找到需要的知识。

图 9-27　飞书官方网站首页截图

本章扩展资源

（1）国家高等教育智慧教育平台，见 https://higher.smartedu.cn/home。

（2）中国大学 MOOC，见 https://www.icourse163.org。

（3）学堂在线，见 https://next.xuetangx.com。

（4）智慧树网，见 https://www.zhihuishu.com。

（5）学银在线，见 https://xueyinonline.com。

（6）超星尔雅通识教育，见 https://erya.mooc.chaoxing.com。

（7）人卫慕课，见 https://pmphmooc.com/#/home。

（8）优课联盟，见 https://www.uooc.net.cn/league/union。

（9）好大学在线，见 http://180.76.151.202/home/index.mooc。

（10）融优学堂，见 https://www.livedu.com.cn/ispace4.0/moocMainIndex/mainIndex. do。

（11）华文慕课，见 https://www.chinesemooc.org。

（12）中国高校外语慕课平台，见 https://moocs.unipus.cn。

（13）高校邦，见 https://cas.gaoxiaobang.com/login。

（14）优学院，见 https://www.ulearning.cn/ulearning/index.html#/index/portal。

（15）人民公开课，见 http://mooc.people.cn/publicCourse/portal/index.html#/index。

（16）华东理工大学文献检索课程，见 https://www.icourse163.org/spoc/course/ECUST-1003105006?tid=1458846442。

（17）常见的中文全文数据库：中国知网，见 https://www.cnki.net/；万方数据库，见 http:/www.wanfangdata.com.cn/index.html；维普，见 http://qikan.cqvip.com/；中国国家数字图书馆，见 http://www.nlc.cn/；皮书数据库，见 http://www.pishu.com.cn；搜数网，见 http://www.soshoo.com.cn/index.do。

（18）常见的外文全文数据库：ScienceDirect，见 https://www.sciencedirect.com/；Springer Link，见 https://link.springer.com/；Wiley Online Library，见 https://onlinelibrary.wiley.com/；ProQuest，见 https://www.proquest.com/?defaultdiss=true。

（19）常见的引文索引检索工具：Web of Science，见 https://www.webofscience.com/wos/；SCOPUS，见 https://www.scopus.com；中国科学引文数据库，见 http://sciencechina.cn/cscd_source.jsp；中国社会科学引文索引，见 http://cssci.nju.edu.cn/login_u.html；中国引文数据库，见 https://ref.cnki.net/ref。

（20）常见的其他检索工具：Engineering Village，见 https://www.engineeringvillage.com/home.url；SciFinder，见 https://scifinder.cas.org/。

（21）文献管理工具：EndNote，见 https://web.endnote.com/；Zotero，见 www.

zotero.org；Mendeley，见 www.mendeley.com；NoteExpress，见 http://www.inoteexpress.com/aegean/。

本章思考与讨论

（一）个人思考题

你是否使用过在线学习平台进行学习，有什么感受？请分享一下。

（二）小组讨论题

请小组内成员分享自己在检索文献时遇到的困难，以及当时的解决办法。

本章实操模拟

选择感兴趣的课题进行文献检索

练习目标：

此练习旨在帮助学生通过具体活动提高文献检索能力。

练习步骤：

第 1 步：选择你所感兴趣的课题，课题关键词要有两个以上。

第 2 步：对课题进行分析，利用逻辑运算符构建检索式，并记录。

第 3 步：在中国知网、Web of Science 等检索工具中检索，并截图保存。

第 4 步：分析检索结果，进行扩检或缩检，并截图。

第 5 步：选择符合要求、质量高的论文，进行阅读。

任务要求：

根据截图回顾检索过程，总结检索策略与心得。

本章参考文献

[1] 王立诚 . 科技文献检索与利用 .6 版 . 南京：东南大学出版社，2020.

[2] 曹阳，李慧，王兴芳，等 . 基于 GitHub 开源平台的软件开发类课程实践教学探索 . 科教导刊，2023（16）.

[3] 吴建华 . 信息素养修炼教程 . 北京：科学出版社，2020.

[4] 张倩苇 . 信息素养：开启学术研究之门 . 北京：北京理工大学，2020.

知 识 篇

第十章

未来探险家
——数字技术前沿的旅程与创新思维

章节结构

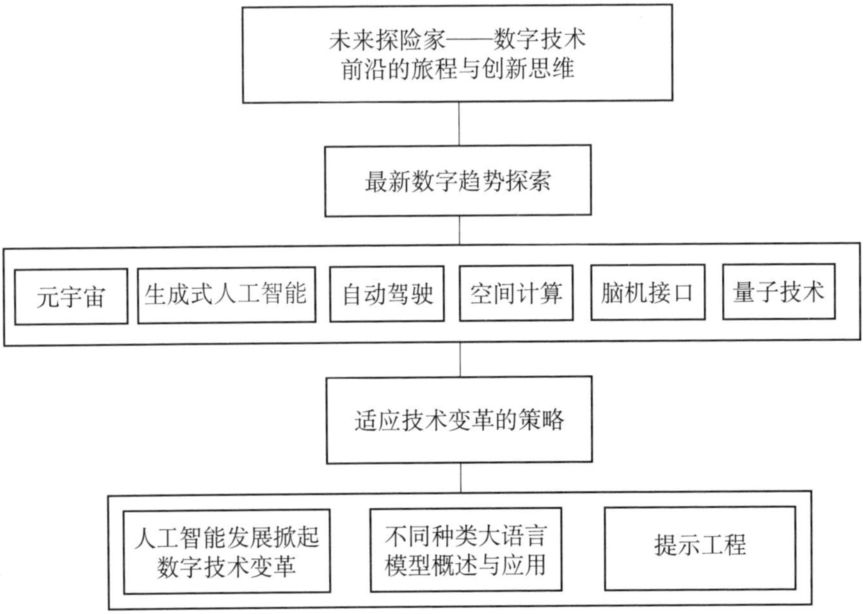

关键词

前沿科技　技术应用　元宇宙　生成式人工智能　科技伦理

主题思想

明者因时而变，知者随事而制。当今世界，谁牵住了科技创新这个“牛鼻子”，谁走好了科技创新这步先手棋，谁就能占领先机、赢得优势。那么，我们应该怎样才能抓住科技创新这个“牛鼻子”呢？首先，要瞄准世界科技的前沿。就好比射箭，你需要准确地瞄准目标，才能打中靶心。其次，我们要了解世界科技的最新动态，把握住科技发展的大趋势。这样，我们才能在科技创新的道路上走得更稳更远。

场景引入

在数字科技展会上，大学生陈思思发现周围到处是新奇有趣的智能技术。他坐上了一辆无人驾驶的智能汽车，车辆的自主避障、路径规划等功能，让他体会到了智能交通工具的巨大发展潜力。他也在展会上体验了虚拟现实游戏，仿佛置身于另一个世界，体验到了虚拟世界的神奇之处。他还使用 ChatGPT 辅助书写材料，通过与 ChatGPT 的对话，他快速地生成了流畅、有逻辑的文字。这一切让陈思思的生活变得丰富多彩，学习效率也得到了提高。

体验过后，陈思思感受到数字化生活的便利和趣味，但同时发现自己对层出不穷的新数字技术不够了解。他开始思考：现在的前沿技术究竟有哪些？如何利用这些技术做一些有意义的事情呢？

陈思思开始主动探索，他阅读了关于元宇宙、脑机接口等前沿数字技术的资讯。他对这些新技术产生了浓厚的兴趣。陈思思希望深入了解这些新技术，他开始参加各种科技讲座和研讨会，与专业人士交流，不断学习和探索。陈思思认为只有与数字时代同步，才能更好地适应未来的发展，让自己的生活变得更加丰富多彩。他期待着未来自己能够用新技术探索更多未知的领域，并利用数字化技术发现更多有趣的事物，真正成为一个掌握数字技术，拥有创新思维的“未来探险家”。

第一节 最新数字趋势探索

一、元宇宙

元宇宙就像是一个大型的虚拟世界，你可以把它想象成将虚拟世界与宇宙融合形成一种虚拟宇宙的技术。它是由许多不同的虚拟世界和互联网内容组成的。在这个虚拟世界里，你可以像在现实生活中一样与其他人交流、互动，甚至创造自己的虚拟世界。元宇宙的概念就是把我们的虚拟体验提升到一个全新的水平，让我们能够更深入地探索、创造和互动。

1992 年，美国著名作家尼尔·斯蒂芬森（Neal Stephenson）在《雪崩》（*Snow Crash*）中首次提到元宇宙（Metaverse）一词，书中描绘了一个庞大的虚拟世界，这被认为是元宇宙的开端。元宇宙概念提出以后，在很长一段时间内并没有引起资本和业界的关注。直到 2021 年，元宇宙第一股 Roblox 在美股主板市场纽约交易所上市，股价一路上涨，引起新一轮的资本狂欢，从此元宇宙成为科技领域最火爆的概念之一。2021 年也被称为元宇宙元年，这一年，有许多科技行业的大公司跟随着游戏开发商和初创公司的步伐，纷纷在元宇宙领域布局。同年 10 月，Facebook 创始人扎克伯格宣布将公司更名为“Meta”，Meta 就是“元宇宙”（Metaverse）的意思，扎克伯格表示：“我们希望，在未来十年内，10 亿人将能接触元宇宙，元宇宙成为一个承载数千亿美元的数字行业，并为数百万创作者和开发者提供就业机会。”

正如陈思思体验的 VR 游戏世界一样，另一个虚拟世界中蕴藏着无穷的可能性，它的真实感会让人们赞叹不已，这正是元宇宙在游戏领域的应用，但元宇宙技术远远不止于游戏领域。

元宇宙会议就是一个典型的例子，它通过将 5G、人工智能（AI）、虚拟现实（VR）与增强现实（AR）等技术相结合，实现参会群体身份数字化、会议空间和展品虚拟化，使得人们足不出户，在线上就能进行“面对面”会议，为参会者营造身临其境的沉浸体验。例如，2020 年，中国传媒大学动画与数字艺术学院的师生们组成了一个十余人的团队，他们利用沙盒游戏《我的世界》（Minecraft）还原了一个像素风校园，规模达到了 1 ： 1 的比例。如图 10-1 所示，在这个虚拟校园里，他们举办了一场别开生面的毕业典礼。这场毕业典礼可以被称为一个“元宇宙”毕业典礼，因为它在虚拟世界中精准地复刻了线下毕业典礼的每一个环节。在这场元宇宙毕业典礼中，每个师生都能在虚拟世界中仿佛面对面地参与各种活动。无论是庄严的毕业典礼仪式、与老师同学的互动交流，还是欢乐的毕业派对，都在这个虚拟空间中得到了一丝不苟的复刻。这场元宇宙毕业典礼不仅是对线下毕业典礼的致敬，更是利用科技的力量为师生们创造了一种全新的、独特的毕业体验。

图 10-1 《我的世界》中的中国传媒大学

元宇宙还将为教育领域带来革命性的变革，突破传统课堂的限制。学生们可以通过身临其境的体验，更加直观地理解复杂的概念和理论。例如，历史课可以带领学生“穿越”到古代文明现场，生物课可以让学生“进入”人体内部观察各器官的运作。同时，学校也可以利用元宇宙技术来创建虚拟实验室，让学生在安全的环境下进行实验操作。例如，化学实验可能存在危险，但在虚拟实验室中，学生可以通过模拟实验来学习化学知识，而不必担心安全问题。此外，元宇宙中的虚拟课堂将为远程教育提供更多可能性，消除地域差异带来的教育资源不平等。无论学生身处何地，只要有网络连接，就可以进入同一个虚拟教室，与全球的老师和同学互动。这种全球化的教育平台将促进文化交流和知识共享，帮助学生开阔视野，培养全球视野和多元文化理解。

元宇宙也诞生出自己的艺术产业。21 世纪最初的 20 年，是中国的计算机技术对艺术与设计影响最大的 20 年。其间，有一批艺术家、设计师伴随着技术发展成长起来，计算机的广泛应用也大大提高了艺术和设计领域的生产效率。激光排版技术的使用，缩短了印刷出版物的制作与出版周期。借助网络，作品打破了时间、空间限制，使创意、作品得到了更广泛的传播，艺术家得到了更大范围的宣传。移动终端的普及，降低了艺术创作的门槛，使创作更为便捷，让“人人都是艺术家”。由于新冠病毒感染疫情的影响，现实世界的局限加剧了人们对网络的依赖，也加速了虚拟时代的到来。职业艺术家、创意人刘庆热衷去各国潜水，疫情期间难以成行，作为潜水员和海洋环保者，她用生成艺术创作出了心目中的大海，在虚拟世界中自由潜行。“深潜者 Dive into your mind 系列”由 5 幅生成艺术作品组成，是根据她自身的潜水经历而创作，打破现实世界的局限，回到现实中难以抵达的大海，探索更广阔的领域。相较于传统艺术，随着元宇宙时代的到来，基于区块链网络的艺术形式更加多元化，通过智能合约可以保证作品的真伪溯源，保护创作者的利益，还能实现更多的交互与创新。与传统艺术相比，与技术的结合使得加密艺术有更广阔的创新空间，其中除了数码绘画、3DCG（三维计算机图形），生成艺术也占据了重要地位。元宇宙打破了物理空间的限制，疫情之下人们可以足不出户就进入虚拟世界，逛各种现实中建造不出来的神奇建筑，去虚拟画廊参观展览，遇见喜欢的数字藏品就一键下单，购物、社交，甚至工作，它是一个平行于现实世界的虚拟宇宙。随着各大商业品牌纷纷入驻元宇宙，虚拟世界会越来越繁荣，并催生很多新职业。刘庆对这种形式充满期待，她认为：“在 Web 3.0 的浪潮下，艺术家们的创造力被完全释放，我们应该具有前瞻性思维，去创作属于未来的艺术。”

元宇宙商场是数字时代商业创新的一个典范，它将 5G、人工智能、虚拟现实与增强现实等前沿技术融合应用，打造了一个全新的购物体验。消费者无须亲自前往实体店铺，即可在线上享受“身临其境”的购物乐趣，这为购物者提供了前所未有的沉浸式体验。例如，受到线上购物趋势的推动，从 2021 年起，许多传统商场开始探索数字化转型。一家知名的零售企业组建了一个由技术专家和设计师组成的团队，他们利用先进的虚拟现实技术，构建了一个 1 ∶ 1 比例的虚拟商场。在这个虚拟商场中，消费者可以自由穿梭于各个品牌店铺之间，体验到与真实商场无异的购物环境。在这个元宇宙商场中，每一个商品都以 3D 模型的形式呈现，消费者可以通过虚拟试衣间试穿服装，或是在虚拟厨房中体验家电产品的功能。无论是精致的珠宝首饰、时尚的服装鞋帽，还是高科技的电子产品，消费者都能在这个虚拟空间中细致观察并进行互动体验。此外，商场还定期举办虚拟新品发布会和打折促销活动，吸引消费者参与。这种元宇宙购物体验不仅仅是对传统购物方式的致敬，更是通过科技的力量，为消费者创造了一种全新的、独特的购物方式。它突破了时间和空间的限制，让购物变得更加便捷、个性化和富有趣味性，引领了未来零售业的新潮流。

元宇宙可以将真实世界的事物、机构完全以数字形式复现到网络虚拟世界中。因此，它可以被应用在商业虚拟体验、科研模拟实验、工业数字仿真等许多重要场景中。然而，元宇宙目前仍存在一些局限性，例如隐私保护和数据安全问题。英特尔的 AR 项目负责人杰里·鲍蒂斯塔（Jerry Bautista）说："我们可以打造出令人惊叹的元宇宙产品，硬件设备的研发也不是最难的部分。最难的是，一旦虚拟世界的数据泄露到现实世界中，又会发生什么可怕的后果？"因此，如何在享受元宇宙带来的便利的同时，确保用户的权益不被侵犯，是目前元宇宙产业界需要共同面对的难题。

案 例 思 考

南信大设立全国首个元宇宙工程系

《现代快报》报道，南京信息工程大学人工智能学院（未来技术学院）信息工程系更名为元宇宙工程系。2022 年 9 月 23 日，人工智能学院（未来技术学院）印发《关于信息工程系更名为元宇宙系的通知》（以下简称"通知"），通知称，经学院党政联席会议研究决定并报学校批准，该院信息工程系更名为元宇宙工程系。

元宇宙是一个平行于现实世界的虚拟数字世界，是自然人、机器人、虚拟人紧密整合的系统化生活世界。人工智能是元宇宙的核心技术之一，是引领新一轮科技革命、产业变革、社会变革的战略性技术，正在对经济发展、社会进步等方面产生深远的影响。

2022 年 8 月，由南京信息工程大学等单位联合主办的"元宇宙背景下人工智能产教融合创新论坛暨现代产业学院建设研讨会"在南京召开。该校与企业共建元宇宙研究院，进一步探索深度融合的学科建设和人才培养新模式。

南京信息工程大学于 2021 年 7 月成立了人工智能学院（未来技术学院）。学校人工智能专业是全国首批 35 个获批的人工智能本科专业之一。

思考问题：

上述通知一经发出，就在网络上引发热议。有网友认为这种名称的改变意味着南信大"不务正业"，毕竟南信大最好的专业是气象学科；但是也有人好奇这个元宇宙工程系会教什么，并提前"求课件"。针对南信大设立元宇宙工程系这一事件，你的立场是什么？你对上述观点有哪些思考？

二、生成式人工智能

生成式人工智能是一种基于算法、模型和规则，通过大规模数据集中学习以生成新的原创内容的人工智能技术。生成式人工智能的历史可以追溯到 20 世纪 50

年代，当时人工智能的概念刚刚萌芽。早期的生成式人工智能技术主要包括专家系统和基于规则的推理，这些技术在知识表示、推理和问题解决方面取得了显著成果。到了 20 世纪 90 年代，神经网络可以通过训练来自动学习文本数据的潜在结构和模式，并且可以用这些模式来生成新的文本。由此，早期的生成式语言模型出现在公众的视野中，即基于循环神经网络的语言模型。这种模型可以预测一个句子中的下一个单词，并将其作为输入来预测后面的单词，从而生成连续的文本。而随着机器学习和深度学习的兴起，生成式人工智能取得了突破性进展，并涌现出许多经典的生成式模型，包括生成对抗网络、变分自编码器、扩散模型和 Transformer 等。这些模型不仅可以生成与人类语言更接近的文字内容，还可以根据人类输入的文字内容生成与文字语义匹配的图像和视频数据。例如，当用户输入单词“宠物”时，模型可以为用户生成一张狗的图像，或是狗在家中奔跑的视频。

2022 年末，人工智能新锐巨头 OpenAI 推出的 ChatGPT，标志着生成式人工智能在文本生成领域取得了里程碑式的卓越进展。ChatGPT 是一个基于生成式人工智能的自然语言处理模型。与传统的自然语言处理模型相比，ChatGPT 具有更强大的语言生成和理解能力。它能够根据上下文生成连贯且有意义的回复，甚至能够完成一些复杂的对话任务。这一技术的进步不仅提高了文本生成的效率和质量，还拓展了生成式人工智能的应用场景，使其在教育、内容创作、客户服务等领域展现出巨大潜力。现如今，很多人使用 ChatGPT 来进行知识问答、语言润色、代码辅助生成、文稿编辑等工作。陈思思同学也不例外，他将自己撰写的书面材料输入给 ChatGPT，让 ChatGPT 帮助他润色自己的语言，并纠正语法错误。由此可见，ChatGPT 对大学生的学习方式带来重要影响。

此外，OpenAI 推出了文本生成视频模型 Sora，再次引发了人们对生成式人工智能技术的关注。陈思思不仅可以使用人工智能来帮助自己撰写和润色文稿，还可以通过 Sora 根据自己的想象生成最长达到 60 秒的视频（见图 10-2），助力自己的视频创作。

图 10-2　Sora 生成的视频截图

尽管生成式人工智能技术当前在可靠性和安全性方面仍然备受争议，但不可否认的是生成式人工智能依然掀起了前所未有的数字技术革命。随着生成式人工智能模型不断涌现，其在各个领域的应用也日益广泛，从文本生成到视频创作，从医疗诊断到个性化教育，生成式人工智能的潜力几乎无穷无尽。正如OpenAI创始人、“ChatGPT之父”萨姆·奥尔特曼（Sam Altman）所说：“生成式人工智能是新时代最重要的技术革命。”

案例思考

据财联社消息，在2023年2月6日公布的专访中，微软公司创始人之一比尔·盖茨表示，他对ChatGPT以及人工智能领域的进步感到非常兴奋。ChatGPT在上线两个月后月活跃用户破亿，成为史上用户增长速度最快的消费级应用程序。

此前盖茨曾高度评价称，这种AI技术出现的重大历史意义，不亚于互联网和个人电脑的诞生。自从他开始学习软件以来就对AI有浓厚的兴趣：“让计算机看、听、写是整个行业的长期追求目标。”

盖茨还透露他在研究ChatGPT之余喜欢用它做一些“有趣的事情”，包括像莎士比亚那样写一些诗。盖茨发现，ChatGPT的创造力很有趣，并承认自己确实无法写出那样的诗句。

展望未来，盖茨强调，在教育、医疗等方面，无论是ChatGPT还是其他竞品，AI都将彰显其潜在的价值：它可以让市中心贫民区的学生接触到数学指导，也能给没机会看医生的非洲人提供医疗建议，这是相当好的。

尽管赞叹了ChatGPT写诗歌的能力，但盖茨表示这些诗歌仍然是不完美的，另外他还发现ChatGPT在数独（Sudoku，一种数学游戏）方面有明显的缺陷。

盖茨表示，人工智能将被广泛议论，成为“2023年最热门的话题”，并在未来改变就业市场。不过盖茨警告，人工智能存在失控或走向错误的风险，在引发讨论的同时势必也会带来大量争议。

思考问题：

假设你获得了ChatGPT使用权，你认为ChatGPT能够在什么行业发挥自己的价值？相较于该行业原本的解决方案，ChatGPT有什么优势？

三、自动驾驶

人工智能技术的迅猛发展使自动驾驶从科幻走向了现实。自动驾驶技术是指汽车能够在没有人为干预的情况下，自主感知周围环境、规划行驶路线、控制车辆运动并完成出行任务。这项技术的探索可以追溯到 20 世纪末，当时一些国家的研究机构开始利用各种传感器、计算机和控制系统对无人驾驶汽车的感知、控制等方面进行实验。例如，1995 年，美国卡内基梅隆大学的“Navlab”项目首次实现了自动驾驶车辆在城市道路上行驶，尽管当时的技术在复杂环境中仍然难以实现让车辆稳定行驶。为了推动无人驾驶技术的发展，美国国防部高级研究计划局（DARPA）于 2004 年至 2007 年举办了三届无人驾驶挑战赛，吸引了全球众多科研机构、大学和企业的参与。这些挑战赛要求参赛车辆在不借助公路设施和外力帮助的情况下，自动驾驶通过数百公里的赛道，完成各种复杂任务。这些挑战赛极大地促进了无人驾驶技术的进步和创新。如今，随着无人驾驶技术的不断完善与成熟，它开始进入商业化和规模化发展阶段，应用场景也扩展到普通马路、城市街区以及机场周围，一些自动驾驶汽车开始量产，例如特斯拉的 Autopilot、奥迪的 Traffic Jam Pilot 等。

如今体验无人驾驶汽车已经并不困难。无人驾驶出租车已经在北京、上海、广州、深圳等地开始试运行，这有力地证明了无人驾驶技术的成熟度。就像陈思思在数字科技展会上选择搭乘一辆无人驾驶汽车在展区里自由观光，未来我们或许也可以像陈思思一样，只需打开手机应用，选定出发点和目的地，短短片刻，一辆没有司机的无人驾驶汽车就会准时抵达。方向盘自动转动，示意车辆已准备就绪。一旦乘客上车，车辆便安全可靠地向目的地驶去。

然而，现有的无人驾驶技术在极端条件（如强光、沙尘暴或大雾等天气）下，传感器很容易失灵。同时，无人驾驶技术还涉及一系列伦理道德问题，包括事故责任认定和数据隐私保护。正如自动驾驶科学家们所说的那样：“无人驾驶技术前途一片光明，现实却很骨感。尽管如此，我们仍有理由相信，随着人工智能和无人驾驶技术的逐渐成熟，这些问题都将逐一得到解决。”

案 例 思 考

2024 年以来，多地发布自动驾驶测试区域扩大的消息：浙江杭州开放八城区 3 474 平方千米作为智能网联车辆测试应用区域，占全市面积超 20%；广东深圳公布新增 43 条道路，使全市自动驾驶开放道路里程达 944 千米；北京开放首个高铁站自动驾驶测试，明确北京经济技术开发区往返北京南站自动驾驶测试范围。

很多消费者逛车展或买新车时发现，自动驾驶功能已渐成汽车“标配”。此外，越来越多的物流、公交等功能型无人车也进入日常生活。

我国自动驾驶技术近年来快速向L2级以上发展，与国家政策支持密不可分。2023年11月，工业和信息化部等四部门发布《关于开展智能网联汽车准入和上路通行试点工作的通知》，支持开展L3级和L4级自动驾驶汽车的准入和上路试点。2023年12月，交通运输部发布《自动驾驶汽车运输安全服务指南（试行）》，引导规范自动驾驶技术在运输服务领域的应用，适用L3至L5级自动驾驶车辆。

深圳、上海、杭州等地已就自动驾驶开展地方立法，北京的自动驾驶汽车立法工作也已纳入2024年立法审议项目。北京、上海、重庆等地已给至少7家车企发放L3级高速公路道路测试牌照，包括比亚迪、阿维塔、奔驰、宝马、智己等。

思考问题：

无人驾驶技术目前还有什么缺陷？如果说有一天无人驾驶技术已经非常成熟，你会用无人驾驶技术去做些什么？

四、空间计算

2023年苹果全球开发者大会（WWDC）如期举行，苹果公司首席执行官蒂姆·库克发布了苹果的全新产品Apple Vision Pro，如图10-3所示。苹果将其定义为公司首款可穿戴空间计算机（Wearable Spatial Computer）。这一产品的发布，无疑将大众带入了空间计算的全新世界。

图10-3 “空间计算”实例：Apple Vision Pro问世

“空间计算”这一概念早在2003年麻省理工学院媒体实验室的研究生西

蒙·格林沃尔德（Simon Greenwold）发表的硕士论文中就有所提及。西蒙对空间计算做出了如下定义：“空间计算是一种人机交互的形式，机器能够处理并操纵真实对象及空间的相关信息。它是实现以下愿景的重要手段：让机器成为我们工作与娱乐中更加全面的伙伴。”在此后的十几年时间，空间计算并没有实质性的发展，直到2023年苹果全球开发者大会举办，空间计算才真正走进现实大众视野。

与当前使用的电脑和手机等设备的交互方式不同，空间计算不局限于实体屏幕，用户可以随时随地与周围环境中的各种设备进行交互，这是在真实3D空间中的人机交互。相比于传统交互方式要使用鼠标、屏幕和键盘，空间计算技术能够消除物理世界与数字世界之间的界限，这极大地方便了我们的日常生活。在工作和企业环境中，空间计算可以用于远程协作和虚拟会议。通过共享虚拟空间中的3D模型和数据，团队成员能够更加直观地讨论和解决问题，从而提升协作效率。在医疗领域，医学学生和专业人员可以使用空间计算技术进行培训和模拟，以增强学习效果。在教育和培训方面，学生可以通过空间计算技术进行科学实验、历史重现和技能培训，提升学习的趣味性和效果。

在未来，只有硬件、网络、算力和算法紧密相连、协同发展，才能共同推动空间计算时代的发展。在这些基础上，空间计算技术将作为新一代终端的代表，为人类生活创造更多价值与福利。

案例思考

澎湃新闻报道，2023年苹果全球开发者大会“码出新宇宙”正式拉开帷幕，外界期待已久的混合现实（MR）头显首次亮相。这是苹果的第一款头显设备，也是苹果公司首次涉足该领域，这还是苹果时隔多年后发布的首个新品类产品。

苹果公司首席执行官蒂姆·库克称：“你可以在虚拟空间与数字内容互动，就像在物理空间里一样。你可以用最自然、最直观的工具来控制Vision Pro，即眼睛、手和语音。操控和观看不再受显示屏的限制，周围的环境变成了一个无限的画布，你可以在任何地方使用应用程序。”库克还表示，Vision Pro将开启“从未见过的全新体验”。

这款设备兼容iOS和iPadOS的各种软件，可以办公、娱乐，拍摄空间视频，并且只需要手、眼睛和语音就能交互。大会上以“好似意念控制”来描述这一系列操控功能。苹果称这种新的计算范式为“空间计算”。库克对此说：“如同Mac带我们进入个人计算时代，iPhone带我们进入移动计算时代，Apple Vision Pro 将带我们进入空间计算时代。”

思考问题：

如果你是一个空间计算产品的设计者，除了上述远程办公功能，你还希望空间计算能够实现什么功能，支持什么服务？请说明这种服务的必要性。

五、脑机接口

正如陈思思阅读到的前沿数字技术资讯，脑机接口（Brain-Computer Interface, BCI）技术是一种让外界物理设备或数据与大脑直接交互的技术。与传统的人机交互形式不同，脑机接口技术无需手部动作或语音指令，因此，它具有广泛的潜在用途，例如帮助失去外周控制能力的失能人士表达他们的想法和意图。

早在 1924 年，德国耶拿大学的神经内科专家汉斯·贝格尔（Hans Berger）在一名 17 岁颅骨缺陷的病人头皮上记录到了电流计镜面的微小振动，这正是人类历史上首次记录到的人脑的电活动。1973 年，加利福尼亚大学洛杉矶分校的计算机科学家雅克·维达尔（Jacques J. Vidal）首次使用“脑机接口”一词，描述了一个可以将脑电信号转化为计算机控制信号的系统。在 2004 年，经过科学家们的一系列研究，四肢瘫痪的马特·内格尔（Matt Nagle）成功借助侵入式脑机接口控制机械臂，标志着脑机接口技术从科研走向临床。此后，脑机接口技术不断发展，并迅速取得进步。2024 年 1 月，首都医科大学宣武医院团队与清华大学医学院团队共同宣布，全球首例通过植入式硬膜外电极脑机接口辅助治疗的四肢截瘫病例，在行为能力康复上取得突破性进展，实现了自主脑控喝水。埃隆·马斯克也在社交平台上发布消息，宣布神经连接公司（Neuralink）进行的首例脑机接口人体植入手术已经成功，植入的脑机接口设备运行良好，并且已经成功接收到植入者脑部的神经信号。这些突破性进展标志着脑机接口技术向实际应用又迈进了一大步。这两个实例也将脑机接口划分成了两种类型，即非侵入式脑机接口和侵入式脑机接口。

非侵入式脑机接口在日常生活中随处可见，比如医院常用的脑电图（EEG）检查，医生通过脑电图来判断大脑的功能，并发现症状。而人们也可以利用自己的情绪发出特定的脑信号来实现特定的功能。例如，1965 年实验音乐作曲家阿尔文·卢西尔（Alvin Lucier）通过让人脑产生阿尔法波来操纵打击乐器，并制作乐曲。非侵入式脑机接口的优点在于无需手术即可从外部检测信号，风险较低。然而，由于皮肤和头骨的屏障，非侵入式脑机接口的信号分辨率较低。因此，要直接从大脑皮层接收到清晰的信号，就需要侵入式脑机接口。

马斯克所说的脑机接口人体植入手术就是侵入式脑机接口的典型案例。侵入式脑机接口需要进行手术，将电极植入大脑皮层中，以获取更加准确的信号，而神经连接公司植入人体的设备就是图 10-4 中这款叫作 Telepathy 的设备（也称 N1 植入体），这个设备能够帮助使用者操控手机电脑，以及与手机电脑连接着的任何设备。

图 10-4　N1 植入体

然而，脑机接口技术尚未成熟，安全性仍然是最大的问题。人们尚不清楚神经连接公司所进行的侵入式脑机接口手术在未来是否会出现其他安全隐患。除了安全性，脑机接口技术还可能带来一些伦理问题。例如，脑机接口设备能够识别出一个人不愿意表露的真实情绪，还可以通过电流刺激特定脑区来“调节情绪”。如果用户不想让他人知道自己的想法，或者在悲伤时不想被强行变得开心，那么使用脑机接口设备便会引发伦理问题。而如何应对这种伦理问题，则是脑机接口技术在发展历程中不得不面对的挑战。

案　例　思　考

从 2019 年开始，马斯克创立的神经连接公司（Neuralink）先后在猴子、猪身上进行了脑机接口的尝试。2024 年 1 月 29 日，马斯克宣布神经连接公司首次将芯片植入了人类大脑之中。他还表示，未来脑机接口技术将用来帮助瘫痪患者恢复运动功能，治愈帕金森病、阿尔茨海默病等脑部疾病，以及帮助恢复失明患者视力等。

2024 年 5 月 8 日，神经连接公司宣布，1 月份实施第一例人类手术后，被植入到受试病患大脑中的设备发生了诸多机械故障。植入人脑之后的数周，安装在人脑组织中的某些电极镶钉螺纹发生脱落，造成设备无法正常工作，从受试病患大脑中捕获的数据量减少。神经连接公司没有透露为什么一些电极线会意外收缩。

思考问题：

脑机接口目前主要是向外传输信息，如果有一天发展到治愈帕金森病、阿尔茨海默病等向内传输信息的时代，你会利用脑机接口做什么？你如何看待机械与肉体的伦理问题？

六、量子技术

20世纪初建立的量子力学是人类历史上最伟大的科学革命之一。经过这些年科学界的不断研究，世界已经进入数字量子科技时代，催生了第一次量子革命，这场革命带来了核能、半导体、激光、核磁共振、超导体和全球卫星定位系统等重大技术和重要材料，从根本上改变了人类的生活方式和社会面貌。也许，它对于公众来说非常陌生，但是它其实已经深深融入了现代人的生活。

量子技术主要分为三个领域：量子计算、量子通信和量子精密测量。其中，量子计算遵循量子力学的规律，量子运算速度极快。量子计算机是执行量子计算的精密设备，通过量子计算，我们可以解决普通计算机无法处理或难以处理的一些复杂问题，例如复杂密码破译和精密材料设计等。

另外，如果你热爱观看黑客电影，你一定会看到一些窃听者只需输入目标的手机号码，简单操作几下就能实现监听的桥段。那么，人们不禁会问，有没有更加安全且不会被不法分子监听的通信方法？答案是肯定的，那就是量子通信。量子通信利用量子纠缠效应进行信息传递，其最大的优势在于高安全性和高效率。此外，量子通信还具有很强的抗干扰性。2016年，中国成功发射全球首颗量子科学实验卫星“墨子号”，标志着我国已经开始量子通信的实际应用。

不断提升测量精度是科学研究发展的原动力之一。量子精密测量是一种利用量子力学原理进行精密测量的技术，常用的方法包括光子计数、单光子测量和电子自旋共振等，它们利用微观量子作为计量单位，来测量复杂物理事物的数量、距离、体积等数据。量子精密测量也是量子技术的典型应用，在自然科学研究中发挥着重要的作用。

国内研究团队在量子科技领域取得了丰富成果：2023年10月，中国科学技术大学潘建伟、陆朝阳团队跟中国科学院上海微系统与信息技术研究所、国家并行计算机工程技术研究中心合作构建了255个光子的“九章三号”量子计算原型机，提升了计算采样速度和量子优越性；2024年4月，华翊量子研制成功首代商用离子阱量子计算原型机。这些成果不仅显示了中国在量子科技领域的实力，也预示着量子科技将继续深刻改变中国百姓的生活，推动中国科技的进步。在未来，量子科技充满了无限可能，量子科技的发展将为人类带来更多福祉和创新。

案 例 思 考

据中国科学技术大学2020年12月4日消息，该校潘建伟、陆朝阳等组成的研究团队与中科院上海微系统所、国家并行计算机工程技术研究中心合作，通过自主研制同时具备高效率、高全同性、极高亮度和大规模扩展能力的量子光源，同时满足相位稳定、全连通随机矩阵、波包重合度优于99.5%、通过率优于98%的100模式干涉线路，相对光程10^{-9}以内的锁相精度，高效率100通道超导纳米线单光子探测器，成功构建了76个光子100个模式的高斯玻色取样量子计算原型机"九章"（命名为"九章"是为了纪念中国古代最早的数学专著《九章算术》）。

根据目前最优的经典算法，"九章"对于处理高斯玻色取样的速度比目前世界排名第一的超级计算机"富岳"快一百万亿倍，等效地比谷歌去年发布的53比特量子计算原型机"悬铃木"快一百亿倍。同时，通过高斯玻色取样证明的量子计算优越性不依赖于样本数量，克服了谷歌53比特随机线路取样实验中量子优越性依赖于样本数量的弱点。"九章"输出量子态空间规模达到了10^{30}（"悬铃木"输出量子态空间规模是10^{16}，目前全世界的存储容量是10^{22}）。该成果牢固确立了我国在国际量子计算研究中的第一方阵地位，为未来实现可解决具有重大实用价值问题的规模化量子模拟机奠定了技术基础。此外，基于"九章"量子计算原型机的高斯玻色取样算法在图论、机器学习、量子化学等领域具有潜在应用，将是后续发展的重要方向。

《科学》杂志审稿人评价该工作是"一个最先进的实验""一个重大成就"。研究人员希望这个工作能够激发更多的经典算法模拟方面的工作，也预计将来会有提升的空间。量子优越性实验并不是一个一蹴而就的工作，而是更快的经典算法和不断提升的量子计算硬件之间的竞争，但最终量子并行性会产生经典计算机无法企及的算力。

资料来源：中国科学家实现"量子计算优越性"里程碑．合肥微尺度物质科学国家研究中心简报，2020（12）．

思考问题：

量子计算机会改变整个计算机的历史。如果量子计算机问世，由于其极快的运算速度，即使使用穷举法，也可以在短时间内破译任何密码，届时世界上所有的密码都会失效。你怎么看？如果量子计算机落地，你会用量子计算机做些什么？

第二节 适应技术变革的策略

一、人工智能发展掀起数字技术变革

如同蒸汽时代的蒸汽机、电气时代的发电机、信息时代的计算机和互联网，人工智能正赋能各个产业，推动人类进入智能时代。人工智能研究的目的是通过探索智慧的实质，扩展人类智能——促使数字计算机会听（语音识别、机器翻译等）、会看（图像识别、文字识别等）、会说（语音合成、人机对话等）、会思考（人机对弈、专家系统等）、会学习（知识表示、机器学习等）、会行动（机器人、自动驾驶汽车等）。一个经典的人工智能定义是："计算机可以理解数据并从中学习，提取数据中的知识来实现特定目标和任务。"

人工智能的发展历史可追溯至1943年。当时人工智能刚刚起步，美国神经科学家麦卡洛克（W.S.McCulloch）和逻辑学家皮茨（W.Pitts）提出了神经元的数学模型，这成为现代人工智能学科的奠基石之一。1950年，艾伦·麦席森·图灵（Alan Mathison Turing）提出了著名的"图灵测试"，即测试计算机是否能表现出与人类思维毫无差异的问题回答能力，如图10-5所示。这使得机器拥有智慧的想法开始进入人们的视野。

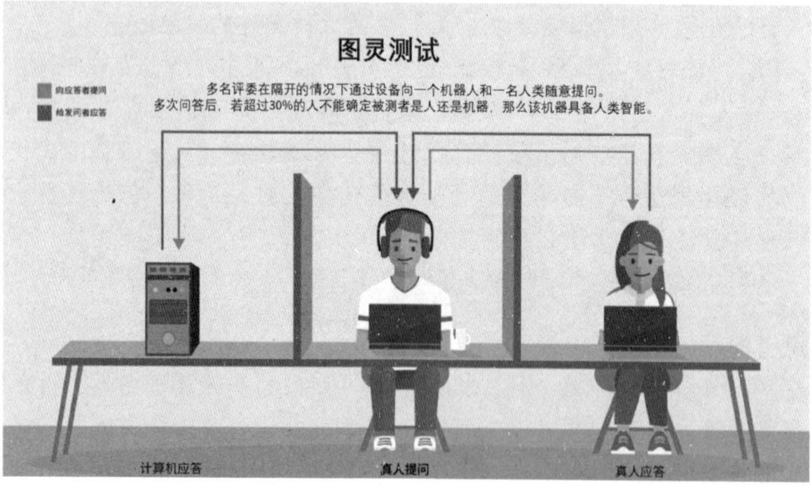

图10-5 图灵测试

1956年，达特茅斯学院夏季研讨会上正式提出了"人工智能"这一术语。

这是人类历史上首次关于人工智能的研讨会，标志着人工智能学科的诞生。此后，各个科学家在这一领域不断努力研究。例如，1957 年弗兰克·罗森布拉特（Frank Rosenblatt）在一台 IBM-704 计算机上模拟实现了一种他发明的叫作“感知机”的神经网络模型，这意味着机器学习的时代到来。在同一时期，机器学习领域还出现了另一种重要的算法——K 均值算法（K-Means）。K 均值算法是一种聚类算法，它通过将数据点划分为 K 个簇来帮助我们理解数据的结构。K 均值算法在数据分析和模式识别中有着广泛的应用，例如在市场细分、社交网络分析等领域。通过自动将数据点分组到最近的簇中心，K 均值算法帮助我们发现数据中的内在模式和关联。1967 年，科弗（Cover）等人提出 K 最近邻算法。它可以实现简单的分类任务，如图 10-6 所示，对于一个未知类别的样本，K 最近邻算法会计算它与训练集中所有样本的距离（常用的距离度量包括欧氏距离、曼哈顿距离等），然后找出距离最近的 K 个邻居（K 是预先设定的参数）。K 最近邻算法根据这 K 个邻居的标签，通过投票的方式来决定未知样本的类别，即选择出现次数最多的标签作为预测结果。比如将一个潜在患者的血压值、血氧值输入算法中来判断其是否患病。通过引入基于实例的学习方法，K 最近邻算法推动了机器学习技术的进步。如图 10-6，三种形状的点作为样本数据，分属三种类别 w_1、w_2、w_3。对于待分类点 X_u，计算和它距离最近的 5 个点（即 K=5），由于这 5 个点中最多归属的类别为 w_1，那么 X_u 的类别就被分类为 w_1。

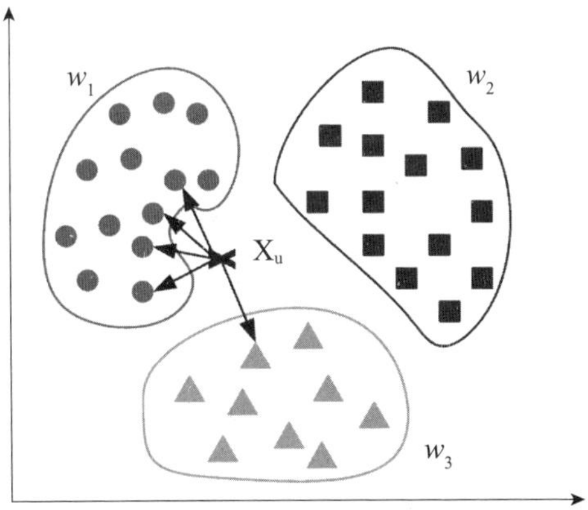

图 10-6 K 最近邻算法

随着人工智能初期的迅速发展，人们对人工智能领域的期望也越来越高。然而，随着人们尝试更具挑战性的任务，计算机计算能力不足以及支撑理论的匮乏，导致机器学习技术遭遇了技术瓶颈，人工智能领域也进入了短暂的低谷期。然而，这一时期也有一定的进展。例如，1974 年，哈佛大学的韦尔伯斯（Paul Werbos）在博士论文里首次提出了通过反向传播来训练人工神经网络，使得人工神经网络拥有了比先前算法强大数倍的数据学习能力。反向传播极大地提升了深度学习的性能和效率，推动了诸如图像识别、自然语言处理和自动驾驶等领域的快速发展。

到了 20 世纪 80 年代，人工智能进入了实际应用的高潮。深度学习，特别是深度神经网络通过学者们探索出的各种策略和方法，逐渐在众多真实场景中得到应用。1980 年，在美国卡内基梅隆大学召开的第一届机器学习国际研讨会，标志着深度学习研究已在全世界兴起。1982 年，约翰・霍普菲尔德（John Hopfield）发明了霍普菲尔德神经网络，这是最早的深度神经网络的雏形。它的出现振奋了神经网络领域的专家，同时也在机器学习、模式识别、优化计算中广泛应用。

随着大数据、互联网、物联网等高新技术的蓬勃发展，人工智能技术迅速发展，并大幅度跨越了科学与应用之间的鸿沟。图像分类、语音识别、知识问答、人机对弈、无人驾驶等人工智能技术实现了重大的突破，迎来了爆发式增长的新高潮。例如，2014 年，古德费洛（Goldfellow）等人提出的生成对抗网络，被誉为近年来最酷炫的神经网络之一。它由生成网络和判别网络两部分组成，可将其比作两名拳击手的激烈战斗。如图 10-7 所示，在这场战斗中，双方互相学习对方的动作和技巧。一开始，他们对对手了解甚少。随着战斗的进行，双方逐渐熟悉了对方的攻击习惯，并学会了如何更有效地反击，从而双方都在不断进步。而这两名拳击手就是生成网络和判别网络，在相互训练和博弈的过程中，提高它们的生成能力和判别能力。

图 10-7 把生成对抗网络想象成两个拳击手战斗

2016 年，AlphaGo 与职业九段棋手李世石进行了围棋人机大战，以 4 ∶ 1 的比分获胜。随后，2017 年 5 月 27 日，中国围棋九段棋手柯洁完成了与 AlphaGo Master 版本的最后一场较量，至此柯洁与 AlphaGo Master 版本的三番棋大战以柯洁全败的结果告终。这几场巅峰对决将永远记录在人工智能历史的长河中，它们无疑展示了人类智慧的局限性，同时也彰显了人工智能巨大的潜力。2022年，ChatGPT 的问世让人工智能的应用价值得到爆发式提升。如图 10-8 所示，ChatGPT 几乎可以生成与人类逻辑基本契合的文字内容，并具有知识推理能力。ChatGPT 的广泛应用，让未来的数字智能世界似乎变得触手可及。

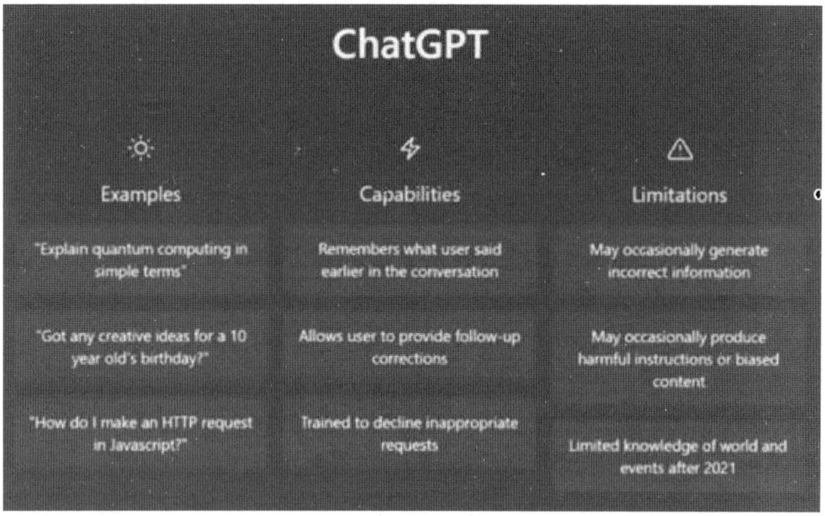

图 10-8　ChatGPT 官网页面截图

随着深度学习技术的不断发展，人工智能应用也给大学生的学习方式和问题思考方式带来了前所未有的变革。大学生可以利用人工智能辅助学习，通过智能笔记识别、语音识别等工具，更高效地整理学习资料、制订学习计划，并通过智能化的学习推荐系统获取个性化的学习资源。

因此，大学生应该学习人工智能技术、掌握人工智能应用，在数字时代与时俱进地寻找更高效的学习方法。随着人工智能技术的不断发展和应用，它已经深刻改变了我们的生活方式、工作方式以及社会结构。了解和掌握人工智能技术不仅是大学生的发展需要，也是适应数字时代的必然选择。学会利用人工智能技术可以帮助大学生更高效地处理信息、解决问题，并在学习、工作和生活中获得更多的机会和优势。积极学习人工智能技术，掌握相关应用，将为大学生未来的发展道路打下坚实的基础。

案　例　思　考

2017 年 7 月，国务院印发了《新一代人工智能发展规划》，人工智能作为新一轮产业变革的核心驱动力，必须与各行各业融合才能发挥作用，形成真正有效的行业智能，以此来助力传统行业转型升级，加快人工智能应用落地。

（1）制造。智能制造，是在基于互联网的物联网意义上实现的包括企业与社会在内的全过程的制造，把工业4.0的“智能工厂”“智能生产”“智能物流”进一步扩展到“智能消费”“智能服务”等全过程的智能化中去。

（2）家居。智能家居主要是基于物联网技术，通过智能硬件、软件系统、云计算平台构成一套完整的家居生态圈。用户可以远程控制设备，设备间可以互联互通，并进行自我学习等，从而整体优化家居环境，提高其安全性、节能性、便捷性等。

（3）金融。人工智能的产生和发展，不仅增强了金融机构服务的主动性、智慧性，有效提升了金融服务效率，而且提高了金融机构的风险管控能力。人工智能在金融领域的应用主要包括：智能获客、身份识别、大数据风控、智能投顾、智能客服、金融云等。

（4）交通。大数据和人工智能可以让交通更智慧。智能交通系统是通信、信息和控制技术在交通系统中集成应用的产物。通过对交通中的车辆流量、行车速度进行采集和分析，可以对交通实施监控和调度，有效提高通行能力、简化交通管理、降低环境污染等。

（5）安防。安防领域涉及的范围较广，小到关系个人、家庭，大到跟社区、城市、国家安全息息相关。目前智能安防类产品主要有四类：人体分析、车辆分析、行为分析、图像分析。

（6）医疗。人工智能在医疗领域应用广泛，从最开始的药物研发到现在的操刀做手术，利用人工智能都可以做到。

（7）教育。通过图像识别可以进行机器批改试卷、识题答题等，通过语音识别可以纠正、改进发音，而人机交互可以进行在线答疑解惑等。

（8）物流。物流行业通过利用智能搜索、推理规划、计算机视觉以及智能机器人等技术在运输、仓储、配送装卸等流程上已经进行了自动化改造，能够基本实现无人操作。

思考问题：

现如今人工智能技术发展迅速，并在多个领域中得到重点应用，请问你会利用人工智能技术帮助你做哪些工作呢？

二、不同种类大语言模型概述与应用

大语言模型（Large Language Model, LLM）是基于深度学习技术，利用超大规模的数据训练出来的人工智能文本生成模型，旨在通过对海量文本数据的学习，来理解和生成自然语言文本。通过训练文本数据，这些模型学习语言的模式、语法规则和上下文关系，从而具备生成连贯且有意义文本的能力。大语言模型在多种自然语言处理任务中表现出色，包括文本生成、机器翻译、自动问答、文本摘要、情感分析和语义理解等。随着大语言模型技术的逐渐成熟，它可以进一步改善人们的生活方式和生产方式，例如帮助学生理解难以掌握的知识点以及辅助润色文稿工作。

ChatGPT 是 OpenAI 开发的一种大语言模型。基于生成式预训练 Transformer 架构，它利用深度学习技术来理解和生成自然语言文本，能够与用户进行对话并提供有意义的回答。ChatGPT 可以掌握语言模式、语法和上下文关系，在包括文本生成、翻译、摘要、问答和情感分析等多种任务中表现出色。ChatGPT 具有对话生成、多任务处理、适应性强等特点，被广泛应用于客户服务、教育、内容创作、程序设计等多个领域，提升了工作效率和用户体验。ChatGPT 标志着人工智能在自然语言处理领域的重要进步，不仅提升了机器对人类语言的理解和生成能力，还在实际应用中展现出巨大的潜力。

2023 年 2 月，谷歌宣布推出了名为 Bard 的聊天机器人（见图 10-9），其背后驱动力是谷歌的大语言模型 LaMDA。LaMDA 借助于对总规模达 6 000 亿字的书籍、文章、代码等多种形式文本组成的庞大数据集的训练，实现了对自然语言的深度理解。Bard 能够执行生成文本、语言翻译以及回答问题等任务。与 ChatGPT 相比，Bard 拥有几个显著优势：首先，它是在更加庞大的文本和代码数据集上进行训练的，这使得它能够生成更具创意和信息丰富的文本。其次，它能够访问和处理来自谷歌搜索的信息，从而提供更具有时效性的答案。最后，Bard 会持续不断地进行更新和改进。尽管目前 Bard 尚未对外开放，但谷歌正在研究将其推向公众，以便将其更广泛地应用于各个领域。

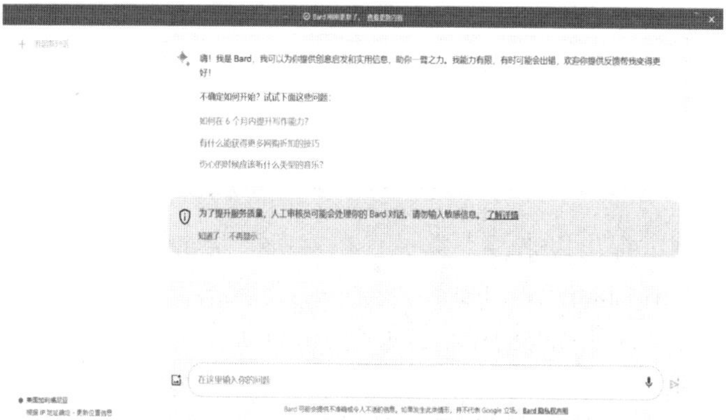

图 10-9 谷歌 Bard 官网截图

国内科技公司的大语言模型也日臻完善。2023 年 3 月 16 日百度推出的首款大语言模型文心一言正式上线，如图 10-10 所示。文心一言基于飞桨深度学习平台和文心知识增强大模型，持续从海量数据和大规模知识中融合学习，具备知识增强、检索增强和对话增强的技术特色。它能够从逻辑知识的视角理解人类的语言，并生成符合人类逻辑和语言习惯的回答。这使得它与用户的交互更加自然、流畅。

首先，相较于以前的大语言模型，文心一言在国内本土化适应性方面具有明显优势。它能够更好地适应和理解中文语境及文化背景，为用户提供更贴合中国市场需求的服务。其次，文心一言在交互性和用户体验方面也表现出色。它注重用户反馈，能够根据用户的使用习惯进行优化，提高生成结果的质量，从而提供更流畅的交互体验。再次，在技术上，文心一言也具备一些独特的优势。它采用了先进的自然语言处理算法和深度学习技术，能够准确理解用户的输入，并给出精准的答案。最后，与之前的大语言模型相比，文心一言在隐私保护方面也更加用力。百度作为中国本土企业，更可能遵循中国的法律法规，对用户隐私进行保护。

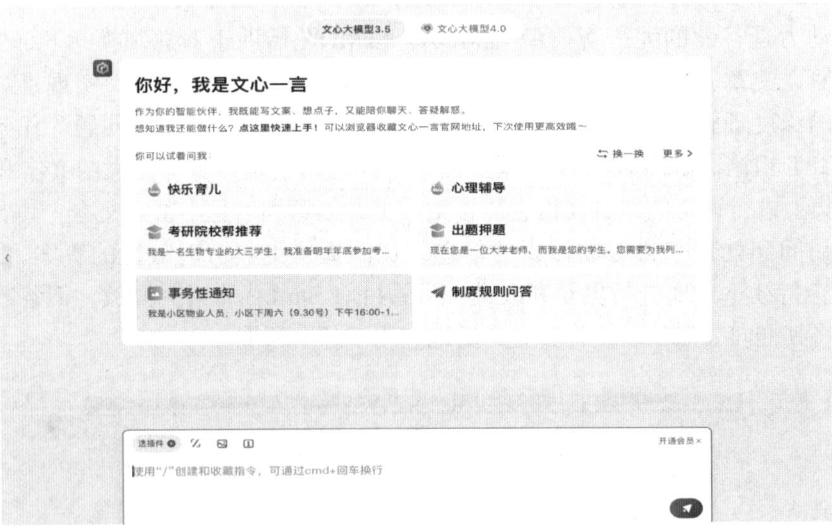

图 10-10　文心一言官网截图

自从图灵测试提出以来，人类一直在探索机器如何能够理解语言和展现智能。近年来，除了 ChatGPT、Bard、文心一言等大语言模型得到广泛应用外，国内外还涌现出许多其他优秀的模型，如图 10-11 所示。这也使大模型领域成为人工智能发展的热点。我们有理由相信，在未来，我们能够与机器实现无障碍的沟通，同时人工智能创新也将迎来爆发式增长。

ChatGPT

官网： https://chatgpt.com

简介： 由OpenAI开发，基于Transformer架构，包括GPT-3.5、GPT-4、GPT-4 Plus等

使用须知： 需要合法使用VPN进行浏览，并且需要使用国外手机号注册账号；GPT-3.5可以免费使用，GPT-4以及GPT-4 Plus为付费使用

Claude

官网： https://claude.ai

简介： Claude 系列模型是由 OpenAI离职人员创建的 Anthropic 公司开发的闭源语言大模型，可以完成摘要总结、搜索、协助创作、问答、编码等任务

使用须知： 需要借助网络代理工具进行访问

Kimi

官网： https://kimi.moonshot.cn

简介： Kimi是北京月之暗面科技有限公司于2023年10月9日推出的一款智能助手，是全球首个支持输入20万汉字的智能助手产品

使用须知： 由于是中国的大语言模型，因此注册账号即可使用

Gemini

官网： https://gemini.google.com

简介： 由谷歌开发，前身为AI聊天机器人Bard，基于Transformer架构，包括BERT、XLNet等

使用须知： 需要合法使用VPN进行浏览，如果有谷歌账号即可使用该账号进行注册

文心一言

官网： https://yiyan.baidu.com

简介： 文心一言是基于百度文心大模型的知识增强语言大模型，于2023年3月在国内率先开启邀测

使用须知： 由于是中国的大语言模型，因此只需要通过手机号注册一个百度账号即可使用

讯飞星火 星火大模型

官网： https://xinghuo.xfyun.cn

简介： 讯飞星火认知大模型是科大讯飞于2023年5月6日发布的语言大模型，提供了基于自然语言处理的多元能力，支持多种自然语言处理任务。讯飞星火 V2.0 升级发布的多模态能力，已实现图像描述、图像理解、图像推理、识图创作、文图生成、虚拟人合成

使用须知： 同样是中国的大语言模型，因此只需要注册一个账号即可使用

图 10-11 常用大语言模型简介

案 例 思 考

2023 年 10 月 24 日，在 2023 科大讯飞全球 1024 开发者节上，讯飞星火认知大模型 V3.0 正式发布。此次发布的星火认知大模型 V3.0，文本生成、语言理解、知识问答、逻辑推理、数学能力、代码能力、多模态能力持续提升，全面对标 ChatGPT，中文能力客观评测超越 ChatGPT，在医疗、法律、教育行业的表现也格外突出，还进一步升级了代码项目级理解能力、小样本学习、多模态指令跟随与细节表达等能力。

2024 年 5 月 21 日，国内权威大模型测评机构 SuperCLUE 正式发布商汤“日日新 5.0”(SenseChat V5) 中文基准测评结果：以总分 80.03 分的优异成绩刷新国内最好成绩，并且在中文综合成绩上超越 GPT-4-Turbo-0125。

值得注意的是，这是国内大模型首次在 SuperCLUE 中文基准测试中超越 GPT-4 Turbo 实现登顶。

在本次测评中，“日日新 5.0”在各项能力上表现较为均衡，尤其在长文本、生成创作、角色扮演、安全能力、工具使用上处于全球领先位置。

“日日新 5.0”采用混合专家架构（MoE），参数量高达 6 000 亿，支持 200K 的上下文窗口。此次模型能力显著提升，其背后是训练数据的全面升级与训练方法的有效提升，以及商汤 AI 大装置 SenseCore 算力设施与算法设计的联合调优。

具体来看，在数据方面，“日日新 5.0”采用了新一代数据生产管线，生产了 10T tokens 的高质量训练数据。同时，“日日新 5.0”还大规模采用了思维型

的合成数据（数千亿 tokens 量级），这对于模型在逻辑推理、数学和编程等方面的能力提升起到了关键作用。另外，"日日新 5.0" 采用了自研的多阶段训练链路，包括三阶段预训练、双阶段 SFT 和在线 RLHF。通过在每个阶段设定更加清晰聚焦的目标，实现更敏捷的调优，也避免了不同目标之间的相互干扰。

思考问题：

未来，大语言模型可能会如何改变我们的日常生活？大语言模型可能会被用于解决哪些社会问题或如何改善人们的生活？

三、提示工程

提示工程（Prompt Engineering）是一种针对预训练语言模型（如 ChatGPT），通过设计和优化输入的形式来引导模型生成高质量、准确和有针对性的输出的技术。简单地说，提示工程的目标是学习如何向大语言模型提问，让大语言模型生成更符合用户预期的高质量回答。

提示工程的兴起源于近年来生成模型的飞速发展，如 OpenAI 的 ChatGPT 系列、谷歌的 BERT 和百度的文心一言等。这些模型通过大规模数据训练，具备了强大的生成能力。然而，尽管模型本身已经非常强大，但是要使其在特定任务中表现优异，还需要对输入提示进行精细设计。

提示是用户输入到模型中的文本，用于引导模型生成特定的输出。一个好的提示可以显著提高模型的准确性和生成质量。因此，提示工程在实际应用中显得尤为重要，如在客户服务、自动写作、机器翻译和信息检索等领域，都依赖于高质量的提示来确保模型输出符合预期。陈思思同学认为提示工程对大语言模型的作用十分关键，他不禁发问：一个好的提示应该包含什么内容呢？

（1）准确的指令。要使大语言模型生成我们所需要的内容，必须向其输入明确的指令。明确的指令应包含以下几个方面：

● 具体的目标。具体的目标即用户想要大语言模型帮助完成什么样的任务。例如，如果用户想让大语言模型帮助润色文稿，让文稿变得更加通顺易懂，可以输入指令："请帮我润色下面这段话。"又如，如果用户想要了解一篇论文的主要内容，可以输入指令"请帮我总结一下这篇论文"，然后上传用户想要总结的论文即可。

● 特定的需求。由于用户的需求各不相同，因此在输入指令时需要同时提供目标的具体格式。以上面的例子为基础，假如用户要对一篇论文中的语言进行润色，那么用户可以输入指令："请帮我润色下面一段文字，确保格式符合接下来我输入的论文要求。"然后用户再输入想要的格式即可。如果用户想让大语言模型帮助总结论文，且字数控制在一定范围内，那么用户可以输入指令："请帮我总结一下这篇论文，字数不超过 1 000 字。"

● 遵循的规则。输入任务时必须遵循大语言模型的规则。在与大语言模型交互时，请确保任务描述清晰明了，保持礼貌和尊重，限制任务范围在模型能力范围内，避免提供敏感信息。这些规则有助于确保与模型的交互是高效且安全的。

● 任务背景。如有需要，可向大语言模型提供必要的任务背景，例如"这篇论文来自 IEEE"。

通过输入包含以上四个方面的明确指令，大语言模型能够更准确地输出我们想要的内容。

（2）将复杂任务分解为子任务。在许多情况下，一个复杂的任务可以通过分解为多个子任务来更好地完成。将任务分解为更小、更易处理的部分，可以帮助大语言模型逐步解决每个部分的问题，从而提高整体的准确性和生成质量。例如，如果用户需要生成一篇长篇文章，可以首先让模型提供一个大纲，然后根据大纲逐步扩展每个部分的内容。这样的方法不仅使任务更易于管理，还能确保每个部分都符合预期。

（3）向大语言模型要求解释。大语言模型的设计方式是基于前一个标记预测下一个标记，而不会回顾其生成过程。这种设计可能导致模型生成错误的内容，并以非常令人信服的方式呈现。因此，要求模型解释其输出是验证其准确性的重要手段。通过让模型解释其推理过程，用户可以更好地理解其输出的逻辑基础，从而识别和纠正潜在的错误。那么，该如何及时纠正大语言模型的错误呢？

首先，可以向大语言模型请求解释，在指令中明确要求模型解释其输出。例如，在生成一个复杂的技术说明时，可以附加指令"请解释每个步骤的演算过程"。这不仅可以帮助用户理解模型的逻辑，还能发现模型可能存在的错误和漏洞。

其次，分析推理过程。通过模型提供的解释，用户可以逐步分析其推理过程，验证其逻辑的合理性。例如，如果模型生成了一段技术说明，用户可以检查每个步骤的推理是否合理，与实际知识是否一致。

再次，可以向大语言模型提供反馈，指导模型进行调整和改进。例如，如果模型的解释不准确或不充分，用户可以指出具体的问题，要求模型重新生成或修改解释。

下面以一个在互联网上广为流传的提示工程为例，来展示提示工程对大语言模型生成结果的影响。以 ChatGPT 为例，首先我们给出一个简单的提问，例如："我需要知道 NBA 目前最优秀的球员是谁"。我们得到的 ChatGPT 回答结果如图 10-12 所示。

我需要知道NBA目前最优秀的球员是谁

截至2024年，NBA中表现最为出色的球员包括：

- **尼古拉·约基奇（Nikola Jokic）**：丹佛掘金队的中锋，连续三次获得MVP奖项，带领球队夺得NBA总冠军。
- **卢卡·东契奇（Luka Doncic）**：达拉斯独行侠队的后卫，以全面的技术和出色的场上表现著称。
- **扬尼斯·阿德托昆博（Giannis Antetokounmpo）**：密尔沃基雄鹿队的前锋，曾多次获得MVP和最佳防守球员奖项。
- **谢伊·吉尔杰斯-亚历山大（Shai Gilgeous-Alexander）**：俄克拉荷马城雷霆队的后卫，近期表现出色，逐渐成为联盟顶尖球员之一。
- **维克多·文班亚马（Victor Wembanyama）**：圣安东尼奥马刺队的新秀中锋，凭借出色的表现迅速崭露头角，近期在对阵华盛顿奇才队的比赛中砍下50分。

这些球员在本赛季展现了卓越的实力和领导能力，被广泛认为是目前NBA中最优秀的球员。

图 10-12　ChatGPT 为一个简单的提问生成的回复

通过上述提问，我们发现 ChatGPT 并没有给出我们想要的答案。它并没有回答最优秀的球员是谁，而是仅仅列举了几个服役的优秀球员，而且它的回答没有侧重点。下面我们优化一下我们的提问，将“优秀”一词量化为“历史得分最高”，并希望将球员的信息以表格的形式呈现。我们修改提问后得到的答案如图 10-13 所示。

请告诉我NBA目前历史得分最高的球员是谁，并给出如下信息：
（1）球员姓名；
（2）球员出生年月；
（3）球员效力过的球队；
（4）球员所在球队获得的冠军数量；
并将结果汇总到一张表中。

以下是NBA目前历史得分最高的球员及其相关信息汇总：

球员姓名	出生年月	效力过的球队	所在球队获得的冠军数量
勒布朗·詹姆斯	1984年12月30日	克里夫兰骑士队（2003–2010，2014–2018） 迈阿密热火队（2010–2014） 洛杉矶湖人队（2018至今）	迈阿密热火队：2次（2012，2013） 克里夫兰骑士队：1次（2016） 洛杉矶湖人队：1次（2020）

勒布朗·詹姆斯是NBA历史得分最高的球员，并在其职业生涯中共赢得4次NBA总冠军。

图 10-13　ChatGPT 为修改后的提问生成的回复

我们可以发现，当我们将提问的上下文和细节丰富之后，ChatGPT 的回答明显更加清晰，且更贴近我们想要的答案。

由此可见，提示工程在大语言模型的实际应用中具有重要意义。用户需要了解提示的基本原理和技巧，才能更好地利用大语言模型，提高工作效率和创造力。通过输入准确的指令、将复杂任务分解为子任务以及要求模型解释其输出，用户可以显著提高模型的准确性和生成质量。而不断优化和修改提示输入的过程，则是确保大语言模型生成内容不断改进和提升的关键。高质量的提示不仅能提高模型的实用性和可靠性，还能推动大语言模型在各个领域的广泛应用。

案 例 思 考

2023年5月26日，百度创始人李彦宏在2023中关村论坛上表示，他认为这是一个以大模型为核心的人工智能新时代，大模型改变了人工智能，大模型即将改变世界。

李彦宏认为，大模型重新定义了人机交互，自然语言人机交互会带来提示词革命；大模型会重新定义营销和客服；大模型会催生AI原生应用。未来的十年，知识工作者的工作效率将提升4倍。基于自然语言的人机交互新形式出现，将带来“提示词”革命。未来的应用是通过自然语言的提示词调动AI的原生应用实现的，这意味着未来你的薪酬水平将取决于你的提示词写得好不好，而不是你的代码写得好不好。李彦宏预测，十年以后全世界有50%的工作量会是提示工程，提出问题比解决问题更重要。我们的教育要教孩子提出问题，而不仅仅是教他们解决问题。

思考问题：

在提示工程中，不同类型的提示对大语言模型的生成效果有何影响？请探讨如何设计有效的提示来优化模型输出，并举例说明在实际应用中的具体方法和潜在挑战。

本章扩展资源

（1）Windows 11的AI助手，见Copilot：https://copilot.microsoft.com。

（2）探索元宇宙平台，见https://about.meta.com/metaverse/。

（3）IBM量子计算研究平台，见https://research.ibm.com/quantum-computing。

本章思考与讨论

（一）个人思考题

（1）区块链、元宇宙、虚拟货币各自的定义是什么？它们之间有什么联系？未来有什么发展前景？我们所学习的专业知识能在这些领域做些什么？

（2）脑机接口未来有什么发展前景？脑机接口的发展是否涉及伦理道德问题？如果涉及，我们应该如何处理？

（3）量子计算的发展能够使地球上所有的复杂密码在短时间内被破译，你对此有什么看法？

（4）个人数据的收集和使用对个人隐私的影响是什么？人工智能技术如何加剧了这一问题？请提出一些方法来平衡个人隐私和数据利用之间的关系。

（二）小组讨论题

在人工智能时代，传统的就业模式可能会发生怎样的变化？请讨论技术进步对就业市场和职业发展的影响，并提出应对措施。

本章实操模拟

练习一：体验生成式人工智能——Copilot

任务要求：

你是否好奇诗人戴望舒在《雨巷》中描绘的那位打着油纸伞的姑娘是什么样子？请尝试按照以下步骤，让人工智能帮助我们把这位曼妙的姑娘描绘出来吧。

练习步骤：

第 1 步：打开 Copilot 官网 https://copilot.microsoft.com，然后使用自己的微软账号进行登录，直到进入图 10-14 所示的界面。

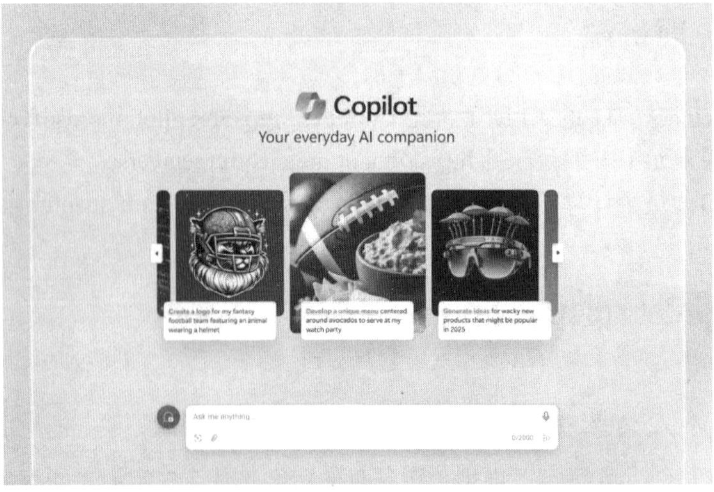

图 10-14　Copilot 界面截图

第 2 步：在文本框中输入指令："请帮我画一幅戴望舒《雨巷》中打着油纸伞的姑娘的画像。"如果你想要指定你喜欢的画风，那么你还可以让 Copilot 用指定画风进行绘画，例如："请用国画的风格帮我画一幅戴望舒《雨巷》中打着油纸伞的姑娘的画像。"

第 3 步：点击生成按钮，让 Copilot 进行文本图像生成。这时，你就能看到《雨巷》中那位神秘的油纸伞姑娘的图像呈现在你眼前，如图 10-15 所示。如果你对这几张画都不满意，可以再次让 Copilot 生成新的一轮画像。你可以输入"请帮我重新画一幅戴望舒《雨巷》中打着油纸伞的姑娘的画像，我希望补充绘制要求……"，然后输入你的新要求即可。

图 10-15 Copilot 生成的打着油纸伞的姑娘

练习二：对比不同大语言模型的输出效果

任务要求：

请你尝试给不同的大语言模型输入相同的指令，对比它们产生的不同输出效果，学习并应用本章提到的提示工程，在输入规范化的指令后，再观察输出效果，比较两者的输出质量。

练习步骤：

第 1 步：明确生成目标。例如，请写一段话，描述关于未来城市的详细场景。

第 2 步：选择两个目前已经被成熟应用的大语言模型，例如 ChatGPT 和文心一言。当然，你也可以尝试更多的大语言模型。

第 3 步：将你的生成目标写成一段指令输入。例如：“请帮忙用一段话来详细描述未来的城市究竟是什么样子。”将这段话分别输入给 ChatGPT 和文心一言。

第 4 步：等待 ChatGPT 和文心一言的输出，并尝试观察和总结它们的输出差异。

第 5 步：重新规范一下输入的指令，让你的提示变得更加具体和清晰。例如，你可以将上面的指令修改为：“请详细描述未来的城市，包括建筑风格、交通方式、环境特点和人们的生活方式，并将字数控制在 100 字以内。”

第 6 步：再次获得两个模型的输出，并观察它们给出的答案与之前相比存在哪些差异。

第 7 步：对比两种指令的输出效果。两个大模型的生成内容之间存在何种差异？它们各自的优缺点是什么？提示词的变化对模型生成的答案产生了什么样的影响？

练习三：实践部署一个小型的 Transformer 模型

任务要求：

请尝试自己动手部署一个小型的 Transformer 模型，并使用它来完成一个简单的文本生成任务。

练习步骤：

第 1 步：确认自己的个人电脑配置有显存 6G 以上的独立显卡，并且具备 16G 以上的运行内存，确保电脑已经安装最新版本的 PyTorch 工具包。在完成确认硬件配置条件后，登录 Hugging Face（链接：https://huggingface.co/models）。网页页面如图 10-16 所示。

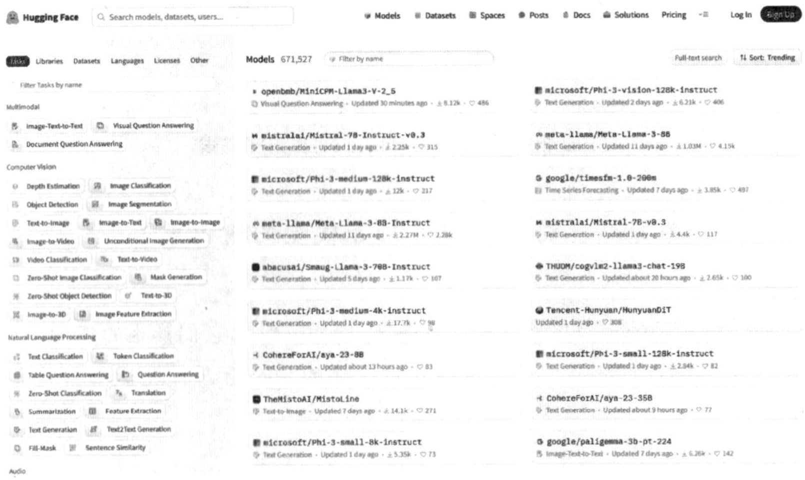

图 10-16　Hugging Face 官网页面截图

第 2 步：搜索选择一个你喜欢的小型 Transformer 模型，本书推荐搜索选择 GPT2。

第 3 步：点击进入 GPT2 文件夹后，可以看到 GPT2 模型的说明页，如图 10-17 所示。

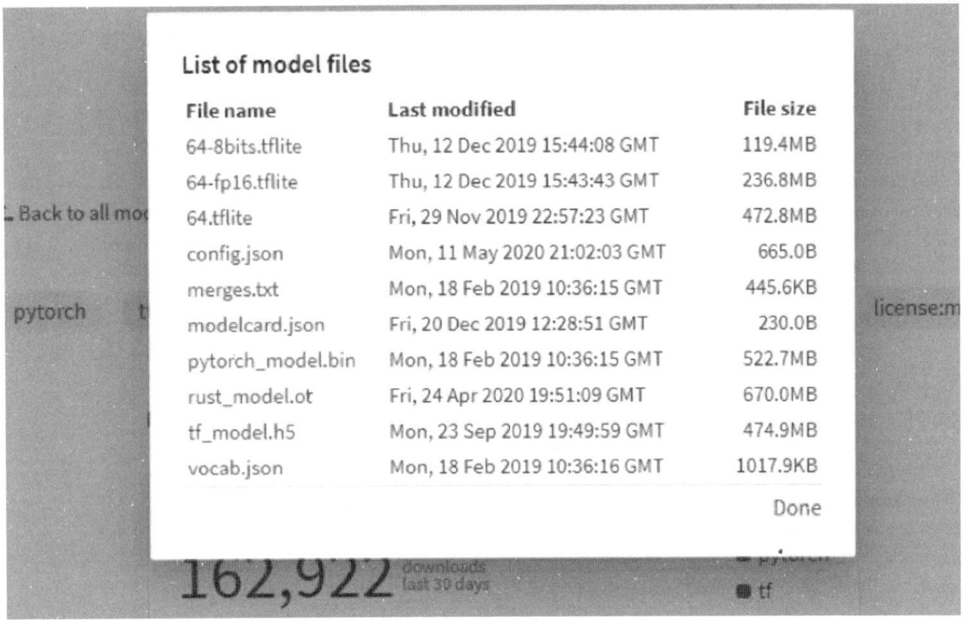

List of model files

File name	Last modified	File size
64-8bits.tflite	Thu, 12 Dec 2019 15:44:08 GMT	119.4MB
64-fp16.tflite	Thu, 12 Dec 2019 15:43:43 GMT	236.8MB
64.tflite	Fri, 29 Nov 2019 22:57:23 GMT	472.8MB
config.json	Mon, 11 May 2020 21:02:03 GMT	665.0B
merges.txt	Mon, 18 Feb 2019 10:36:15 GMT	445.6KB
modelcard.json	Fri, 20 Dec 2019 12:28:51 GMT	230.0B
pytorch_model.bin	Mon, 18 Feb 2019 10:36:15 GMT	522.7MB
rust_model.ot	Fri, 24 Apr 2020 19:51:09 GMT	670.0MB
tf_model.h5	Mon, 23 Sep 2019 19:49:59 GMT	474.9MB
vocab.json	Mon, 18 Feb 2019 10:36:16 GMT	1017.9KB

Done

图 10-17 GPT2 模型的说明页截图

第 4 步：我们需要保存文件列表中的三个必选文件及一些额外（可选）的文件：必选文件有配置文件 -config.json、词典文件 -vocab.json 和预训练模型文件 -pytorch_model.bin；可选文件有 merges.txt、special_tokens_map.json、added_tokens.json、tokenizer_config.json、sentencepiece.bpe.model，这些可选文件可以为 Transformer 模型提供额外的工具支持。

第 5 步：下载这些文件到电脑本地文件夹 GPT2，同时确保文件名称与图 10-17 中的名称一致。

第 6 步：下载完成后，我们开始尝试运行这些文件。你需要下载一个 python 程序编译软件，例如 Pycharm、Visual Studio Code 等工具。新建一个 python 程序语言文件，编写如图 10-18 所示的一段代码并保存。

之后我们用编译软件修改这个文件，找到文件中的 from_pretained 代码段，如图 10-19 所示。将 from_pretrained 中括号内的字符串替换为我们下载的文件目录。

```
import torchfrom transformers
import GPT2Tokenizer, GPT2LMHeadModel
# 从下载好的文件夹中加载 tokenizer# 这里你需要改为自己的实际文件夹路径
tokenizer = GPT2Tokenizer.from_pretrained('/dfsdata2/yucc1_data/models/huggingface/gpt2')
text = 'Who was Jim Henson ? Jim Henson was a'# 编码一段文本# 编码后为[8241, 373, 5395, 367, 19069, 5633, 5395,
367, 19069, 373, 257]
indexed_tokens = tokenizer.encode(text)# 转换为pytorch tensor# tensor([[ 8241,   373,  5395,   367, 19069,
5633,  5395,   367, 19069,   373,  257]])# shape 为 torch.Size([1, 11])
tokens_tensor = torch.tensor([indexed_tokens])# 从下载好的文件夹中加载预训练模型
model = GPT2LMHeadModel.from_pretrained('/dfsdata2/yucc1_data/models/huggingface/gpt2')
# 设置为evaluation 模式，去取消激活dropout 等模块。# 在 huggingface/transformers 框架中，默认就是eval 模式
model.eval()
# 预测所有 token
with torch.no_grad():
    # 将输入tensor 输入，就得到了模型的输出，非常简单
    # outputs 是一个元组，所有 huggingface/transformers 模型的输出都是元组
    # 本初的元组有两个，第一个是预测得分（没经过 softmax 之前的，也叫作 logits），
    # 第二个是 past，里面的attention 计算的key value 值
    # 此时我们需要的是第一个值
    outputs = model(tokens_tensor)
    # predictions shape 为 torch.Size([1, 11, 50257]),
    # 也就是11 个词每个词的预测得分（没经过 softmax 之前的）
    # 也叫做 logits
    predictions = outputs[0]
# 我们需要预测下一个单词，所以是使用predictions 第一个 batch，最后一个词的 logits 去计算# predicted_index = 582,
通过计算最大得分的索引得到的
predicted_index = torch.argmax(predictions[0, -1, :]).item()# 反向解码为我们需要的文本
predicted_text = tokenizer.decode(indexed_tokens + [predicted_index])# 解码后的文本：'Who was Jim Henson? Jim
Henson was a man'# 成功预测出单词 'man'
print(predicted_text)
```

图 10-18　GPT2 测试代码段

```
GPT2Tokenizer.from_pretrained('/dfsdata2/yucc1_data/models/huggingface/gpt2')
```

图 10-19　from_pretained 代码段

第 7 步：至此，我们已经简单地配置好了一个小型的 Transformer 模型 GPT2，并编写好了一个简单的测试程序。现在让我们运行测试程序，并执行一个文本预测任务吧！

第 8 步：在测试程序的编辑页面点击编译器的运行按钮，运行编写的测试程序。至此，GPT2 已经运行成功，并输出了一个预测结果。同学们可以观察一下程序输出的字符串是不是自己想要的答案。

本章参考文献

[1] 王文喜，周芳，万月亮，等．元宇宙技术综述．工程科学学报，2022（4）．

[2] 在元宇宙中做艺术．（2022-03-04）[2024-05-20].https://baijiahao.baidu.com/s?id=1726337623877556621&wfr=spider&for=pc.

[3] 袁泉，罗贵阳，李静林，等．基于 5G 的智能驾驶技术与应用．北京：电子工业出版社，2021.

[4] 在临床和科研中使用 ChatGPT，先要了解这些强项和弱点．（2023-03-22）[2024-05-20]. https://mp.weixin.qq.com/s/FlN2XqzigI6CwsA1eg5OUg.

[5] 王树国．新技术革命背景下中国高等教育变革路径探寻．新华文摘，2024（4）．

第十一章

科技变革先锋
——数字科创航道与数字教育风潮

章节结构

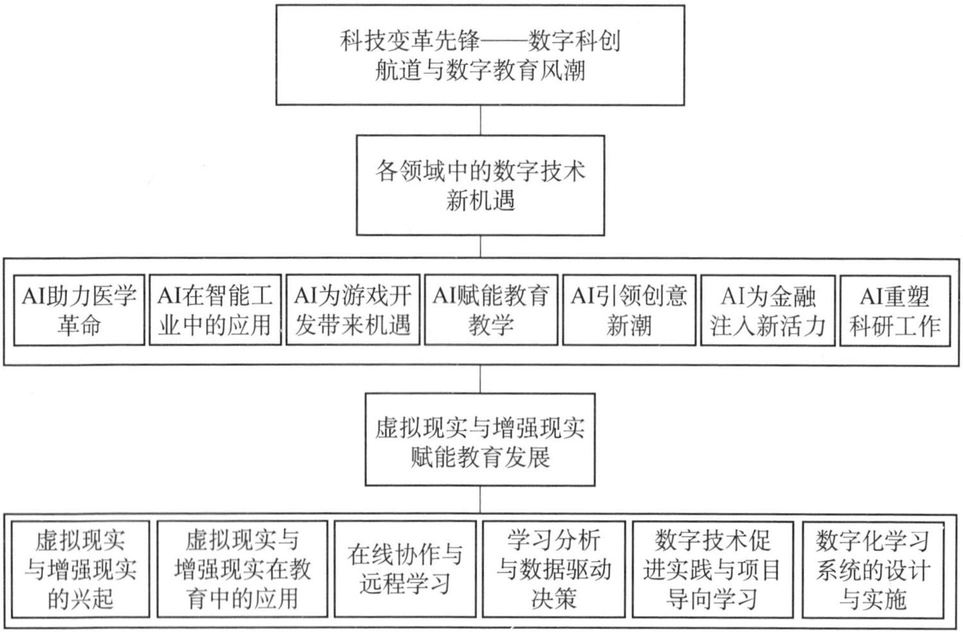

关键词

科技创新　数字教育　智能服务

主题思想

在当今科技飞速发展的时代，数字科技创新成为推动社会进步和经济发展的重要引擎。数字技术为医疗、工业、游戏、教育、艺术、金融、科研等行业带来了前所未有的变革和机遇，而数字教育风潮则为教育领域带来了全新的可能性和挑战。在这个时代，我们需要不断探索创新的科技路径，同时注重推动数字化教育，以实现科技与教育的良性互动，利用数字科技改变世界，推动社会进步和人类发展。

场景引入

当张果果同学起床的时候，数字健康管家已经在他的手机上提醒他昨天摄入盐分过量，需要多喝水来保持身体健康。同时，数字健康管家还根据当天的天气情况和气温为他提供了合适的着装建议。今日，数字金融管家将会自动为张果果同学支付本学期学费，并根据张果果的需求和购物偏好，为他下单了近期的生活必需品。六点半门铃响了，数字健康膳食管家已经根据他的饮食偏好和营养需求，将准备好的早餐送到了门口。随后，智能出行助手提醒张果果，今天有大风大雨，不适合骑行，已经帮他预约了七点的网约车送他去学校。到学校后，老师利用增强现实技术模拟了行星运转的过程，生动地向学生们展示了三体问题。下课后，张果果通过智能家教系统向智能家教提出了几个上课时没听懂的问题，得到了详细的解答。回到家里，张果果迫不及待地用 VR 眼镜和同学们畅玩游戏。游戏结束，张果果通过一键 AI 智能剪辑，把自己的游戏视频经过二次创意剪辑后发布在社交平台上，获得海量点赞。这一切都得益于数字科技的不断创新，数字科技正在为我们的生活和教育带来前所未有的便利与可能性。

数字科技给张果果带来了全新的学习生活体验，他决心主动学习数字新技术。张果果开始思考这些前沿技术背后的奇妙原理，并开始探寻未来数字技术在各行各业的广阔发展空间。张果果憧憬着未来的某一天，人们能够使用他发明的数字化产品，使自己的生活更加便利。

第一节 各领域中的数字技术新机遇

有时候，技术的进步可以让我们事半功倍。比如，有一位开发者向 ChatGPT 询问了一个编程问题，一秒钟就得到了正确的答案，显著提高了工作效率。相比之下，许多人在面向编程人员的网络问答社区，例如 Stack Overflow 等平台上发帖求助，虽然能收获高质量的答案以及进行深入的讨论，但这一过程有时可能伴随着较长的等待时间。对于那些曾经经历过这种困境的人来说，数字技术的引入无疑带来了重大变革。接下来，我们将探讨当前人工智能（AI）技术在各行业中的应用，展示它给人们的工作带来的巨大效率提升和改变。

一、AI 助力医学革命

随着人工智能技术的不断发展和应用，医疗领域迎来了一场前所未有的革命。AI 在提高医疗质量、提升医疗效率以及实现个性化医疗方面展现出广阔的应用前景。包括中国、美国、日本、英国等在内的世界各国人工智能计划也都把医疗作为重要的应用领域。

首先，医学影像分析是 AI 技术在医疗领域中的一个重要应用方向。传统的医学影像分析通常需要由专业的放射科医生进行，但这往往需要大量的时间和人力资源。AI 技术通过深度学习和计算机视觉算法，可以快速准确地识别和分析医学影像，例如在肿瘤治疗中，医学影像 AI 技术可以通过分析多种医学影像，为医生提供肿瘤的大小、位置、分化程度、侵袭深度等信息，以辅助医生制定合理的手术切除方案和放射治疗方案，如图 11-1 所示。

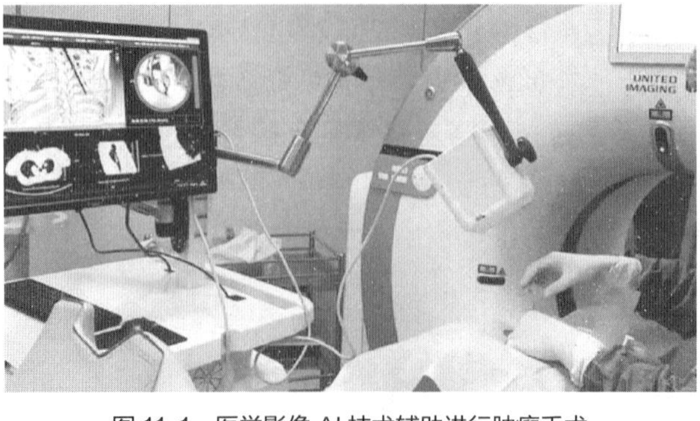

图 11-1　医学影像 AI 技术辅助进行肿瘤手术

其次，临床决策支持是 AI 技术在医疗领域中的另一个重要的应用方向。临床医生在制定治疗方案时往往需要考虑诸多因素，包括患者的病史、实验室检查结果、影像学检查结果等。AI 可以通过分析大量的临床数据和医学文献，辅助医生做出更准确的诊断和治疗决策。例如，安图生物实验室自动化流水线 Autolas X-1 系列实现了在中间体软件中搭配“AI 检验临床决策支持系统”。该系统通过机器学习、大数据分析等人工智能技术，提取临床诊疗指南、专家共识等内容，建设权威知识库，结合专家标注数据和人工智能技术构建推理模型，为临床提供患者疾病风险、病情发展分析和治疗效果预期等信息支持，进一步提高医疗服务质量和效率。

再次，药物研发和个性化治疗也是 AI 技术在医疗领域中的一个重要的应用方向。传统的药物研发过程通常需要耗费大量时间和金钱，而且成功率并不高。AI 可以通过分析大量的生物信息数据和药物化学数据，加速药物筛选和设计过程，发现潜在的药物靶点和候选化合物。例如，Berg Health 公司利用 AI 分析癌症患者的生物样本，发现了多种新的药物靶点，加速了新药的研发进程。此外，Exscientia 公司利用 AI 设计药物分子，成功地在几个月内完成了通常需要数年时间的药物设计工作。

最后，医疗机器人是 AI 技术在医学中的另一个具体应用。在手术室中，机器人手术系统（例如 Intuitive Surgical 公司开发的达芬奇机器人辅助外科手术系统）借助 AI 技术提高手术精度和安全性。此外，药物分拣和配送机器人、护理机器人也在提高医院效率。

数字技术的发展为医学领域带来了前所未有的机遇。基于人工智能技术的可编程药物可以重复使用一些关键组件，比如定向作用于特定细胞的递送载体，只需更换其中的遗传物质。这就像使用同一枚火箭运载不同的有效载荷，飞往新的目的地。在未来，AI+ 医疗将更加成熟。AI 能够通过可穿戴设备和移动应用收集并分析患者的生理数据，进行健康监测，预测疾病风险，提供个性化健康建议，进行早期干预。正如张果果使用的数字健康管家一样，未来我们也可以拥有一个智能医生，提醒我们每日的摄盐量并提供医疗建议。随着技术的不断进步，我们可以期待 AI 在医疗领域带来更多的突破和进展。

二、AI 在智能工业中的应用

智能工业是将具有智能感知能力的各类终端，基于不同的技术融入工业生产的各个环节，从而大幅度地提高制造效率、提升产品质量、降低成本以及资源消耗的产业形态。从 18 世纪开始，英国人瓦特发明了蒸汽机，引领了第一次工业革命，开启了以机器替代手工的时代，人类从此进入了工业时代。而现在随着科技的发展，智能化成为科技发展的趋势，“第三次工业革命”已来临，其核心是“制造业数字化”，即“智能工业”。

AI在发展新型生产力、推动智能工业化的进程中扮演着重要的角色。AI能够帮助工业企业提升生产效率、降低成本，并加速新型工业化的进程。

进阶阅读

在数字化转型的浪潮中，人工智能逐渐成为推动制造业转型升级的新质生产力。

例如，在湖北，中国电信公司携手美的集团共同打造5G全连接智慧工厂，美的冰箱荆州工厂通过业务变革、流程创新，结合工业互联网、大数据、智能仿真等技术，最终实现劳动生产率提高52%、交付期缩短25%、质量缺陷降低64%、客户满意度提升11%。

在内蒙古，鄂尔多斯市伊金霍洛旗的窝兔沟煤矿基于中国移动5G网络的AI智能摄像机、机器人，取代人工巡检和盯防，实现了核心重要设备实时监测监控，有效提升了生产效率。

在河南，河南联通与黄河旋风携手打造“5G+工业互联网”，共同探索5G专网、5G应用及5G+全连接智慧工厂建设。在黄河旋风车间共采集12万个数据点位，实现2 000台金刚石生产设备数字化和5G远程控制，生产效率提升28%、生产成本降低35%、毛利率增加40%以上，通过5G+机器视觉质检，提升检测效率，解决人工肉眼检测存在误差的问题，大大提高了良品率。通过5G+巡检机器人，工厂节约了人工巡检成本，提升了安保水平。

赛迪研究院未来产业研究中心所长韩健表示，当前数字技术赋能新型工业化主要以提高生产自动化、网络化和智能化水平为目标，通过云计算、大数据、人工智能等新一代信息技术与传统产业的深度融合，在生产操作方面实现了“上云、用数、赋智”，提升传统产业现代化水平，实现产品高端化发展。

此外，AI还可以通过预测性维护技术，提前预测设备的故障并进行维护，从而减少停机时间，提高设备的可靠性和稳定性。在智慧工厂里，生产设备里的传感器等随时监控设备的运行状态，把实时运行数据传输到云上并进行分析，提前预知设备的异常状态，从而最小化设备停机的可能。如微软Azure IoT平台，就具有远程设备监控、预测性维护、工厂联网与可视化等功能。

除了在生产环节中的应用，AI技术还可以在产品设计和研发过程中发挥重要作用。通过利用 AI 技术进行产品仿真和优化设计，工业企业可以更加快速地推出符合市场需求的新产品，并降低产品开发成本和风险。如图 11-2 所示，Realibox 平台是一个非常强大的 3D 设计平台，它支持多种建模方式和渲染技术，拥有资源丰富的素材库和智能化的设计工具，能够帮助设计师快速高效地完成各种复杂的 3D 设计任务。

图 11-2　Realibox 3D 设计平台截图

工业智能行业发展前景广阔。随着人工智能技术的不断发展，越来越多的企业开始将人工智能技术应用于工业生产中，实现智能化、自动化生产。未来，工业智能将在制造业、物流业、能源行业等领域得到广泛应用，在为企业提高效率、降低成本、提高产品质量等方面带来巨大的潜力和机遇。同时，随着 5G 网络的普及和物联网技术的发展，工业智能将更好地与互联网深度融合，推动智能制造向更高层次发展。

案　例　思　考

面对国内机器人产业的蓬勃发展和非标零件市场需求的快速提升，全球知名的零配件供应商米思米，携带其创新的 meviy AI 非标零件智能报价平台，亮相于广东智博会。这一平台的推出，标志着对传统非标零件采购模式的颠覆性革新。meviy AI 通过集成先进的数字化智能生产技术，实现了从设计到生产的制造周期大幅度缩短，使企业的生产制造流程显著加速。

米思米不仅通过这一智能平台提高了生产效率，还通过精准的数据分析和预测，优化了库存管理和供应链流程。这种以数据驱动的智能生产方式，为非标零件的定制化生产提供了前所未有的灵活性和响应速度，使企业能够更快地适应市场变化，满足个性化需求。

此外，meviy AI 平台还通过机器学习和人工智能算法，不断学习和优化生产流程，实现了生产过程的自我优化和改进。这种自我学习和自我进化的能力，是传统生产方式所无法比拟的，它为制造业的未来提供了无限的可能性。

思考问题：

● 人工智能在生产流程中的作用：在 AI 智能工业的背景下，未来的工厂如何利用人工智能技术实现完全自主运行？请详细探讨人工智能在自动化生产线、智能物流、预测性维护以及自适应生产计划中的具体应用和潜在优势。

● 技术、经济和社会的综合影响：实现完全自主运行的工厂可能会带来哪些技术、经济和社会的综合影响？请从提高生产效率、降低运营成本、创造新的就业机会、促进社会创新等多个角度，分析这种变革对企业和整个社会的深远影响。

● 人工智能与人类劳动力的关系：随着工厂自主运行的实现，人工智能与人类劳动力的关系将如何发展？请探讨在人工智能日益普及的背景下，如何平衡人类劳动力的技能培训、职业转型以及与机器协作的新工作模式。

三、AI 为游戏开发带来机遇

随着 AI 技术的持续演进和广泛应用，人工智能已经成为游戏开发中不可或缺的重要组成部分。这不仅极大地提升了游戏的创新性和趣味性，而且为整个游戏行业带来了更多的活力和无限的可能性。纽约大学坦登工程学院副教授朱利安·托格利乌斯（Julian Togelius）曾说："电子游戏提供了我们所拥有的最好的智力测试。电子游戏是一种优秀的训练 AI 算法的方式，因为它们循序渐进地让人类的思维经历越来越难的挑战。"AI 的引入，使游戏世界变得更加生动和智能，玩家体验也因此变得更加丰富和深刻。尽管 AI 可以帮助解决许多技术难题，但开发者的创造力和独立思考能力仍然是成功的关键。

首先，AI 技术使游戏中的非玩家角色（NPC）更加智能化。例如，通过 AI，NPC 可以实现智能行为，如对话、攻击、逃跑等，从而使游戏更加生动有趣，更能吸引玩家的关注。借助 AI，玩家面对的 NPC 不再只是开发者预设好的文本与对话，而是能够根据游戏情景和玩家的情感实时调整互动方式，选择合适的聊天话题。这种智能化的互动让玩家仿佛在与真人进行面对面的交流，极大地增强了游戏的沉浸感和互动体验。在目前的游戏领域，做到这一点的作品很少。2023 年 8 月，在 ChatGPT 加持的《上古卷轴 5》中，1 000 多个 NPC 通过一个名为 Mantella 的 MOD 接入了大模型技术，成为能够行动自如，还会陪人聊天的 AI 智能体。通过 ChatGPT 以及文本转语音工具 xVASynth、语音识别模型 Whisper 等技术，NPC 开始像真人一样，能够理解玩家的对话，并进行实时互动，如图 11-3 所示。于是，这些原本只会按照剧本念台词的 NPC，仿佛真正拥有了灵魂。例如，玩家可以通过麦克风使用自己的声音向 NPC 提问，同时在这个世界中，任何 NPC 都可以在对话中动态地向你解释世界中的各种物品，而不是仅在菜单中以文本的形式提供信息。

图 11-3 《上古卷轴 5》中的 NPC 向玩家介绍游戏中的道具

其次，AI 还可以使游戏环境具备自适应能力。通过使用 AI 技术，如机器学习、深度学习和规则引擎等，游戏环境能够根据玩家的行为和偏好进行实时调整。这种自适应能力不仅使游戏更具挑战性，还能更好地满足不同玩家的需求。例如，由网易游戏用户体验中心设计的《游戏自适应视障模式：AI 助力视觉无障碍设计》（AI Eyes: Enhancing Visual Accessibility Using AI，以下简称“AI Eyes”）获得“设计界的奥斯卡”2024 年 iF 设计奖，如图 11-4 所示。该方案运用网易互娱 AI Lab 等提供的 AI 图像识别与语音技术，跟踪游戏画面的变化，主动播报新生成的信息，使视障人士能够从图像、模型和场景等多个维度感知、理解和体验游戏。这也是全球首个运用 AI 技术为视障玩家提供无障碍游戏的交互设计，让视障人士从“听游戏”到真正沉浸式玩游戏，该技术使游戏受众用户又扩展至视障人士，这无疑是游戏界的一项伟业！

图 11-4　网易 AI Eyes 界面

最后，对 UGC（用户生成内容）开发者来说，传统游戏开发领域面临着高昂的制作成本和玩家的苛刻要求等挑战，使得游戏开发者面临巨大的压力。新兴的数字化 UGC 平台和由 AI 驱动的创造性工具，正在为游戏开发者带来新的机遇。数字化 UGC 平台允许玩家创建和分享自己的游戏内容，降低了游戏开发的门槛。在数字化 UGC 平台上，开发者可以使用简单的工具，快速创建自己的游戏。这使更多人能够参与到游戏开发中来，为游戏行业带来了新的活力。

尽管 AI 对游戏行业产生了深远的影响，但由于技术尚未完全成熟，目前仍存在许多问题。一些尝试采用 AI 来提升游戏体验的作品，依然存在许多缺陷和不足，这使得玩家在体验过程中感到不满。尤其是那些在游戏中投入了大量资金的玩家，难免会质疑：“我为何要为这些由 AI 引发的问题买单？”这些缺陷可能表现为 NPC 行为的不自然、游戏环境自适应的失误，或是其他影响游戏流畅性的技术问题。尽管 AI 技术具有巨大的潜力，但要实现其在游戏中的完美应用，还需要进一步发展和优化，才能真正满足玩家的期望并提升他们的游戏体验。

案 例 思 考

在 2023 年举办的百度云智大会·智算大会上，AI 游戏引擎公司 RPGGO 展示了最新研发的生成式 AI 游戏引擎——Zagii Engine。这款引擎的突破性在于，它允许用户通过简单的文本输入，利用 AI 工具创作出一个完整的多人动态角色扮演剧本杀游戏。Zagii Engine 的设计，不仅降低了游戏创作的门槛，还极大地提升了游戏内容的多样性和创新性。

RPGGO 的 Zagii Engine 通过先进的自然语言处理和机器学习技术，能够理解用户输入的文本，并将其转化为复杂的游戏逻辑和故事情节。这使得UGC创作者能够快速地实现他们的创意构想，而无需丰富的编程知识或游戏设计经验。此外，Zagii Engine还能够根据玩家的互动和反馈，动态调整游戏内容，提供个性化的游戏体验。

这款AI游戏引擎的应用，预示着游戏设计和开发的未来趋势，即更加智能化、个性化和互动化。它不仅为游戏产业带来了新的商业模式和市场机会，也为玩家带来了前所未有的游戏体验。

思考问题：

- AI在游戏设计中的角色演变：随着AI技术的发展，未来游戏设计中AI的角色将如何演变？请探讨AI在游戏设计自动化、创意辅助、玩家行为分析和游戏世界构建等方面的潜在应用，并预测这些技术可能带来的创新变革。
- AI对游戏玩法的影响：AI技术在游戏设计中的应用将如何影响游戏玩法的发展？请分析AI在动态调整游戏难度、创造多样化的游戏挑战以及实现玩家与游戏环境的自然互动等方面的可能作用。
- AI对故事情节的塑造：AI技术如何影响游戏故事情节的创作和呈现？请考虑AI在生成复杂剧情、角色发展以及根据玩家选择动态调整故事走向等方面的能力，并探讨这种技术如何丰富玩家的叙事体验。

四、AI赋能教育教学

教育网站Intelligent的调查结果显示，截至2023年，我国大约有30%的大学生都曾使用过生成式AI工具（如ChatGPT）来完成学校作业。张果果作为其中的一员，也不例外。他通过智能家教系统向智能家教提出了在学校课堂中没听懂的问题，从而更加清晰地理解了课堂知识。

AI可以成为老师的得力助手，老师可以利用AI创建一个自由探索的学术环境，其中包括智能化教学引导和AI教学创意生成。例如，张果果的老师利用增强现实技术模拟了行星运转的过程，生动地向学生们展示了三体问题，使抽象的问题变得具体、生动、有趣。这些智能教学技术既能培养学生的科研兴趣，又能确保课堂思政安全。2024年4月，天津大学教授刘艳丽同科大讯飞联合研发的数字教学助手正式问世。这款“AI助教”由两大系统组成：一是“数字老师”，二是“答疑大模型”。刘艳丽教授表示，“数字老师”是以教师形象仿真模拟出的虚拟数字人，其在课堂中所展示的教学视频无须教师亲自录制，只要把课件讲义导入后台，就可以快速生成授课视频。

此外，AI也可以成为学生的有力帮手。在日常课业学习中遇到未解难题时，学生完全可以通过向ChatGPT等生成式AI提问来获得更个性化、专业化的答案，而不是仅仅依赖搜索引擎捕获模糊答案。这种个性化的学习方式大大提高了学习效率，使学生能够更快地理解和掌握知识。同时，AI可以作为新形态课堂，其通过识别学生的学习难点和问题，为学生提供有针对性的辅导和建议，进而帮助学生更好地掌握知识。此外，刘艳丽教授所研发的“AI助教”中所涉及的“答疑大模型”是一个能够实现交互式答疑辅学的人机对话大模型系统，学生通过手机、平板或电脑登录即可访问该系统。该系统能够根据学生个性化的答疑诉求，给予学生专业、准确、详尽的解答。刘艳丽教授表示，系统还有一个非常实用的功能，就是根据不同需求帮助学生完成学业自测，形成一人一案的学习建议。

随着科技的飞速发展，人工智能与教育融合得日益紧密。通过设计和构建高效的AI大模型，并不断拓展AI在教育领域的应用功能，教育生态将更加智能化、个性化和高效。这种融合不仅能够提高学习者的学习效率，还能够为教育者提供更好的教学工具和资源，推动教育模式的创新和进步。随着AI技术的不断进步，我们可以期待未来的教育将更加智能化、灵活化，真正实现AI教育的全面发展。

案 例 思 考

美国佐治亚理工学院的Jill Watson项目是教育领域中一个标志性的AI助教案例。自2016年推出以来，Jill Watson被部署在在线论坛上，与人类助教一同解答计算机科学课程学生的问题。其设计初衷是利用人工智能技术提高教学效率和质量，同时减轻人类助教的工作负担。Jill Watson的引入，不仅成功地融入了教学团队，而且在整个学期中，学生们并未意识到他们的一位助教实际上是AI助教。

经过多年的迭代和强化，Jill Watson的功能得到了显著提升。它能够迅速适应不同年级或学科领域的教学需求，回答学生关于课程内容的特定问题。此外，Jill Watson还开发了连接在线学生与课堂学生的功能，帮助解决在线学生在虚拟课堂环境中可能遇到的社交障碍。通过这种方式，Jill Watson不仅提高了学生的参与度，还促进了学生之间相互支持、充满活力的学习社群的形成。

Jill Watson的成功展示了AI在教育领域的潜力，它能够提供个性化的学习支持，增强学生的互动体验，并为教育工作者提供有价值的数据和见解。随着AI技术的不断进步，我们可以预见，未来的教育将更加智能化、个性化和高效。

思考问题：

● 个性化学习体验：考虑到 AI 助教在提供个性化学习支持方面的潜力，未来的课堂如何进一步利用人工智能技术来满足每个学生的个性化学习需求？请探讨 AI 在定制学习计划、评估学习进度、提供即时反馈以及适应不同学习风格等方面的潜在应用。

● 教师与 AI 的协作：随着 AI 技术在教育领域的应用日益广泛，教师的角色和教学方式将如何转变？请分析 AI 如何辅助教师进行课堂管理、学生评估、教学内容创新以及教学策略的优化，并讨论这种协作如何提高教学质量和效率。

● 教育体系的变革：AI 技术在教育领域的广泛应用将如何影响整体教育体系？请思考 AI 在促进教育公平、提高教育资源的可获取性、支持终身学习以及推动教育政策制定等方面的作用，并探讨这种转变对教育体系的长远影响。

五、AI 引领创意新潮

自人工智能诞生以来，尽管其功能十分强大，但一直被认为缺乏人类的思维与美感。然而，时至今日，以 ChatGPT 为代表的生成式人工智能已变得特别引人注目。只需输入简单指令，AI 就能自动“创作”出优美的文字、图画等内容，还能与人类进行对话交流。因此，AI 在理解人类情感和引领创意新潮方面正变得越来越出色。

AI 可以为设计和创作团队提供意想不到的创意支持。张果果对此深有体会，他通过一键 AI 智能剪辑，将自己的游戏视频经过二次创意剪辑后发布在社交平台上，获得了大量点赞。类似 Midjourney 和 Ideogram 的 AI 绘画工具可以帮助用户轻松创作出精美的图像，而 AI 语音软件平台 ElevenLabs（见图 11-5）则能快速翻译多种语言，并添加声音克隆和音频配音功能。这些工具使创作变得更加简单、快捷、高效。

不仅专业人士，普通用户也能通过人工智能技术进行创作。AI 从事文化创意活动已有多年。早在 2015 年，谷歌推出了 AI 绘画系统 Deep Dream，在美术领域崭露头角；2017 年，微软人工智能小冰出版了诗集《阳光失了玻璃窗》，被部分学者认为丰富了当代文学的创作经验。自 2016 年起，英国举办了多届机器人艺术创作大赛，让 AI 生成的作品一较高下；世界知名艺术品拍卖行佳士得自 2018 年开始成功拍卖多件 AI 产出的艺术品，成交价高达数十万美元。此外，在多媒体平台 Glif 上，用户只需输入简单的提示词，系统就能为其创建艺术、漫画、自拍等作品。这使得更多用户能够表达自己的创意并分享给他人。

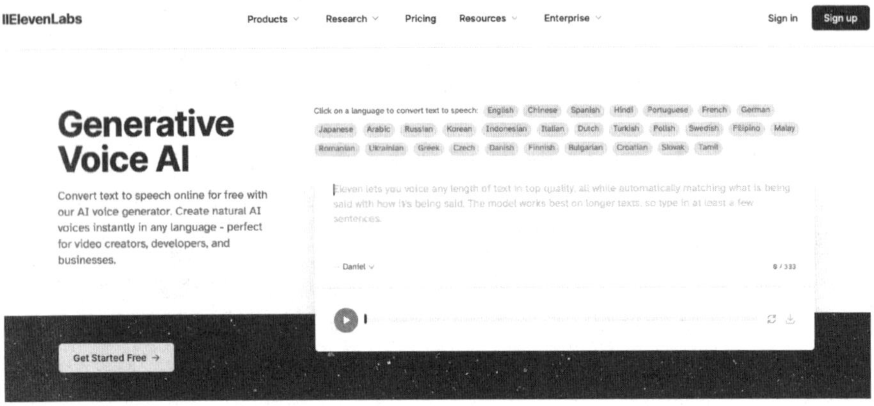

图 11-5　ElevenLabs 官网页面截图

现今的数字技术同样可以作为辅助创作工具。我们看到更多针对特定创作需求定制的 AI 专属解决方案。例如，针对研究人员的 AI 平台、面向记者的写作生成工具，以及专为设计师开发的渲染平台等。这些专门定制的 AI 解决方案将更加贴合人们的实际需求。它们将通过专有模型或围绕它构建的特定工作流程来实现与人类感知近似的自动化创作。

在过去的几年中，Character AI 等 AI 伴侣应用已经吸引了数百万用户，他们可以与虚拟的超级马力欧（曾译为马里奥）、心理学家等聊天机器人进行互动。在未来，这些数字化对话软件将变得更加自然，更接近与真人语音通话的形式。随着响应时间的缩短以及文本转语音技术、基于音频的面部动画技术的进步，我们与 AI 的交流将变得更加深入、真实和个性化，因此我们相信 AI 将更加理解人类的思想，从而创作出与人类感官相通的作品。

案例思考

苹果公司与新博物馆（New Museum）的合作，开启了一项创新的增强现实（AR）实验，将艺术与科技融合，为公众带来了全新的互动体验。这项实验涉及六个城市，通过 AR 技术，将城市空间转变为一个实时互动的博物馆。新博物馆与一群才华横溢的艺术家合作，共同编排了步行导览，其中不仅包括传统的观赏，还融入了动手实践和 AR 技术的互动体验。

参与者只需将移动设备举起，对准自己所在的城市，通过“AR 门户”即可进入一个充满艺术气息的新世界。在这个新世界中，艺术作品不再局限于画廊的墙壁，而是以一种全新的方式，与城市的公共空间和日常生活紧密相连。这种创新的展示方式，不仅为艺术作品带来了更广泛的观众，也为公众提供了一种全新的艺术体验。

这种 AR 实验的成功，展示了科技在艺术领域的巨大潜力。通过 AR 技术，艺术作品可以以更加生动和互动的方式呈现，为观众带来沉浸式的体验。同时，这种技术也为艺术家提供了更多的创作空间和表现手法，推动了艺术领域的创新和发展。

思考问题：

- AI 在艺术创作中的角色：如果让你选择一个 AI 平台来进行绘画、音乐创作等，你会选择哪个平台？请考虑平台的技术能力、用户友好度、创意支持和社区活跃度等因素，并探讨 AI 如何辅助或增强人类的艺术创作过程。
- AI 与艺术形式的融合：设想一下，未来还有哪些形式的艺术可能会被 AI 融入和创新？请思考 AI 在视觉艺术、音乐创作、舞蹈编排、戏剧表演等领域的应用，并探讨 AI 如何为这些艺术形式带来新的表现形式和创作可能性。
- AI 对艺术体验的影响：AI 技术如何改变我们体验艺术的方式？请分析 AI 在提供个性化艺术推荐、增强现实艺术体验、虚拟现实艺术探索以及交互式艺术创作等方面的潜力，并讨论这些技术如何丰富和扩展我们的艺术体验。

六、AI 为金融注入新活力

科学技术是第一生产力，金融是现代经济的核心。由于 AI 技术的发展，各路金融机构纷纷入场，加入了这场势不可挡的数字科技变革的洪流之中。在这一背景下，AI 技术的迅猛发展不仅为个人用户在办理金融业务时带来了便利，也为企业和机构创造了新的金融商业模式和发展机遇。

张果果在查看自己银行卡到账的奖学金时发现，手机银行 App 只需要通过扫描人脸即可进入个人银行账户，不需要输入烦琐的登录密码。而且张果果发现，这种人脸识别技术具有极高的精准度和稳定性，即使张果果戴着口罩，App 也可以通过扫描他的眼部特征快速验证通过。

对于企业和机构来说，AI 可以在金融分析、客户服务、风险控制等多个方面提供支持。例如，智能投资顾问通过分析大量市场数据，为投资者提供个性化的投资建议，而客户服务机器人则可以全天候解答客户疑问，提升用户体验。这些应用不仅提升了金融服务的效率，还大大降低了运营成本。因此在 2023 年的财报季中，工商银行、农业银行、中国银行、交通银行、招商银行、中信银行、兴业银行、华夏银行、浙商银行等 9 家银行，都在半年报中明确提出正在探索大模型的应用。此外，腾讯云发布了金融行业大模型解决方案，招联金融、度小满、星环科技、奇富科技等均发布了金融大模型。AI 在金融领域呈现出了“百花齐放”的景象。AI 金融技术的引入，也使得会计、税务、财富管理和投资银行等金融专业服务经历了一场技术变革。过去，软件主要用于辅助人类完成任务，但随着生成式人工智能和大语言模型的兴起，软件将能够自动执行越来越多的任务。这些技术的应用将对金融专业服务产生重大影响。行政任务、研究流程、归纳总结和报告生成等工作将被自动化、无纸化、智能化，从而释放人类专业人员的时间和精力，让他们能够专注于更复杂、更有价值的工作。另外，不同岗位的金融技术人员也可以使用数字技术来辅助办公。税务顾问可以使用 AI 来查找先例和解答问题，会计师可以使用 AI 来自动生成财务报表，财富顾问可以使用 AI 来进行情景分析。数字科技的迅速发展为金融行业注入了新的生机与活力，这些变革不仅影响了金融行业的发展方向，也为未来的发展带来了新的机遇和挑战。

案 例 思 考

Enova 公司开发的 Colossus 平台是一个创新的金融科技解决方案，它通过集成 AI 和机器学习技术，为非主要消费者、企业和银行提供高级的分析和技术。该平台的设计理念是促进负责任的贷款，帮助客户解决实际问题，如小企业的银行贷款需求。Colossus 通过精准的数据分析和风险评估，确保贷款机构和接收方都能避免陷入不可持续的财务状况。

Colossus 平台的核心优势在于其能够处理和分析大量的数据，从而提供更精确的信用评分和风险预测。这不仅提高了贷款审批的效率，还降低了贷款违约的风险。此外，Colossus 平台还能够帮助金融机构更好地理解客户需求，提供定制化的金融产品和服务，增强客户满意度和忠诚度。

随着技术的不断进步和应用，Colossus 平台有望在未来进一步发展，为金融行业带来更多的创新和变革。通过 AI 和机器学习技术，Colossus 将能够提供更加智能和自动化的服务，推动金融行业的数字化转型。

思考问题：

- AI 在投资决策中的应用：未来金融行业如何利用人工智能技术来提升投资决策的效率和准确性？请探讨 AI 在市场分析、投资组合优化、趋势预测以及实时交易决策中的潜在应用，并分析这些技术如何帮助投资者做出更明智的投资选择。
- AI 在风险管理中的作用：AI 技术如何帮助金融机构提高风险管理的能

力？请分析 AI 在信用评估、欺诈检测、市场风险预测以及风险缓解策略制定中的应用，并讨论这些技术如何帮助金融机构降低风险并保护资产安全。

- AI 在客户服务中的创新：金融行业如何利用 AI 技术来提升客户服务体验？请思考 AI 在个性化金融产品推荐、客户咨询自动化、服务流程优化以及客户反馈分析中的应用，并探讨这些技术如何提升客户满意度和忠诚度。
- 技术变革对金融市场稳定性的影响：随着 AI 技术在金融行业的广泛应用，它可能对金融市场的稳定性产生哪些影响？请分析 AI 技术在提高市场透明度、增强监管能力、预防市场操纵以及缓解金融危机中的作用，并讨论这些技术如何维护金融市场的稳定。

七、AI 重塑科研工作

在科学研究的广阔天地里，人工智能正以其独特的魅力和强大的潜力，引领着一场前所未有的技术变革。曾经，参加大学生创新项目的张果果需要在繁杂的数据中苦苦寻觅与课题相关的数据规律，如今，有了人工智能的助力，张果果发现那些看似杂乱无章的数据在算法的梳理下变得有序且更有价值。张果果不禁感叹，从基础物理研究到复杂的生物医学实验，从宇宙深邃的奥秘到微观粒子的秘密，人工智能以其卓越的计算能力和学习能力，在科研领域书写着一个又一个传奇。它不仅提高了科研效率，更在发现新规律、提出新理论、预测新现象等方面发挥着不可替代的作用。

（一）使用 ChatGPT 阅读文献

在科学研究中，文献阅读是我们接触学术研究、拓宽知识视野的重要途径。然而，面对堆积如山的学术文献，我们往往感到无从下手，难以把握其中的重点。幸运的是，随着人工智能技术的不断发展，生成式人工智能（如 ChatGPT）已经走进我们的视野，它拥有强大的自然语言处理能力。通过 ChatGPT 的帮助，我们可以更加高效地阅读科研文献。

克雷格·格里芬（Craig Griffin）是学术出版方面的信息技术专家，其所在的公司 Silverchair 主要为学术出版界提供信息平台技术服务。为了解 ChatGPT 是否能够替代研究者来实现对文献的深入理解，格里芬找了一篇来自期刊《水科学与技术》（*Water Science and Technology*）的真实论文，并将其输入给 ChatGPT，以查看其对论文的理解能力。他要求 ChatGPT 为这篇文章列一个概要，结果尽管并不完美，但并非不正确。格里芬还认为，尽管论文作者已给出正确且偏重事实信息的结论，但 ChatGPT 生成的结论相对更具有可理解性，更加充分地展现了事实。这充分说明了 ChatGPT 具备良好的文献理解能力。

案 例 思 考

2023 年 2 月 20 日，《自然》杂志的新闻版面发表了一篇对 ChatGPT 使用情况的调查文章，揭示了这一人工智能工具在科研工作者中的普及程度及应用场景。调查显示，79.4% 的《自然》读者曾经使用过 ChatGPT，而其中 8.4% 的读者表示他们每天都会使用这一工具。这表明，AI 技术已经成为许多科研人员日常工作的一部分。

在科研领域，ChatGPT 的应用主要集中在头脑风暴、撰写报告、进行文献综述以及研究论文的编写等方面。具体来看，头脑风暴是最受欢迎的用途，占到了 27%；其次是编写代码，占 24%；撰写报告文稿和文献综述分别占 16%。这些数据反映出 AI 技术在辅助科研人员进行创造性思维和文档撰写方面的潜力。

然而，这项调查也引发了关于 AI 技术在科研领域应用的深入思考。科研人员如何利用 AI 技术提高工作效率，同时确保研究的原创性和科学性，成为一个值得探讨的问题。此外，AI 技术的普及也对科研人员的职业技能和知识更新提出了新的要求。

思考问题：

- 提升创新能力：在 AI 技术日益普及的背景下，科研工作者应如何提升自身的创新能力，以避免被 AI 取代？请思考科研人员可以通过哪些方式培养创新思维，以及如何利用 AI 作为工具来激发新的研究思路和解决方案。
- 增强批判性思维：AI 技术虽然能够提供辅助，但科研工作的核心仍然是批判性思维。科研工作者应如何加强自己的批判性思维能力，以确保研究的深度和质量？请探讨科研人员如何通过批判性思维来分析 AI 提供的信息，以及如何利用这一能力来指导研究设计和决策。
- 终身学习和技能更新：随着 AI 技术的不断发展，科研工作者需要不断更新自己的知识和技能。请思考科研人员应如何进行终身学习，以及哪些新技能是未来科研工作中不可或缺的。同时，探讨科研人员如何平衡对 AI 工具的依赖与自身专业能力的提升。

（二）使用 ChatGPT 辅助科研

ChatGPT 等人工智能技术如同科研人员的得力助手，以其强大的自然语言处理能力和海量的知识储备，从语言润色、编程助理、表格编辑、领域向导等多个层面，为我们提供了全新的科研辅助方式。在语言润色方面，ChatGPT 可以作为一个功能强大的论文润色工具，从语法、用词、结构、语气等各方面进行修改。在编程助理方面，ChatGPT 可以从各个方面赋能以编程工作为主的研究人员，用户可以简单地要求 ChatGPT 解释代码的功能从而理解开源代码，还可以要求它逐行添加注释、分析代码的报错原因等。在表格编辑方面，研究者将全部数据提取完毕后，ChatGPT 可以将所有数据完美地整合到表格中。在领域向导方面，对于初次在某个领域开展科研的研究者，ChatGPT 提供的信息有一定帮助。同样，针对用户提出的问题，ChatGPT 可以给出研究方法和大方向等。

案 例 思 考

AI 大模型 Coscientist 在化学领域的应用取得了显著的成就，即成功完成了复杂的钯催化交叉偶联反应，这一成果被发表在《自然》杂志上。Coscientist 的这一成就不仅体现了 AI 在化学研究中的潜力，也彰显了人工智能在科学研究中日益增长的重要性。该模型由卡内基梅隆大学的研究团队开发，它能够自主完成从信息检索到实验设计、程序编写、远程操控自动化系统进行实验以及数据分析等一系列科研流程。

Coscientist 的能力表现在它可以快速而准确的处理数据和规划实验，这大大加快了研究进程，提高了实验的成功率。它通过机器学习和深度学习技术，能够识别和预测化学反应的模式，为化学家提供前所未有的洞见。这种能力不仅节省了科研人员的时间，还减少了实验过程中可能出现的错误和成本。

此外，Coscientist 的应用还表明，AI 技术可以作为科研人员的重要辅助工具，帮助他们解决传统方法难以克服的难题。它不仅能够提高研究效率，还能够推动化学乃至整个科学领域的创新和发展。

思考问题：

- AI 在科研中的应用：我们应该如何利用 AI 帮助自己进行科研任务？请从信息检索、数据分析、实验设计、自动化实验操作等方面探讨 AI 的具体应用，并分析这些应用如何提高科研工作的效率和质量。
- AI 与科研创新：AI 技术在科研中的使用，可能会带来哪些创新的机会？请思考 AI 如何帮助科研人员探索未知领域、解决复杂问题、发现新规律以及开发新技术。
- “科研洁癖”的挑战：对于在科研过程中使用 AI 助力抱有否定态度的人，我们应该如何理解和应对这种“科研洁癖”？请探讨“科研洁癖”背后的原因，以及 AI 技术如何与科研伦理和原则相结合，确保科研的质量和诚信。

● AI的伦理和责任：在使用AI进行科研时，我们应该如何确保遵守伦理原则和承担责任？请讨论AI在科研中的伦理问题，包括数据隐私、算法透明度、结果解释性以及责任归属等。

第二节 虚拟现实与增强现实赋能教育发展

数字技术无疑正在改变各行各业的发展规律。人工智能正在逐渐改变各行各业，而教育领域尤为显著。随着人工智能技术的不断发展，尤其是诸如虚拟现实、增强现实等前沿新兴技术的涌现，教育领域正面临着前所未有的机遇和挑战。接下来，我们将阐述虚拟现实与增强现实的兴起，并以教育行业为典型案例来探索虚拟现实与增强现实的具体落地与应用，进而探讨新时代数字化教学系统究竟具备哪些有趣的基本职能。

一、虚拟现实与增强现实的兴起

虚拟现实（VR）技术，即通过头戴式显示器等设备使用户完全沉浸到虚拟的三维环境中，用户可以与虚拟环境进行互动，体验身临其境的感觉。虚拟现实技术作为一项在20世纪发展起来的全新实用技术，它融合了计算机、电子信息和仿真技术等多个领域。用户会通过戴上类似头戴式显示器的设备，完全沉浸在虚拟环境中，并可以与环境中的对象进行互动。这种技术通过计算机生成仿真环境，使用户能够与之进行交互并感受其中的场景，其模拟环境的真实性与现实世界难辨真假，使用户有一种身临其境的感觉。虚拟现实技术主要包括模拟环境、感知、自然技能和传感设备等方面。其中，模拟环境是计算机生成的实时动态三维立体逼真环境。感知是指理想的虚拟现实技术应该具备人类的感知能力，这包括视觉、听觉、触觉等感官，使用户能够真实地感受到虚拟环境中的各种信息。自然技能涉及用户与虚拟环境的互动方式，例如，张果果戴上VR眼镜后发现，可以通过头部转动、眼睛注视、手势操作或其他人体动作来与虚拟环境进行交互。计算机会处理与这些动作相适应的数据，并实时响应用户的输入，将反馈传递到用户的感官中。传感设备是实现虚拟现实技术的关键组成部分。这些设备包括头戴式显示器、手柄、手套、体感器等，可以捕捉用户的动作和感知信息，并将其传输给计算机进行处理，从而实现用户与虚拟环境之间的交互。

与虚拟现实技术不同，增强现实（AR）技术是一项利用计算机技术将虚拟信息叠加到现实世界中的技术。增强现实技术并不试图替代用户的现实感知，而是通过增加虚拟信息来丰富用户的感知体验。增强现实技术是通过计算机生成图像、视频等虚拟元素与现实场景进行融合，使用户在现实环境中看到虚拟的物体或信息。简单来讲，虚拟现实技术是让人进入虚拟世界，而增强现实技术是把虚拟物带到现实世界中。增强现实技术主要包括跟踪注册技术、显示技术、虚拟物体生成技术以及交互技术。其中跟踪注册技术用于追踪和注册现实世界中的物体和场景，以便将虚拟信息准确地叠加到正确的位置上。显示技术用于将虚拟信息以适当的方式呈现给用户，这包括头戴式显示器、智能手机屏幕、平板电脑等各种显示设备，以及投影技术等。虚拟物体生成技术涉及创建和呈现虚拟对象，以便将它们与现实世界相融合。交互技术使用户能够与增强现实环境进行互动，这包括手势识别、语音识别、触摸屏、手柄控制器等各种交互方式。这些技术共同作用，使增强现实技术能够将虚拟信息有效地叠加到现实世界中，并提供给用户丰富的交互体验。

案 例 思 考

2024年，苹果公司推出的Apple Vision Pro设备以其卓越的虚拟现实技术，再次将VR推向了公众视野的中心。该设备以其高清晰度和逼真的视觉效果，为用户带来了前所未有的沉浸式体验。如图11-6所示，Apple Vision Pro能够展示出极为真实的场景感，使用户仿佛置身于一个全新的世界。随着技术的进步，虚拟世界与现实世界之间的界限开始变得模糊，这不仅为娱乐和游戏领域带来了革命性的变化，也为教育、设计、医疗等行业提供了新的可能性。

Apple Vision Pro的成功展示了虚拟现实技术在多个领域的应用潜力。在教育领域，它能够提供模拟真实环境的学习体验；在设计领域，设计师可以置身于自己的设计之中，进行更为直观的创作；在医疗领域，医生可以利用VR技术进行手术模拟和训练。随着技术的不断发展，Apple Vision Pro有望在未来进一步推动虚拟现实技术在各行各业的应用。

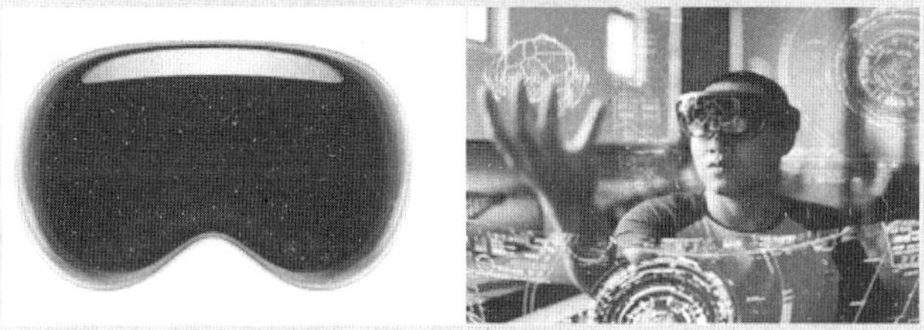

图11-6 Apple Vision Pro设备

思考问题：

● 全感官虚拟体验的应用：假设有一天，我们研发出能欺骗人类所有感官的科技，这将如何改变我们与虚拟世界的互动方式？请探讨这种全感官虚拟体验在娱乐、教育、训练和其他领域的潜在应用，并分析它如何增强用户体验和学习效果。

● 虚拟世界的伦理和责任：随着全感官虚拟体验技术的发展，我们应该如何确保技术的伦理使用？请讨论在使用这种技术时需要考虑的伦理问题，包括但不限于数据隐私、用户健康、内容适宜性以及对现实世界的影响。

● 防止沉迷虚拟世界：面对全感官虚拟体验可能带来的沉迷问题，我们应该如何采取措施来防止人类过度依赖虚拟世界？请思考可能的解决方案，如时间管理工具、心理健康教育、技术使用指导等，并探讨这些措施如何帮助用户维持现实与虚拟之间的健康平衡。

二、虚拟现实与增强现实在教育中的应用

虚拟现实技术与增强现实技术的有机结合为教育带来了新的活力，它能够增强学生的学习动力。由于虚拟现实、增强现实技术能够将虚拟信息与真实世界相融合，从而呈现出用户可以进行互动的三维影像，因此具备巨大的潜力和广阔的应用前景。教育领域是增强现实技术应用的重要领域之一，它可以通过视觉、听觉和触觉效果，为学生创造更加丰富的、互动的学习体验。

借助数字模型和网络技术，增强现实技术可以构建出虚拟的实验台，使学生在完全沉浸式的环境中进行与真实场景相类似的操作，增强学习过程的仿真化、互动化、游戏化变革。这种技术特别适用于那些现实中难以操作或具有危险性的实验活动，可以在保障安全性的同时增加互动性。

美国斯坦福大学教授杰里米·拜雷森（Jeremy Bailenson）推出了斯坦福大学历史上首个完全以虚拟现实为背景的课程。如图 11-7 所示，VR 课程可以让所有选择这门课的学生打破空间限制，在世界上任何地方戴上 VR 头盔，出现在同一个“课堂”上。这些课堂可能是在博物馆，可能是在实验室，可能是在海底，还有可能是在人迹罕至的火山口。学生们可以通过沉浸式体验一个全新的、虚拟的、可交互的环境，感受那些在书本上感受不到的东西。在美国莫尔豪斯学院开设的 VR 课程中，VR 校园可以使学生在一起实时上课，就像在真实的校园里一样。而与真实的校园不同的是，VR 校园的学生能够从 VR 眼镜提供的实用程序和独特的数字体验中受益。学生们可以在生物学课程中触碰人的心

脏并步入其中。在历史课上，学生们能够在战场上行走，也可以在战场上空盘旋，从“上帝”视角看待历史，身临其境地了解历史人物的观点。在科学课上，学生们还能够近距离观察周围旋转的原子。

图 11-7 学生们通过佩戴设备，一起进入虚拟课堂

增强现实技术的兴起为教育行业带来了新的变革。（1）它能够增强学生的学习动力。当学生利用增强现实技术进行学习时，他们对于这种新奇事物往往表现出更强的兴趣和满意度，因此愿意进行反复学习。通过与增强现实物体进行交互，学生可以主动探索知识，从而增强学习动力。（2）增强现实技术能让学生体验到现实生活中难以实现的场景。例如，增强现实技术可以让学生观察运行中的微型太阳系，或者体验植物的光合作用。这些技术有效地增强了学生对抽象概念或现象的理解。同时由于增强现实系统通常易于使用，学生可以通过自然的交互方式来操纵内容，而不必花费大量时间学习系统操作。（3）增强现实技术使得内容以多种形式呈现，例如将静态图像转变为动态图像、二维场景转变为三维场景、文本转变为声音、非交互式内容转变为交互式内容。这种表现形式上的变化提高了学习的效率，并使学习方式更加多样化。（4）虚拟现实技术和增强现实技术的引入，也使得教学方式在向智能化、个性化、动态化变革。老师可以利用增强现实技术，根据课程特性在元宇宙中自定义自己的教室。只需轻轻一点，便可以向学生展示空间几何的构建、宇宙大爆炸的过程。

案 例 思 考

“生动科学AR”是一款专为中小学生设计的科学科普应用程序，它利用增强现实（AR）技术，为学生提供了一种全新的互动学习体验。如图11-8所示，该应用程序通过将移动设备的摄像头对准特定的图像，能够展示出各种三维模型，让学生以一种直观和互动的方式探索科学。学生不仅可以观察到逼真的模型，还可以通过旋转、缩放和调整模型来更深入地理解科学现象和规律。

这种AR技术的应用，不仅增加了学习的趣味性，还提高了学生的参与度和理解力。它使抽象的科学概念变得更加具体和易于理解，有助于激发学生的好奇心和探索欲。此外，生动科学AR还能够根据学生的反馈和学习进度，提供个性化的学习体验，从而满足不同学生的学习需求。

随着AR技术的不断发展和完善，生动科学AR等应用程序有望在未来进一步丰富和优化其功能，为学生提供更加多样化和深入的科学学习体验。这不仅能够提高学生的科学素养，还能够培养他们的创新思维和实践能力。

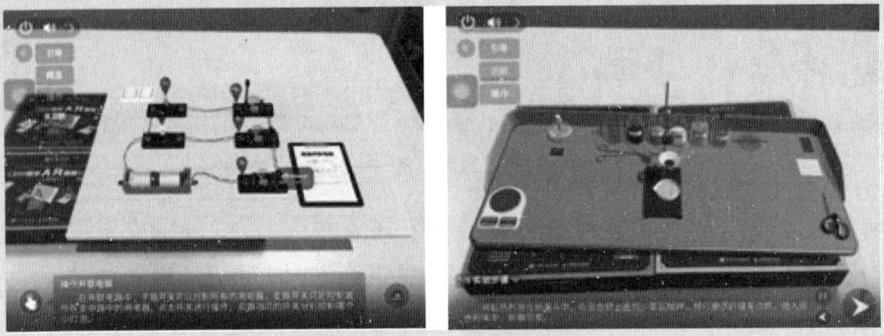

图11-8 生动科学AR

思考问题：

● AR技术在专业课程中的应用：考虑到你的专业领域，你认为如何将AR技术融入课程设计中，以增强学生的理解和参与度？请提出一个具体的AR应用场景，并探讨其如何帮助学生更好地掌握复杂概念。

● AR技术与教学方法的结合：在你的专业领域，有哪些教学方法可以通过AR技术得到加强？请提出一个问题，探讨AR技术如何与现有的教学方法相结合，以提高教学效率和学生的学习体验。

● AR技术在实践操作中的应用：在你的专业领域，有哪些实践操作或实验可以通过AR技术进行模拟，以提高学生的实践技能？请提出一个问题，讨论AR技术如何帮助学生在安全的环境中进行实践操作。

三、在线协作与远程学习

除了有趣的新兴技术之外，在线协作与远程学习也为教育事业提供了巨大的便捷。在线协作是指通过互联网平台和工具，让分散在不同地点的个人或团队能够共同合作完成任务或项目的一种技术。这项技术带来了前所未有的便利和效率，改变了我们传统的工作方式。随着5G、云计算、工业互联网、人工智能等技术的快速发展，企业数字化转型已成为发展数字经济的新阶段。在此背景下，众多企业积极加强数字化转型建设，构建数字化办公平台是其中重要的一环。通过物联网（Internet of Things或IOT）与AI技术，实现对物理办公空间的数字化，重构组织、人员、场所、设备、系统的关系，从而帮助企业提高办公效能，提升组织协同效率。

在线协作的核心是利用云计算和即时通信技术。张果果发现，无论同学们彼此相距多远，都可以通过在线协作软件轻松地共享文件、编辑文档、交流想法。除了文档编辑，在线协作也延伸到课程管理、团队沟通、远程教学等方面。例如，张果果所在的班级可以利用钉钉、班级微信等通信工具进行实时沟通和协作，使用腾讯文档或Teambition等项目管理工具进行课程任务分配和进度跟踪。视频会议软件如企业微信视频会议、腾讯会议等也让远程工作变得更加容易，张果果可以随时随地与老师、同学进行面对面的沟通和讨论，提高了团队合作效率。在线协作的兴起不仅仅是一种工具或技术的发展，更是一种新的教学文化的崛起。它打破了时间和空间的限制，让学生和老师能够更加灵活地安排上课时间和地点，提高了工作效率，同时也促进了师生之间的合作和交流。

随着互联网技术的普及，远程学习也正以前所未有的速度改变着我们获取知识的方式。简而言之，远程学习就是通过互联网平台和在线课程，不受时间和地点限制地获取教育资源。这种灵活的学习方式正在成为越来越多人的选择，无论是学校教育、就业培训还是社团兴趣爱好培养，都越来越多地采用这种方式。传统的教育模式在教育信息传授的过程中会受到时间、空间等各方面因素的制约，教育成本较高，要做到因材施教也是相当困难的。如今，在线教育却解决了这些问题。首先，在线教育降低了成本，通过在线服务打通了教育者和学习者之间的空间壁垒，并且大大地节省了时间。其次，在线教育突破了地域的限制，使优质的教育资源得到合理的配置。在线教育让教育资源得到最大化的利用。最后，在线教育让学生更有自主性，学生可以自由地安排学习时间。

案 例 思 考

钉钉作为中国领先的企业级即时通信和协作平台，通过其先进的数字化技术为企业提供了全面的团队协作解决方案。这不仅推动了企业数字化转型，也加速了远程办公模式的发展。如图 11-9 所示，钉钉平台能够实现实时沟通、文件共享、会议安排等功能，极大地提升了团队的协作效率。此外，钉钉还提供了包括数字化办公工具在内的多种平台服务，助力企业实现信息化、智能化管理，从而提高工作效率和决策质量。

钉钉的成功应用展示了数字化平台在现代企业运营中的关键作用。它不仅优化了内部沟通流程，还通过集成第三方应用和自动化工具，为企业提供了强大的扩展性和定制性。随着技术的不断进步，钉钉等平台的功能也在不断丰富，为企业提供更多创新的解决方案，以适应不断变化的市场需求。

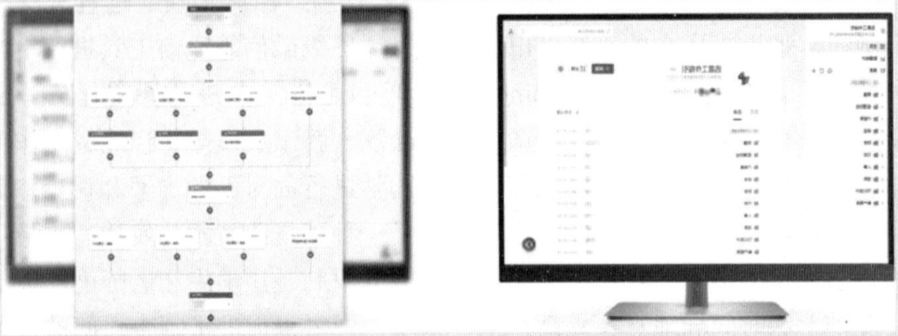

图 11-9　钉钉协作平台截图

思考问题：

● 企业数字化转型的挑战：在使用钉钉等数字化协作平台推动企业数字化转型的过程中，企业可能会面临哪些挑战？企业应如何克服这些挑战，以确保数字化转型成功？

● 远程办公与团队协作：钉钉等平台如何改变了传统的远程办公和团队协作模式？请探讨这些平台为团队成员间沟通、项目管理和任务协调带来的便利和潜在问题。

● 数据安全与隐私保护：在使用钉钉进行企业通信和协作时，如何确保数据安全和员工隐私？请讨论企业应采取哪些措施来保护敏感信息不被泄露。

四、学习分析与数据驱动决策

随着互联网技术的不断发展，学习分析和数据驱动决策正成为教育领域的一大趋势。学习分析是指利用数据科学和统计分析技术，从学习者的行为和表现中提取有意义的信息，以指导教学和学习过程。这种方法正在逐渐改变传统的教育方式，为教育者和学习者提供更加个性化和有效的学习体验。数据驱动决策则是指基于学习分析的结果，采取针对性的措施和策略以优化教学过程和学习效果。张学波等人运用文献研究法和案例分析法，阐明基于数据教育应用原理的教学决策过程，并从实践角度分析两种多模态学习支持的教学决策的典型案例，从而证明数据驱动的教学决策能有效增强教师教学和学生学习的效果。

学习分析的核心在于收集、处理和分析学习过程中产生的数据，以揭示学生的行为模式、学习进展和潜在问题。张果果发现，数字化技术可以帮助学校收集各种学习数据，包括学生的学习行为、学习成绩、在线学习活动、学习偏好等。之后，利用数据分析技术，老师可以从大量的学习数据中提取有价值的信息和模式，进而发现学生的学习趋势、困难点和潜在问题，以及课程的教学效果和改进空间。同时，基于学习分析的结果，老师可以为不同学生提供个性化的学习支持和指导。通过了解学生的学习特点和需求，老师可以调整教学内容、节奏和方法，以满足学生的学习需求，提高学习效果和参与度。

此外，学校可以利用学习数据分析，评估教学策略的有效性和教学质量，发现教学中存在的问题和改进的空间。这有助于不断优化教学过程，提高教学效果和学生满意度。汤倩雯等人通过对已有智慧课堂教学模型的借鉴分析，构建了一个立足智慧课堂的多模态学习分析模型。模型以确立目标、数据收集、数据处理、数据分析、提供反馈、实施干预六步多模态学习分析循环流程为中心，同时包含了利益相关者、智慧课堂技术环境、多模态数据类型及采集设备等关键要素，以期为智慧课堂中学习分析系统的开发提供理论支持，为课堂教学提供更全面、更个性化的评估方式，促进教育的智能化、个性化发展。

学习分析与数据驱动决策通过数字化技术的应用，为教育领域提供了更多的机会和可能性，促进了教育的个性化、高效化和科学化发展。数据驱动的教育模式也一定会成为未来教育发展的重要方向，为实现教育现代化和全面发展提供有力支撑。这不仅有助于提高学生的学习成绩和体验，也为教育的持续改进和发展提供了有力支持。

案 例 思 考

作业帮作为国内领先的在线教育平台之一，通过提供学科辅导、题库、作业辅导等服务，极大地便利了学生的学习。如图 11-10 所示，该平台通过分析学生的学习数据和历史表现，能够为每个学生定制个性化的学习辅导和资源推荐。这种个性化服务有助于学生针对自己的薄弱环节进行有针对性的学习，从而提高学习效率。

此外，作业帮还能够基于学生的学习数据预测未来的学习成绩和表现，并及时跟踪学生的学习进展，这对于学生自我评估和教师了解学生学习状态都非常有帮助。通过这种方式，作业帮不仅帮助学生解决了眼前的作业问题，也有助于培养学生的自主学习能力和终身学习的习惯。

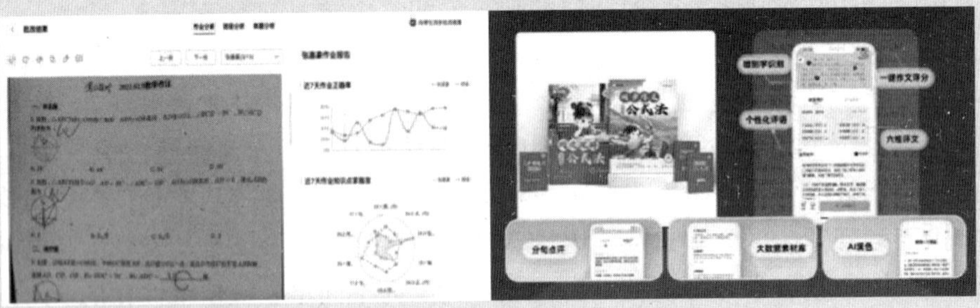

图 11-10　作业帮平台页面截图

思考问题：

● 如何提升学生独立解决问题的能力？ 鉴于作业帮等在线学习平台可能使学生产生依赖性，你认为平台应如何设计和搭建功能模块来培养学生独立解决问题的能力？例如，是否可以引入逐步引导的解题过程、设置挑战任务或增加互动式学习模块，让学生在得到答案前先经历探索和思考的过程？

● 如何有效预防和减少抄袭行为？ 面对学生可能利用作业帮等平台抄袭的问题，你认为应采取哪些措施来有效预防和减少此类行为？这可能包括但不限于实施抄袭检测技术、建立学术诚信教育计划、提供个性化学习指导以减少学生对标准答案的依赖。如何通过这些措施增强学生的诚信和责任感？

● 如何平衡技术辅助与自主学习的关系？ 在线教育平台如作业帮在提供便利的同时也引发了对技术过度依赖的担忧。你认为如何平衡利用技术辅助学习与促进学生自主学习之间的关系？这涉及平台设计、教育资源的提供、家长和教师的参与，以及如何培养学生的自我管理能力和终身学习能力。

五、数字技术促进实践与项目导向学习

除了数据驱动的教育决策，数字技术也为数字化的实践与项目导向学习提供了前所未有的机会和赋能。借助数字技术，学生可以在虚拟项目环境中进行实践性项目学习，如物理实验、医药模拟等，这些仿真实验可以模拟真实的实验情境和项目挑战。数字化的实践与项目导向学习的最大优势在于，它可以使学生在安全、可控的环境中进行实践，减少风险和成本，并提供实际项目所具备的学习体验。在进行医学模拟项目时，张果果深受其影响，他发现现在不仅能够通过虚拟环境细致地观察人体器官的结构，还能够模拟手术操作，通过自己动手操作，进一步加深对医学领域的探索。同时，沉浸式技术如虚拟现实和增强现实为学生提供了高度交互性和仿真性的学习体验，使张果果能够更深入地参与到实践性学习中，加强对实际场景的理解和应用能力。

数字化的项目实践可以提供实时的学习反馈和评估，帮助学生及时调整学习策略和行动计划。这种实时反馈对于项目导向学习尤为重要，因为它可以帮助学生及早发现问题、调整方向，确保项目顺利进行。通过在线平台和应用程序，学生可以随时查看自己的学习进度和成绩，了解自己的优势和弱点，有针对性地进行学习调整和改进。此外，数字技术可以通过多媒体、互动性和个性化学习内容，提高学生对实践性学习和项目学习的兴趣和参与度。学生可以通过视频、音频、图像等多种形式获取知识，丰富学习内容，激发学习兴趣。在线学习平台可以根据学生的学习风格和兴趣，推荐个性化的学习资源和课程，满足不同学生的学习需求。这种学习方式更贴近学生的学习需求和学习习惯，使他们更加积极主动地参与学习过程，提高学习效果和学习成就感。

案 例 思 考

敦煌研究院通过采用虚拟现实技术，为高校学生提供了一种全新的学习体验。如图 11-11 所示，通过创建虚拟项目实践展览，学生能够在一个沉浸式的虚拟环境中欣赏和学习历史文物。这种实践导向的学习方式不仅拓展了教育的边界，使异地学生也能够远程观赏敦煌博物馆的珍贵藏品，而且对文物保护具有重要意义，因为它提供了一种不涉及实际接触文物的安全展示方式。

敦煌研究院的这一创新举措体现了技术在文化遗产教育和保护方面的巨大潜力。虚拟现实技术的使用不仅丰富了学生的学习体验，还为文化遗产的传承与推广开辟了新途径。此外，它还有助于减少因参观者流量过大而对文物造成的潜在损害，确保了文物的长期保存。

图 11-11 借助虚拟现实技术观赏敦煌壁画文物

思考问题：

● VR 技术与实体展览馆的关系：如果所有的展览馆都可以用 VR 技术代替，这是否意味着科技馆、博物馆等实体场所将失去其存在的意义？请探讨 VR 技术能否完全复制实体参观的体验，并考虑实体展览馆在教育、文化传承和社会互动方面所扮演的独特角色。

● 技术发展对传统场所的影响：随着 VR 等技术的发展，传统场所如动物园、植物园等可能会面临怎样的挑战和机遇？请考虑这些场所如何利用技术提升参观体验，同时保持其教育和自然保护的价值。

● 文化遗产的保护与展示：对于文化遗产的保护与展示，VR 技术提供了哪些新的可能性？请讨论 VR 技术如何帮助平衡文化遗产的教育普及与保护需求，以及可能面临的伦理和实践问题。

六、数字化学习系统的设计与实施

数字化学习系统的核心是计算机技术。计算机技术实现了将现实世界中的信息转化为数字形式的过程。这些信息可以包括文字、图像、声音、视频等。这种技术已经在各个领域得到广泛应用，如教育、医疗、娱乐、通信和制造业等。数字化学习系统作为数字技术在教育领域的具体应用之一，旨在改进学习和教学过程，以提高学习效率、促进个性化学习，并培养学生的自主学习和创新能力。数字化学习系统的核心是为学生提供来自各个领域的优秀教师制作的多样化课程资源，包括视频、PPT 和课堂练习。学生可以根据自己的需求和兴趣，在任何时间、任何地点选择听讲。张果果惊讶地发现，如今他可以轻松地浏览世界各地顶尖名校的精彩课程，而且足不出户就能完全沉浸在这些学校独特的学习氛围中，这真正体现了数字化学习系统的便捷与灵活性。

设计并实施数字化学习系统是一个复杂过程，需要从技术、内容管理、用户体验等多个方面进行考虑。首先，系统设计的目的至关重要。必须明确系统要实现什么样的功能，比如提供在线课程、管理课程、对学生进行评估等。只有明确了目的，才能有针对性地开展后续工作。其次，要使老师和学生方便使用系统，需要设计一个直观、易用的界面，包括页面布局、导航结构、按钮和表单等方面的设计都应直观、易用，确保用户能够轻松找到需要的信息和功能。再次，要考虑内容管理和更新。要考虑是在网页端还是在手机端设计系统，然后建立一个有效的内容管理系统来管理课程内容、视频、文档等，确保内容得到及时更新和维护。最后，系统的测试和上线是必不可少的阶段，要确保系统能够正常运行、性能稳定并且安全可靠。积极收集用户的反馈意见，进一步改进系统内容。一旦系统通过测试并得到用户认可，就可以将其部署到线上，让用户开始使用。

设计并实施数字化学习系统需要全面考虑技术、用户体验和内容管理等多个方面。每个阶段都至关重要，只有通过充分的技术开发、广泛收集的用户体验以及严格的内容管理，才能确保数字化学习系统满足用户的需求，帮助教师提升教学质量，帮助学生提高学习效率。

案 例 思 考

随着互联网技术的飞速发展，线上教育已经成为教育领域的一个重要分支，尤其在全球疫情的冲击下，线上教育显示出其灵活性和便捷性，迅速成为教育体系中不可或缺的一部分。知名的线上教育平台如学习通、雨课堂以及中国大学 MOOC 等，不仅提供了丰富的课程资源，还通过数字化手段增强了教学互动和学习效果。这些平台的广泛应用标志着教育模式的转型和创新。

这些数字化学习系统通过整合先进的信息技术，如大数据分析、云计算和移动学习等，为学生提供了个性化的学习路径和灵活的学习方式。教师也能够利用这些平台进行高效的教学管理，实现资源共享和远程教学。随着技术的不断进步，线上教育平台正逐步优化，以满足日益增长的教育需求和应对接踵而至的挑战。

思考问题：

- AI 在教育内容更新中的作用：鉴于当前高校教育资源更新速度可能跟不上就业市场的变化，你认为 AI 如何帮助高校快速更新和调整教育内容以适应市场需求？请探讨 AI 技术在分析就业趋势、预测技能需求、定制课程内容等方面可能的应用。
- AI 辅助个性化教育：高校学生的需求和背景日益多样化，AI 技术如何帮助实现更加个性化的教育体验？请讨论 AI 技术在学生能力评估、个性化学习计划制订、学习资源推荐等方面的潜在作用。
- AI 在职业技能培训中的角色：面对快速变化的就业形势，高校如何利用 AI 技术加强学生的职业技能培训？请思考 AI 技术在模拟实训环境、职业技能评估、职业规划指导等方面可以如何发挥作用。

本章扩展资源

（1）创意音频软件 Logic Pro，见 https://www.apple.com.cn/logic-pro/garageband-to-logic/。

（2）在线学习 App“一起作业”，见 https://ucenter.17zuoye.com/。

（3）模拟物理实验室的软件：物理实验室 AR。

（4）Kimi 官网，见 https://kimi.moonshot.cn/。

（5）Unity 官网，见 https://unity.cn/。

本章思考与讨论

（一）个人思考题

（1）如何看待生成式 AI 的发展使得大量媒体视频工作者失业这一社会现象？对此我们能做什么？

（2）艺术是人主观意识和价值的体现，它表达了创作者的精神内核，你怎么看 AI 艺术创作？它是否脱离了人的本质？

（3）作为新时代青年，你如何避免被高速发展的 AI 替代？你计划做些什么？

（二）小组讨论题

（1）如果未来的教学课堂完全被 AI 充斥，你会对此持何种态度？请讨论教育体系如何应对 AI 发展带来的挑战。

（2）在 AI 与游戏结合的未来，你认为人工智能技术将如何改变游戏设计和玩家体验？探讨 AI 技术在游戏中的应用可能给游戏产业和游戏文化带来的影响。

本章实操模拟

练习一：尝试使用 Kimi 总结一篇文章

任务要求：

请尝试使用 Kimi 总结一篇文章。

练习步骤：

第 1 步：准备文章内容。

第 2 步：进入微信小程序中的 Kimi 平台，或者使用网页版 Kimi。